Informatik-Fachberichte 242

Herausgeber: W. Brauer
im Auftrag der Gesellschaft für Informatik (GI)

Dieter Wybranietz

Multicast-Kommunikation in verteilten Systemen

Springer-Verlag
Berlin Heidelberg New York
London Paris Tokyo Hong Kong

Autor

Dieter Wybranietz
TELENORMA – Bosch Telecom, Zentrale Entwicklung
Mainzer Landstraße 128-146, 6000 Frankfurt/Main 1

CR Subject Classifications (1987): C.2.4, D.3.3, D.4.4

ISBN-13: 978-3-540-52551-6   e-ISBN-13: 978-3-642-75689-4
DOI: 10.1007/ 978-3-642-75689-4

Vorwort

Der Datenaustausch zwischen Prozessen und damit die Abwicklung der Interprozeßkommunikation spielt in verteilten Systemen eine zentrale Rolle. Als Ergänzung zu den bekannten Formen der 1:1-Kommunikation, bei denen aus der Sicht eines Senders stets nur ein einziger Empfänger für eine Nachricht vorhanden ist, werden in dieser Arbeit 1:n-Kommunikationen (Multicasts) untersucht, bei denen mit einer Botschaft mehrere Prozesse erreicht werden können. Der Multicast kann als die allgemeine Kommunikationsform aufgefaßt werden, von der Broadcast und Unicast (1:1-Kommunikation) Spezialfälle darstellen: Beim Unicast enthält die Multicast-Gruppe nur einen einzigen Empfänger, beim Broadcast alle potentiellen Empfänger einer zugrundegelegten Menge.

Bei der Festlegung der Semantik von Multicasts treten im Vergleich zu 1:1-Kommunikationen zusätzliche Schwierigkeiten auf, die ihre Ursache in der Existenz mehrerer Empfänger für eine abgesandte Nachricht haben. Es empfiehlt sich daher, bei Multicast-Operationen vom Zuverlässigkeitsgrad anstatt einfach von der Zuverlässigkeit zu sprechen. Der Begriff "Zuverlässigkeit von Multicast-Operationen" wird durch eine formale Definition verschiedener Zuverlässigkeitsgrade präzisiert, so daß eine Basis für die Klassifikation von Multicast-Protokollen geschaffen wird. Die Protokollklassen reichen von 0-zuverlässigen über atomar-zuverlässige bis hin zu ordnungserhaltenden Multicasts.

Mit Hilfe eines Simulators wurden ausgewählte Vertreter der Protokollklassen unter verschiedenen Arbeitslasten bezüglich einer Reihe von Kriterien miteinander verglichen, wie etwa Nachrichten- und Zeitkomplexität, Belastung des Übertragungsmediums, Verlustraten von Nachrichten, Rechenzeitverbrauch und Einfluß des Zuverlässigkeitsgrads auf Ausführungszeiten.

In die verteilte Systemimplementierungssprache LADY wurde eine k-zuverlässige Multicast-Kommunikationsmöglichkeit integriert und auf einem experimentellen Mehrrechnersystem implementiert. Aufgrund der durch Messungen im Experimentalsystem und durch Simulationen gewonnenen Resultate wurde ein besseres Verständnis der Problematik von Multicast-Kommunikationen erreicht, das zu neuen Vorschlägen für leistungsfähige Protokolle führte.

Die vorliegende Arbeit entstand während meiner Tätigkeit als Mitarbeiter im Sonderforschungsbereich 124 "VLSI-Entwurf und Parallelität" im Fachbereich Informatik der Universität Kaiserslautern.

An dieser Stelle möchte ich meinen Kollegen für viele anregende Gespräche und Diskussionen danken - insbesondere Peter Buhler, Dr. Dieter Haban, Dr. Friedemann Mattern und Peter Sturm. Mein besonderer Dank gilt Herrn Prof. Dr. J. Nehmer für die langjährige Unterstützung und Förderung meiner Arbeit sowie seine Anregungen und fortwährende Diskussionsbereitschaft wie auch Herrn Prof. Dr. Th. Härder für die gründliche Durchsicht des Manuskripts.

Weiterer Dank gebührt Diplomanden und studentischen Mitarbeitern, die viele der Implementierungsarbeiten und Messungen durchgeführt haben, hier vor allem Harry Köhler und Hans-Joachim Walter für die gute und fruchtbare Zusammenarbeit während der Erstellung des Simulators und der Auswertung von Simulationsläufen.

Danken möchte ich zudem für die technische und organisatorische Unterstützung während der Fertigstellung meiner Arbeit: T. Gauweiler, R. Reske und U. Sellentin für die Betreuung und Wartung der Rechnersysteme sowie P. Berners und B. Büssow für das Editieren des Manuskripts.

Frankfurt, im Januar 1990

D. Wybranietz

Inhaltsverzeichnis

1. Einleitung

Ein *verteiltes System* wird als eine Menge autonomer Rechnerknoten verstanden, von denen jeder über privaten Speicher und evtl. eigene Peripheriegeräte verfügt. Die einzelnen Knoten sind über ein Kommunikationssystem miteinander verbunden. Der Informationsaustausch zwischen Knoten über gemeinsame Speicherbereiche ist nicht möglich. Die auf unterschiedlichen Knoten parallel zueinander ablaufenden Prozesse eines verteilten Programms kooperieren miteinander zur Erreichung eines gemeinsamen Ziels. Der Datenaustausch zwischen einzelnen Prozessen geschieht ausschließlich durch das Verschicken von *Nachrichten*, deren Transport vom Betriebssystem geregelt wird. Abweichend von der strengen und sehr einschränkenden Definition von Enslow [ENS78], wird kein alle Dienste integrierendes verteiltes Betriebssystem gefordert. Auf diese Weise können viele Arten über lokale Netze verbundener Rechnersysteme in die Betrachtungen mit einbezogen werden.

Der Datenaustausch zwischen einzelnen Prozessen und damit die Abwicklung der Interprozeßkommunikation spielt in verteilten Systemen eine zentrale Rolle. Zunächst stand die Untersuchung verschiedener Formen der *1:1-* bzw. *n:1-Kommunikation* im Vordergrund. Hierzu existiert eine Vielzahl unterschiedlicher Kommunikationsmodelle [AND83, BST88], die sowohl in experimentellen Sprachen erprobt und bewertet als auch bereits einer breiten Anwenderschicht in Form kommerzieller Systeme angeboten wurden. Allen diesen Kommunikationsmodellen ist gemeinsam, daß aus der Sicht des Senders immer ein einziger Empfänger vorhanden ist (1:1), auch wenn mehrere Sender gleichzeitig eine Botschaft an denselben Empfänger verschicken können (n:1). Der Sender benennt in einer Sendeanweisung die Zieladresse bzw. den Bestimmungsort der Nachricht.

Der Einsatz von Rechnernetzen, in denen Daten über das Versenden von Botschaften ausgetauscht werden, erforderte bereits recht bald, Informationen gleichen Inhalts an mehrere Empfänger weiterzuleiten. Ein Beispiel stellt hier die Verbreitung von Routing-Daten im ARPA-Netz dar [DAL77]. Zur Realisierung solcher 1:n-Kommunikationen wurde die entsprechende Unterstützung durch die Systemsoftware gewünscht, die den Transport einer Nachricht zu einer bestimmten Empfängergruppe übernimmt.

Bei den ersten Anwendungen von 1:n-Kommunikationen war das Erreichen aller im System vorhandenen Rechnerknoten von primärem Interesse. In diesem Fall umfaßt n die Anzahl aller potentiellen Empfänger einer Nachricht, weshalb man auch von einem *Broadcast* spricht. Da in Rechnernetzen die Rechner meist über Punkt-zu-Punkt-Leitungen miteinander verbunden sind, verfügt das Kommunikationssystem über keine *Broadcast-Fähigkeit*, d.h., die Empfänger können nicht mit einer einzigen physischen Nachricht erreicht werden. Zur Unterscheidung von diesem physischen Broadcast wurden die Begriffe *logischer* oder *virtueller Broadcast* eingeführt, wenn das Weiterleiten einer Nachricht an alle Empfänger aus logischer Sicht unabhängig von der Anzahl physischer Nachrichten erreicht werden soll. Viele Arbeiten zur Broadcast-Problematik gehen von der Realisierung logischer Broadcasts in nicht broadcast-fähigen Kommunikationssystemen aus. Unter der Annahme eines beliebigen zusammenhängenden Graphen als zugrundeliegender Verbindungstopologie wurden z.B. in [DAL77, WAL80, AWE86, SGS84] Verfahren vorgeschlagen und diskutiert, die logische Broadcasts mit einer minimalen Anzahl physischer Nachrichten unter verschiedenen Rahmenbedingungen realisieren.

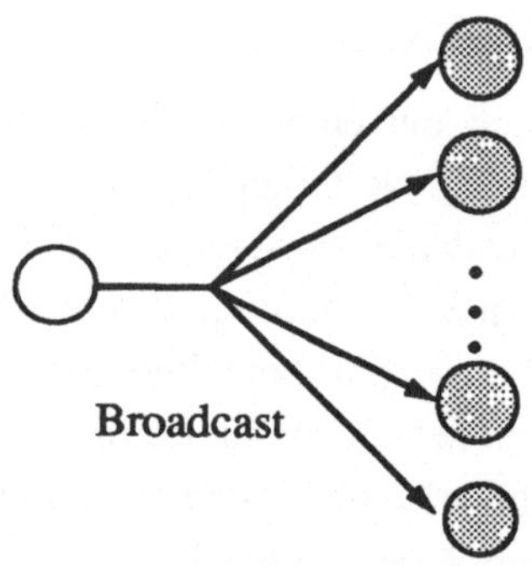

Nur in wenigen Anwendungen ist es sinnvoll, eine Information an alle im System vorhandenen Prozesse oder Rechnerknoten weiterzuleiten. Meist genügt es, die Information an eine ausgewählte Gruppe von Empfängern zu verschicken. Falls die Nachricht nur für eine Teilmenge aller möglichen Empfänger bestimmt ist, wird dies als *selektiver Broadcast* [WAL80] oder *Multicast* bezeichnet. Der Multicast kann als die allgemeinste Kommunikationsform aufgefaßt werden, von denen Broadcast und 1:1-Kommunikation, die auch *Unicast* genannt wird, Spezialfälle darstellen: beim Unicast enthält die Multicast-Gruppe nur einen einzigen Empfänger, während sie beim Broadcast alle potentiellen Empfänger einer zugrundegelegten Menge beinhaltet. Im Gegensatz zu den beiden anderen Kommunikationsformen müssen nur beim Multicast die Empfängergruppen verwaltet werden.

Bietet der *logische* Multicast zunächst einmal den Vorteil, daß eine Nachricht an eine *anonyme Gruppe* von Empfängern adressiert werden kann und es dem Betriebssystem überlassen wird, die Nachricht zu allen Mitgliedern der Empfängergruppe zu transportieren, so wird die Attraktivität von Multicast-Kommunikationen durch den Einsatz *broadcast-* oder *multicast*-fähiger Kommunikationsmedia weiter erhöht. Mit einer geeigneten Abbildung des logischen auf den physischen Multicast kann eine erhebliche Effizienzsteigerung bei der Kommunikationsabwicklung erreicht werden: Es wird nur eine einzige physische Nachricht benötigt, um mehrere Empfänger zu erreichen. Als weitere Vorteile sind die Reduzierung der Netzwerklast und der Rechenzeiten beim Senderprozeß zu nennen, da insgesamt weniger Nachrichten über das Medium verschickt werden; weiterhin muß der Sender auch nur eine Multicast-Operation durchführen und daher wird weniger Code durchlaufen. Darüber hinaus kann die Parallelität eines verteilten Systems erhöht werden, weil die Empfänger die Nachrichten gleichzeitig und damit schneller erhalten.

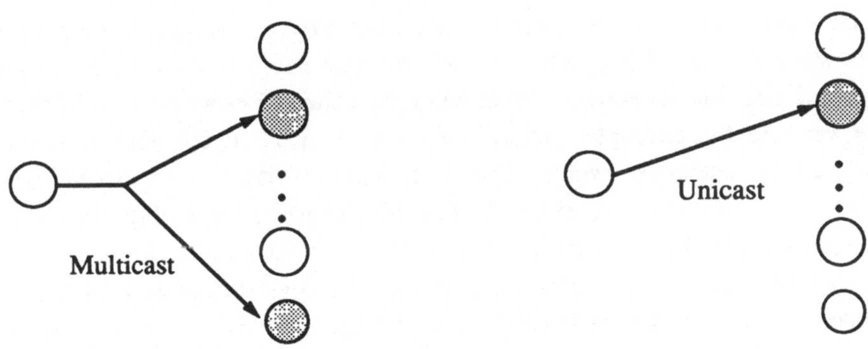

In einem der ersten verteilten Systeme, dem Distributed Computing System der Universität Irvine in Kalifornien [FAL72], wurde bereits 1972 die Nützlichkeit physischer Multicast-Verfahren erkannt und eine eigene Schnittstellen-Hardware entwickelt, die physische Multicast-Adressen unterstützt. Mit dem breiten Einsatz lokaler Netze wie dem Ethernet [MEB76] und dem IBM-Token-Ring [JAM83] sowie der Verfügbarkeit kommerzieller Mehrrechnersysteme wie dem Butterfly-Rechner [BBN88] und dem iPSC von Intel [SEI85] wird seit Anfang der 80'er Jahre die Einbeziehung von Multicast-Kommunikationsformen in den Datenaustausch zwischen Prozessen in der Forschungswelt intensiv diskutiert, was durch eine Reihe von Veröffentlichungen zu dieser Thematik dokumentiert wird. Bis heute jedoch hat sich der Multicast noch nicht als allgemein anerkannter Kommunikationsmechanismus durchgesetzt, obwohl sich eine Wende andeutet [BST88].

4

Auf der Anwenderebene liegen die Gründe für den geringen Einsatz von Multicasts in der mangelnden Unterstützung durch Betriebssysteme und Programmiersprachen. Dies hat seine Ursache wiederum darin, daß neben den Vorteilen der Multicast-Kommunikation eine Reihe von Problemen auftreten, die noch nicht zufriedenstellend gelöst sind. Hierzu gehören u.a. Aspekte der *Zuverlässigkeit* von Multicast-Operationen, die *Verwaltung* und *Adressierung* von Multicast-Gruppen sowie die *Kontrolle des Nachrichtenflusses* zur Vermeidung von Pufferüberläufen.

Im Rahmen dieser Arbeit werden unterschiedliche Gesichtspunkte und Problembereiche von Multicast-Kommunikationsformen dargestellt und diskutiert sowie Kriterien zur Bewertung von Multicast-Protokollen entwickelt. Die Ausführungen konzentrieren sich dabei auf lokal verteilte Systeme wie beispielsweise Mehrrechnersysteme und lokale Netze. Nach einer Übersicht über unterschiedliche Einsatzmöglichkeiten von Multicasts wird in Kapitel 3 auf die Problematik der Multicast-Kommunikation ausführlich eingegangen. Den Schwerpunkt bilden dabei die Definitionen verschiedener Zuverlässigkeitsgrade und die Verwaltung von Multicast-Gruppen. Im darauffolgenden Kapitel werden zuerst Basistechniken zur Realisierung von Multicast-Protokollen erörtert, bevor sowohl eigene wie aus der Literatur bekannte Protokollvarianten vorgestellt und untersucht werden. Kapitel 5 beschäftigt sich mit der Fassung von Multicast-Kommunikationen auf der Ebene höherer Programmiersprachen. Besondere Berücksichtigung findet die verteilte Systemimplementierungssprache LADY, in die eine 1:n-Kommunikationsmöglichkeit integriert wurde. Die Unterstützung der neuen Sprachkonstrukte führte zur Neuimplementierung eines Kommunikationssubsystems für ein experimentelles Mehrrechnersystem. Kapitel 6 ist der Hardware-Unterstützung von Multicast-Operationen gewidmet und enthält dazu einige Verbesserungsvorschläge. Anschließend werden die Ergebnisse von vergleichenden Leistungsuntersuchungen präsentiert, die sowohl mit Hilfe eines Simulationssystems als auch durch Messungen in einem experimentellen Mehrrechnersystem gewonnen wurden. Der Aufbau und die Funktionsweise des Simulators sowie der realen Meßumgebung werden erläutert.

2. Anwendungsbeispiele für Multicasts

In der menschlichen Gesellschaft lassen sich Beispiele für alle Kommunikationsformen finden. Persönliche Gespräche, Briefe und Telefongespräche stellen 1:1-Kommunikationen dar, bei denen der Adressat der Botschaft bekannt ist: der Name des Gesprächspartners, seine Telefonnummer oder seine Anschrift. Betrachtet man dagegen Vorträge vor größerem Publikum, Konferenzen, Zeitungen, Werbeplakate, Bücher, Schallplatten und natürlich nicht zuletzt die "klassischen" Broadcast-Medien Rundfunk und Fernsehen, so handelt es sich hier allesamt um 1:n-Kommunikationen, die zum Teil unterschiedlichen Intentionen und Anforderungen unterliegen. In allen diesen Fällen werden jedoch Informationen, die an einer Stelle oder von einer Person oder Institution erzeugt werden, einer Vielzahl von Empfängern zugänglich gemacht, wenn auch mit den verschiedensten Verbreitungstechniken. Beschränkt man sich auf die reine Abwicklung des Informationsaustausches und vernachlässigt zusätzliche und wichtige Gesichtspunkte wie etwa Zweck der Nachricht, Art und Weise ihrer Präsentation und die z.T. davon abhängige Wahl des Übertragungsmediums, so lassen sich Eigenschaften und Bewertungskriterien erkennen, die als analog zu denen von Multicast-Kommunikationen in Rechnersystemen angesehen werden können. Typische Fragestellungen sind u.a.: Welche Empfängergruppe soll erreicht werden? Wie wird die Gruppe der Empfänger angesprochen? Wenn nicht alle potentiellen Empfänger erreicht werden sollen oder können, wieviele Empfänger müssen mindestens erreicht werden? Was ist zu tun, wenn zuwenige Empfänger die Botschaft erhalten haben? Wie schnell müssen die Empfänger erreicht werden? Wieviele Kopien der Botschaft sind zu erzeugen? Wie teuer ist die Verbreitung der Botschaft?

Fernsehen und Rundfunk können potentiell eine große Menge von Empfängern erreichen, haben jedoch keine Garantie, daß ihre Botschaft, ihr Programm, auch nur von einem einzigen Teilnehmer gesehen bzw. gehört wird, obwohl dieser Fall sehr unwahrscheinlich ist. Das gleiche gilt für Zeitschriften, Bücher, Schallplatten, Plakate usw. Die Sender der Botschaften - Redaktionen, Verlage, Autoren, Interpreten, Firmen - erfahren jedoch nach einiger Zeit anhand der Verkaufszahlen etwas über den Verbreitungsgrad ihrer Mitteilung. Hält ein Redner einen Vortrag vor einem kleinen überschaubaren Kreis von Zuhörern, so erreicht er alle anwesenden Personen und erhält auch in Form von Fragen, Gesten, Blickkontakten und ähnlichen Reaktionen eine Rückinformation, ob sein Vortrag "ankommt". Soll sichergestellt werden, daß eine Botschaft von jedem Mitglied einer Empfängergruppe erhalten wird, werden explizite Bestätigungen eingeführt. Ein Beispiel hierfür stellt ein Rundschreiben dar, dessen Kenntnisnahme von allen Empfängern mit einer Unterschrift bestätigt werden muß.

Bei privaten Anzeigen in Zeitungen, in denen beispielsweise ein Gebrauchtwagen zum Verkauf angeboten wird, ist das Ziel erreicht, wenn sich ein Käufer meldet. Da weitere Interessenten nicht wissen können, ob das Angebot noch besteht, muß man noch Tage nach dem Verkauf mit Nachfragen rechnen. Das Problem veralteter Reaktionen auf eine Annonce läßt sich leichter mit der Angabe einer Chiffre lösen: Nach dem Verkauf brauchen noch eintreffende Anfragen nicht mehr geöffnet werden, man kann sie gleich vernichten. Dies kann auch der Zeitungsverlag vornehmen, so daß der Inserent von verspäteten Antworten gar nichts mehr erfährt.

Zur Adressierung der Empfängergruppe werden diverse Methoden angewendet. Der Absender einer Botschaft spricht hier häufig von der Zielgruppe. Oft ergeben sich Zielgruppen auf natürliche Weise: sie sind z.B. durch die Reichweite eines Senders, das Verbreitungsgebiet einer Zeitung, die Sprache, in der die Nachricht abgefaßt ist, u.ä. vorgegeben. Soll mit Plakaten Werbung für ein Produkt oder eine Veranstaltung betrieben werden, so wird man die Plakate an den Orten anbringen, wo man Repräsentanten der Zielgruppe erwartet. Die Adressaten eines Rundschreibens sind meist in einer beigefügten Verteilerliste enthalten.

Bei der menschlichen Kommunikation spielt die inhaltliche Auswahl angebotener Informationen eine entscheidende Rolle. So ist beispielsweise ein bestimmtes Buch für jeden zugänglich, aber nur derjenige wird sich das Buch auch kaufen, den das Thema anspricht. Nicht-Interessierte werden auf den Kauf verzichten, obwohl sie von der Existenz des Buches wissen.

Für bestimmte Anwendungsfälle ist die hohe Verbreitungsgeschwindigkeit von Botschaften besonderes wichtig. Etwa bei Chemie-Unfällen, wo große Bevölkerungskreise binnen kurzer Zeit gewarnt und auf bestimmte Verhaltensmaßnahmen hingewiesen werden müssen, um größeren Schaden zu vermeiden, werden Warnsirenen und Rundfunkdurchsagen eingesetzt. Dabei wird zugunsten der schnellen Information der Bevölkerung in Kauf genommen, einzelne Personen evtl. nicht zu erfassen. Das Schreiben von Briefen oder das Anrufen aller Personen würde zu lange dauern. Die Wahrscheinlichkeit, daß alle betroffenen Menschen erreicht werden, wird durch häufige Wiederholungen der Warnungen und das Weitererzählen untereinander wesentlich erhöht.

Über internationale Rechnernetze werden Informationen an einen größeren Personenkreis verteilt. Ein Beispiel liefert das UNIX-basierte UUCP-Netz mit dem News-Dienst. Jeder Teilnehmer hat die Möglichkeit, einen eigenen News-Beitrag im gesamten Netz zu verbreiten. Die Übertragung geschieht zwar über Punkt-zu-Punkt-Verbindungen, doch aus der Sicht des Auftraggebers handelt es sich um einen (virtuellen) Multicast. Die Botschaft wird über natürlich vorgegebene geographische Strukturen weitergeleitet: über die Verteilerstellen von Kontinenten, Ländern, regionalen Bereichen und größeren Institutionen gelangt die Information zu den Teilnehmern. Obwohl an der Verbreitung der Botschaft Rechner beteiligt sind, werden sie lediglich als Medium für den menschlichen Informationsaustausch genutzt.

Es gibt noch eine Reihe weiterer interessanter Aspekte der 1:n-Kommunikation in der heutigen modernen Gesellschaft mit ihren immer ausgereifteren technischen Möglichkeiten des Austauschs von Daten, auf die hier jedoch nicht weiter eingegangen werden soll. Der kleine Abstecher in die Welt der menschlichen Kommunikation sollte aufzeigen, daß dort 1:n-Kommunikationen genauso häufig genutzt werden wie Zweierkontakte und ihnen eine erhebliche Bedeutung zukommt.

Abschließend sei erwähnt, daß Menschen im Gegensatz zu technischen Systemen, die weitgehend syntaxgesteuert arbeiten, aufgrund ihrer Intelligenz in hohem Maße semantische Informationen ausnutzen können, was ihnen die Selektion sie interessierender Nachrichten sowie die Behebung von Fehlern wie etwa Nachrichtenverluste und Nachrichtenvervielfachungen wesentlich erleichtert und damit die Anwendung von 1:n-Kommunikationsformen im täglichen Leben praktikabel werden läßt.

In verteilten Systemen gibt es eine Reihe von Beispielen, in denen Nachrichten gleichen Inhalts an mehrere Empfänger versandt werden müssen:

Fehlertoleranz:

Fehlertoleranzverfahren dienen der Verbesserung der Zuverlässigkeitseigenschaften von Rechensystemen. Sie schaffen die "Fähigkeit eines Systems, auch mit einer begrenzten Zahl fehlerhafter Subsysteme seine spezifizierte Funktion zu erfüllen" [EGM83]. Von den verschiedenen Verfahren zur Realisierung von Fehlertoleranz eignen sich Fehlermaskierungsverfahren, die auf statischer Software-Redundanz im Hot-Stand-By-Betrieb beruhen, besonders zum Einsatz von 1:n-Kommunikationen [ECH86]. Zu sichernde Dienste werden von mehreren identischen Prozeßexemplaren bereitgestellt. Bei Inanspruchnahme des Dienstes werden die entsprechenden Aufträge an alle Prozeßexemplare geleitet und von ihnen parallel verarbeitet. Je nach Art der gewünschten Fehlertoleranz werden die Ergebnisse aller Prozesse einer Entscheidungsinstanz zugeführt, die nach einer Mehrheitsentscheidung das Ergebnis an den Auftraggeber zurückschickt (TMR-Systeme, m-von-n-Systeme, Voting-Verfahren; s. [ANL81]; in Abb. 2.1 wird der Voter mit V bezeichnet und die auftragsbearbeitenden Prozesse mit R), oder ein als aktiv gekennzeichneter Prozeß (in Abb. 2.1 mit A bezeichnet) liefert das Ergebnis direkt zurück, während die redundanten Prozesse (in Abb. 2.1 mit R bezeichnet) bis auf das Abschicken der Antwort ebenfalls alle internen Berechnungen durchführen und sich damit im gleichen Zustand befinden wie der aktive Prozeß, so daß bei dessen Ausfall seine Funktion von einem der redundanten Prozesse sofort übernommen werden kann. Da alle Aufträge immer an mehrere Prozesse gesendet werden müssen, läßt sich mit Multicast-Verfahren das Nachrichtenaufkommen reduzieren.

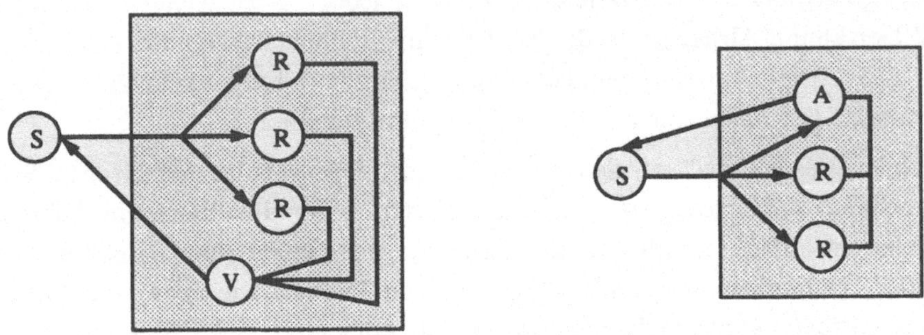

Abb. 2.1: Voting-System; aktiver Prozeß mit redundanten "Schatten"

Fehlermaskierungsverfahren werden vorzugsweise dann angewendet, wenn, wie beispielsweise in der Prozeßsteuerung, zeitintensive Fehlerbehebungsmaßnahmen nicht akzeptiert werden können. Die Systeme FUTURE [FAD83] und ISIS [BIJ86] stellen Beispiele für fehlertolerante Systeme dar, die statische Software-Redundanz einsetzen.

In [POP83] wird ein auf Broadcast-Kommunikationen basierendes Verfahren zur Behebung von Fehlern vorgeschlagen. Zur Sicherung von Systemfunktionen existieren ein oder mehrere Monitorprozesse, die die Kommunikation innerhalb einer bestimmten Prozeßgruppe "mithören". Eine solche Prozeßgruppe kann aus allen Prozessen eines Systems bestehen oder lediglich solche Prozesse zusammenfassen, die eine verwandte Leistung bereitstellen (z.B. unterschiedliche Dateiserver). Gegenüber den Monitorprozessen wird die gesamte Kommunikation "veröffentlicht", an der die Prozeßgruppe beteiligt ist. Alle Nachrichten werden von den Monitorprozessen aufgezeichnet einschließlich interner Checkpoint-Nachrichten, die das Sichern eines Prozeßzustandes anzeigen. Beim Ausfall eines Prozesses leitet ein Monitorprozeß dessen Restauration ein, versetzt den neuen Prozeß in den zuletzt geretteten Zustand des ausgefallenen und sendet ihm alle aufgezeichneten Nachrichten zu, die seitdem an ihn adressiert waren.

Ein anderes, ebenfalls auf dem Prinzip der Rückwärts-Fehlerbehebung (backward error recovery) [ANL81] beruhendes Verfahren wird in [JAL86] vorgestellt. Bei dieser Lösung wurde davon ausgegangen, daß in einem verteilten System beim Auftreten eines Fehlers auch andere mit dem fehlerhaften Prozeß in Verbindung stehende Prozesse betroffen sind und gemeinsam eine Fehlerbehandlung durchführen müssen (multi-process recovery). Zu diesem Zweck werden Prozesse zu sogenannten Konversationsgruppen (conversation sets) zusammengefaßt, in denen bestimmte interne Zustandswechsel und auftretende Fehlerbedingungen gegenseitig erkannt und zum Zweck der Behebung mittels Multicast untereinander ausgetauscht werden.

Realzeitsysteme:

Die Kontrolle und Steuerung technischer Prozesse verlangt, daß für Eingabedaten (Meßdaten, Sensordaten) die zugehörigen Ausgaben (z.B. Steuersignale) innerhalb einer fest vorgebenen Zeitspanne erzeugt werden müssen. Eine Überschreitung dieser Zeitspanne ist unzulässig und kann zu kostenträchtigem und katastrophalem, im Einzelfall sogar lebensbedrohendem Fehlverhalten des Systems führen. Neben diesem Realzeitverhalten wird daher für derartige Anwendungen auch ein hohes Maß an Fehlertoleranz gefordert [LMS80, KLM82, DAM87].

Zur Beschleunigung der Bearbeitungszeiten werden in verteilten Kontrollsystemen einzelne Systemfunktionen in Subfunktionen zerlegt und auf unterschiedliche Rechnerknoten verteilt [KLS85]. Die meist von Sensoren übermittelten Daten sind im Hinblick auf die Realzeitanforderungen mit geringstmöglicher Verzögerung an die Auswertungsmodule weiterzureichen. Mit Multicast-Algorithmen können hierbei Nachrichten eingespart werden [SCH84b].

Häufig wirken sich Veränderungen der Einsatzbedingungen auf das verteilte Kontrollsystem aus. Die Hinzunahme weiterer technischer Prozesse kann beispielsweise dazu führen, daß Sensordaten zusätzlichen Modulen zur Erzeugung neuer Steuersignale zugeführt werden müssen. Während bei 1:1-Kommunikationen die Adressen der neuen Empfänger dem Sender bekannt gemacht werden müssen, entfällt dies bei Multicast-Gruppen. Der Sensor schickt seine Daten an die Gruppe und braucht sich nicht darum zu kümmern, wieviele Mitglieder die Gruppe besitzt.

Prozeßverwaltung und Synchronisation:

In verteilten Systemen werden ebenso Maßnahmen zur Auftragskontrolle und Steuerung benötigt wie in zentralisierten Systemen. Über das gesamte

System verteilte, aus vielen Prozessen bestehende Programme werden z.B. suspendiert, aus dem System entfernt [CHZ85] oder im Rahmen einer globalen Scheduling-Strategie mit neuen Prioritäten versehen. Die Identifikation und Beeinflussung aller zu einem Programm gehörenden Prozesse läßt sich mit Multicast-Gruppen erreichen (s. Abb. 2.2).

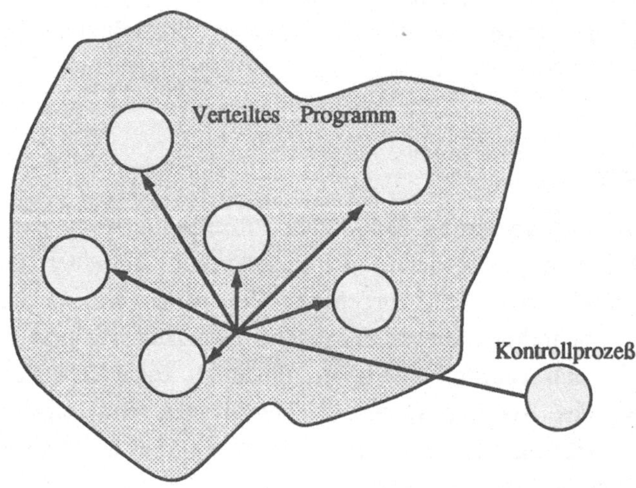

Abb. 2.2: Kontrolle verteilter Programme

Ganz allgemein können Multicast-Verfahren die Betriebsorganisation verteilter Systeme effizient unterstützen. Dazu gehört beispielsweise die Verbreitung von Routing-Informationen, die sich aufgrund der Verlagerung eines Prozesses, dem Ausfall oder der Überlastung von Kommunikationsverbindungen verändert haben. Lastbalancierungsstrategien benötigen Daten über die Auslastung anderer Prozessoren, um bei der Erzeugung eines neuen Prozesses eine gleichmäßige Auslastung erreichen zu können [BAS85]. Zu diesem Zweck verschicken die einzelnen Rechner in periodischen Abständen bzw. beim Erreichen spezieller Triggerbedingungen Daten über die aktuelle Lastsituation an die übrigen Rechner, oder beim Laden eines neuen Prozesses werden andere Rechner über ihre aktuelle Lastsituation abgefragt.

In [REK79] wird zur Synchronisation nebenläufiger Prozesse mit Hilfe verteilter Ereigniszähler (*eventcounts*) und sog. *Tickets* ein Verfahren beschrieben, das sich durch Broadcasts oder Multicasts wesentlich effizienter gestalten läßt [BUF80].

In hochdynamischen verteilten Systemen bieten sich Broadcast- und Multicast-Verfahren zur Lokalisierung von Objekten an [CPR78]. Das aufwendige Verwalten von Namens- und Adreßinformationen unter Berücksichtigung der Migration von Prozessen wird vermieden. Beim Zugriffswunsch auf ein Objekt wird der Name des Objektes mittels einer Broadcast-Nachricht an alle Rechner geschickt, und die Adresse des gesuchten Objektes wird von dem Rechner, auf dem es sich gerade befindet, zurückgeliefert. Dieses generelle Schema läßt sich durch den Einsatz von Multicasts verbessern [AAB87].

Das Enchère-System [BBL86] stellt ein Beispiel für eine Architektur dar, in dem Dienstleistungen einem potentiellen Interessentenkreis bekanntgemacht und "versteigert" werden. Diese Systemstruktur wurde unter Berücksichtigung atomarer Aktivitäten sowie verteilter Synchronisation und Fehlerbehandlungsverfahren entwickelt. Auch dieses System basiert auf der *Veröffentlichung* von Informationen und kann durch den Einsatz von Multicasts sowohl effizienter realisiert als auch durch Multicast-Gruppen geeignet strukturiert werden.

Der Einsatz integrierter digitaler Netze wie etwa ISDN, die neben herkömmlichen textuellen Daten und Kontrollinformationen zusätzlich akkustische Daten und Bildinformationen in digitalisierter Form übertragen können, eröffnet weitere Anwendungsbereiche für Multicast-Verfahren. In [WAC87] wird beispielsweise ein Protokoll vorgestellt, mit dessen Hilfe eine kleine Gruppe von Personen gleichzeitig miteinander konferieren kann (Telekonferenzen).

Verteilte Datenbanksysteme:

In Datenbanksystemen, in denen die verwalteten Datenbestände über mehrere Rechner verteilt sind, die über keine gemeinsamen Speicherbereiche verfügen, gibt es zwei grundsätzliche Anwendungsmöglichkeiten von Multicasts: Wenn beim Abfragen von Daten nicht bekannt ist, auf welchem Rechner sie lokalisiert sind, oder beim Aktualisieren mehrerer Kopien eines Datensatzes die Aufträge hierfür an die beteiligten Rechner zu schicken sind [LEL78, BOG83]. In [ROW84] werden Multicast-Verfahren für einen Transaktionen unterstützenden Betriebssystemkern vorgeschlagen, wo die Verwaltung verteilter Transaktionen häufig das Verschicken mehrerer Nachrichten gleichen Inhalts an die beteiligten Rechner erfordert.

In fast allen angeführten Beispielen lassen sich die Einsatzgebiete für Multicast-Verfahren in zwei primäre Kategorien einteilen:

- Eine bestimmte Information wird gesucht.

- Eine Information soll verteilt werden.

In beiden Fällen ist nicht bekannt, an wen speziell eine Nachricht zu schicken ist. Im ersten Fall weiß der Auftraggeber nicht, wer die gesuchte Information besitzt, im zweiten ist unbekannt, wer die angebotene Information benötigt [CHE84].

Beim Lokalisieren einer Information reicht es häufig aus, nur in der ersten Phase einen Multicast einzusetzen. Wurde die Information gefunden, z.B. Name und Adresse eines Serverprozesses, können die weiteren Interaktionen mit Unicasts bestritten werden. Bei der Verbreitung von Informationen hängen die damit verbundenen Kosten wesentlich von der Häufigkeit der Multicasts ab. Hier gilt es, die Ausführungsfrequenz zu minimieren, indem beispielsweise Multicasts nur in größeren zeitlichen Abständen oder beim Eintritt bestimmter Bedingungen ausgelöst werden.

3. Problematik der Multicast-Kommunikation

Bei der Festlegung der Semantik von Multicast-Kommunikationen treten im Vergleich zu 1:1-Kommunikationen zusätzliche Schwierigkeiten auf, die ihre Ursache in der Existenz mehrerer Empfänger für eine abgesandte Nachricht haben. Wie bereits am Beispiel der menschlichen Kommunikation aufgezeigt wurde, sind besonders Aspekte der Zuverlässigkeit sowie der Erzeugung und Verwaltung von Multicast-Gruppen zu nennen. Die Skala der Zuverlässigkeitsgrade reicht von einem vollkommen unzuverlässigen Multicast, der nicht einmal das Erreichen eines einzelnen Empfängers garantiert, über atomare bis hin zu ordnungserhaltenden Multicasts. Im letzten Fall wird durch die zugrundegelegte Semantik gewährleistet, daß jeder Empfänger einer Multicast-Gruppe die Nachrichten aller Sender in der gleichen Reihenfolge empfängt. Dies stellt die stärkste Anforderungsklasse für Multicast-Operationen dar.

Bei Multicast-Gruppen ergibt sich zunächst das Problem, wie eine solche Gruppe erzeugt und wie sie danach beim Versenden einer Nachricht adressiert werden kann. Im einfachsten Fall werden Multicast-Gruppen statisch festgelegt, etwa zur Übersetzungszeit. Werden Multicast-Gruppen erst zur Laufzeit gebildet, so muß geregelt werden, ob und wie bereits bestehende Gruppen unter Beibehaltung der Kommunikationssemantik dynamisch modifiziert werden können. Ebenso spielt die Anzahl der in einer Multicast-Gruppe gleichzeitig vorhandenen Sender eine zentrale Rolle für die Organisation der Gruppe und die Abwicklung der Kommunikation.

Die beiden zuvor genannten Kriterien, Zuverlässigkeit und Verwaltung von Multicast-Gruppen, beeinflussen in hohem Maße die Effizienz der Multicast-Kommunikation, d.h. unter anderem, wieviele Nachrichten pro Multicast-Operation insgesamt verschickt werden müssen. Die Effizienz hängt ebenfalls von dem zugrundeliegenden physischen Kommunikationsmedium und den von ihm bereitgestellten Leistungen ab. Im weiteren Verlauf dieses Kapitels wird ein einfaches Modell für die an Multicast-Operationen beteiligten Komponenten eines verteilten Rechnersystems eingeführt, das als Basis für die weiteren Betrachtungen dient. Es folgt die Ausdehnung von bekannten

1:1-Kommunikationsmodellen auf Multicast-Kommunikationen. Die Aspekte Zuverlässigkeit und Gruppenverwaltung werden anschließend ausführlich erläutert.

3.1 Begriffsfestlegungen

An der Abwicklung des Datenaustausches zwischen auf unterschiedlichen Rechnerknoten plazierten Prozessen sind verschiedene Hardware- und Softwarekomponenten beteiligt, die über definierte Schnittstellen miteinander kommunizieren. Den weiteren Betrachtungen wird das in Abbildung 3.1 dargestellte Schichtenmodell zugrundegelegt. Von der obersten Ebene, der Anwendungsebene, werden Sendeaufträge an die Protokollschicht abgesetzt und von dort empfangene Nachrichten abgeholt. In der Protokollschicht werden gemäß einer vorgegebenen Semantik Multicast-Operationen abgewickelt. Die Übertragungsprotokolle regeln den Zugang zum Kommunikationsmedium, senden und empfangen Nachrichten und führen elementare Fehlererkennungsmaßnahmen durch, die die syntaktische Korrektheit aller nach oben hin angebotenen Nachrichten gewährleisten.

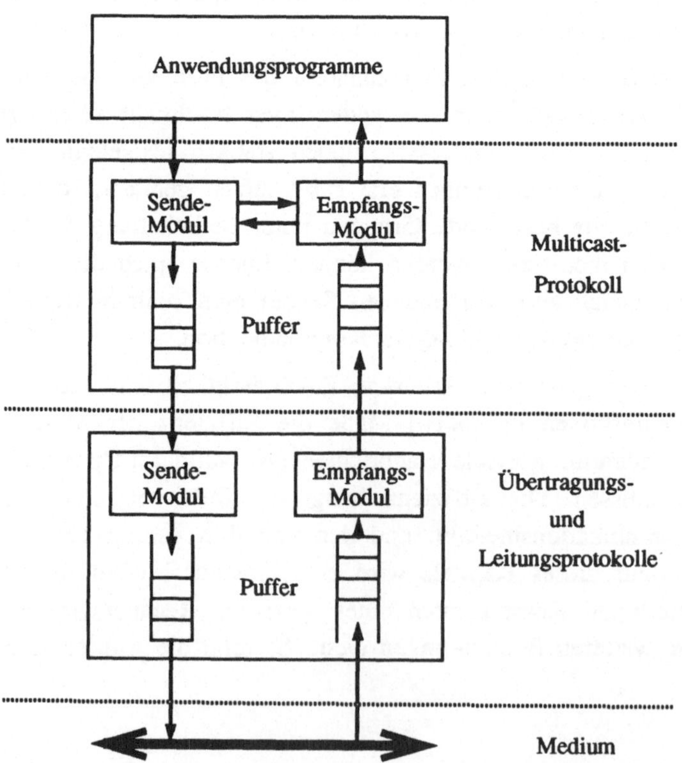

Abb. 3.1: Ebenen des Modells

Die Multicast-Protokollschicht setzt die Broadcast-Fähigkeit der unteren Ebenen voraus. Sollte das Medium diese Fähigkeit nicht besitzen, so wird angenommen, daß dies durch die Übertragungsprotokolle simuliert wird. In einem konkreten Fall kann dies beispielsweise bedeuten, daß ein von der Multicast-Protokollebene abgesetzter Broad- oder Multicast-Auftrag in physische 1:1-Nachrichten an alle Knoten umgesetzt werden muß. Falls die vom Medium angebotene maximale Übertragungsblockgröße von der Nachrichtenlänge überschritten wird, übernimmt das Multicast-Protokoll die Zerteilung der Nachrichten in einzelne Pakete sowie die korrekte Zusammensetzung dieser Pakete zur ursprünglichen Nachricht auf der Empfängerseite. Es wird weiterhin angenommen, daß sich Nachrichten auf der untersten Ebene überholen können. Dies ist äquivalent dazu, daß das Medium keine FIFO-Eigenschaft besitzt.

Die Ebene der Übertragungs- und Leitungsprotokolle umfaßt die Ebenen 1 bis 3 des ISO-Referenzmodells für offene Systeme [ZIM80], während die Multicast-Protokolle mit der Ebene 4, der Transportebene, vergleichbar sind. 1:1-Kommunikationen werden im Modell nicht ausdrücklich berücksichtigt, existieren aber in entsprechender Form auf allen Ebenen.

Hinter dem Übertragungsmedium und den Übertragungsprotokollen können sich die unterschiedlichsten Verbindungstopologien verbergen. Die vereinfachte Darstellung wird damit begründet, daß sich die in dieser Arbeit angestellten Betrachtungen im wesentlichen auf lokal verteilte Systeme beziehen, in denen die einzelnen Rechnerknoten über ein broadcast-fähiges Medium miteinander verbunden sind, oder das gesamte Netzwerk zumindest aus broadcast-fähigen Teilnetzen besteht. Diese Einschränkung wird dadurch gerechtfertigt, daß in geographisch verteilten Netzen (wide area networks - WAN) andere Kriterien zur Bewertung von Multicast-Protokollen anzuwenden sind. Die einzelnen Rechner sind fast ausnahmslos über Punkt-zu-Punkt-Leitungen miteinander gekoppelt, die meist von öffentlichen oder privaten Anbietern installiert und gewartet werden. Bei ihrer Nutzung entstehen daher Kosten, die um ein Vielfaches höher als bei lokalen Netzwerken anzusetzen sind. Dagegen liegt die Übertragungskapazität geographisch verteilter Netze i.a. weit unter der lokal verteilter. Die zum Teil gegensätzlichen Eigenschaften beider Netztypen führen zu unterschiedlichen Lösungen der Multicast-Problematik. Eine Übersicht über dort eingesetzte Broadcast-Techniken wird z.B. in [DAL77, WAL80, FWB85, DEE88] gegeben.

Im Modell verfügen alle Ebenen über beschränkte Pufferkapazitäten. Die Multicast-Protokolle benötigen Puffer zur Zwischenspeicherung von Nachrichten während der Abwicklung der Kommunikation. Beispielsweise muß bei einer atomaren Multicast-Operation so lange gepuffert werden, bis entweder durch ein Commit-Ereignis die Nachricht an die Anwendungsebene weitergeleitet werden kann oder durch ein Abort-Ereignis die Nachricht vernichtet werden muß. In der darunterliegenden Schicht wird häufig der Zugang zum Medium durch spezielle Hardware-Bausteine wie etwa Controller und Interface-Prozessoren realisiert, die entweder DMA-fähig sind oder ebenfalls über einige interne - oder zumindest intern verwaltete - Puffer verfügen [SMC84]. Diese Pufferbereiche werden denen der Übertragungsprotokollebene hinzugerechnet und nicht explizit unterschieden.

In einer konkreten Implementierung wird man evtl. mit Ausnahme der von der Hardware verwalteten Puffer aus Effizienzgründen von dem mehrfachen Kopieren der Nachrichten zwischen den verschiedenen Puffern absehen, sondern, wo immer möglich, lediglich Zugriffsrechte auf die Nachrichten zwischen den Protokollebenen weiterreichen. Die logische Sicht vereinfacht jedoch das Verständnis. Viele in der Literatur behandelte Protokolle (z.B. [CHM84, CHE84, PAL88]) gehen von vergleichbaren Annahmen aus und legen ähnliche Modelle zugrunde.

Im Modell werden folgende Annahmen über mögliche Fehlerquellen gemacht, wobei je nach Semantik der Multicast-Kommunikation die Entdeckung und Maskierung bzw. Behebung dieser Fehler Aufgabe der Multicast-Protokollebene ist.

- *Ausfall* eines Prozesses oder eines Rechnerknotens; der Prozeß oder Rechnerknoten beendet alle Aktivitäten, er reagiert weder auf eintreffende Nachrichten, noch sendet er irgendwelche Nachrichten ab; der Prozeß wird nicht wieder aktiv (Fail-Stop-Verhalten);

- *vorübergehende Aussetzung* von Prozeß- oder Knotenaktivitäten; die Prozesse sind grundsätzlich betriebsbereit und arbeiten, ein Fehlverhalten wird meist von anderen Prozessen angenommen, z.B. aufgrund zu knapp bemessener Timeout-Zeiten;

- *Verlust* von Nachrichten; Nachrichten können durch Störungen des Mediums oder des Empfängers verlorengehen; hierzu zählt auch der Mangel an ausreichenden Pufferkapazitäten;

- *Vervielfachung* von Nachrichten; dieses Phänomen tritt an der Schnittstelle zwischen Multicast-Protokoll und Übertragungsprotokollschicht auf, wenn der Sender z.B. aufgrund einer verlorengegangenen Quittungsnachricht das Absenden der Ursprungsnachricht wiederholt.

Das Überholen von Nachrichten durch andere Nachrichten ist Bestandteil des Modells und wird nicht als Fehler betrachtet. Daraus resultierende Verletzungen von Ordnungsrelationen müssen gegebenenfalls auch von den Multicast-Protokollen behandelt werden. Byzantinische Fehler, d.h. - vereinfacht ausgedrückt - inhaltliche Verfälschungen von Nachrichten unter Beibehaltung der syntaktischen Korrektheit, werden ebenfalls nicht berücksichtigt. Auf das Problem der byzantinischen Generäle [LSP82], das unter bestimmten Voraussetzungen auch das Problem des zuverlässigen Broadcast genannt wird [REI87] und als Spezialfall des allgemeineren verteilten Konsensus-Problems [PER87, PSL80] anzusehen ist, wird an anderer Stelle kurz eingegangen (s. Abschnitt 4.5).

3.2   Kommunikationsmodelle

Im Bereich der 1:1-Kommunikation existieren unterschiedliche Modelle, die sich hinsichtlich Kriterien wie etwa Adressierung, Verbindungsaufbau und Synchronisation unterscheiden. Diese Modelle lassen sich auch auf Multicasts übertragen, wobei das Vorhandensein mehrerer Empfänger für eine Nachricht zu Effekten führt, die einer besonderen Behandlung bedürfen. Obwohl hierauf auch Aspekte der Zuverlässigkeit und der Gruppenverwaltung Einfluß nehmen, werden sie in diesem Abschnitt nur am Rande behandelt. Auf sie wird in eigenen Unterpunkten zu diesem Kapitel ausführlich eingegangen.

Bei allen Varianten des Botschaftenaustausches zwischen Prozessen muß das Ziel der abgesandten Botschaft bzw. der Empfänger spezifiziert werden. Die hieran beteiligten Kommunikationsprimitive lassen sich in einer allgemeinen Form so angeben:

send <expr-list> **to** <destination-designator>

receive <var-list> **from** <source-designator>

Man spricht von der *direkten Adressierung (direct naming)*, wenn der Zielbezeichner (destination-designator) der Adresse des Empfängerprozesses entspricht. Logisch betrachtet bedeutet dies, daß die Nachricht direkt zum empfangenden Prozeß übertragen werden kann. Der Quellbezeichner (source-designator) in der Empfangsanweisung kann, falls er angegeben wurde, zur Selektion von Nachrichten eines bestimmten Senders dienen. Bei der *indirekten Adressierung (indirect naming)* wird nicht direkt an den empfangenen Prozeß, sondern an eine Mailbox oder an einen Port gesendet. Mailboxen realisieren meist einfache Pufferbereiche, in denen der Sender Nachrichten ablegt und aus denen Empfänger Nachrichten herauslesen. Mailboxen werden als Ports [BAL71] bezeichnet, wenn sie einem einzigen Empfängerprozeß fest zugeordnet sind [AND83]. Mailboxen und Ports entkoppeln Sender und Empfänger, d.h., beide brauchen ihre Kommunikationspartner nicht zu kennen. Dies erlaubt beispielsweise den Aufbau von m:n-Kommunikationsverbindungen zwischen Prozessen, in denen sich die Anzahl der Sender und Empfänger dynamisch ändern kann. Bei Auftraggeber-/Auftragnehmerbeziehungen kann so die Anzahl der Dienstprozesse der aktuellen Lastsituation angepaßt werden. In Abbildung 3.2 sind die Adressierungsvarianten dargestellt.

direkte Adressierung:

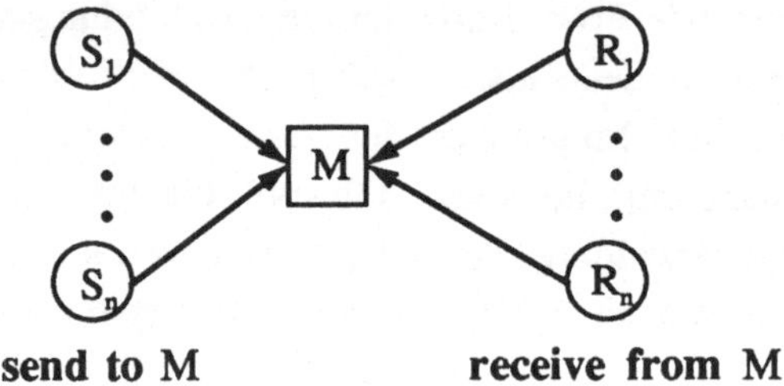

send [to R]   **receive** [**from** S]

indirekte Adressierung (Mailbox):

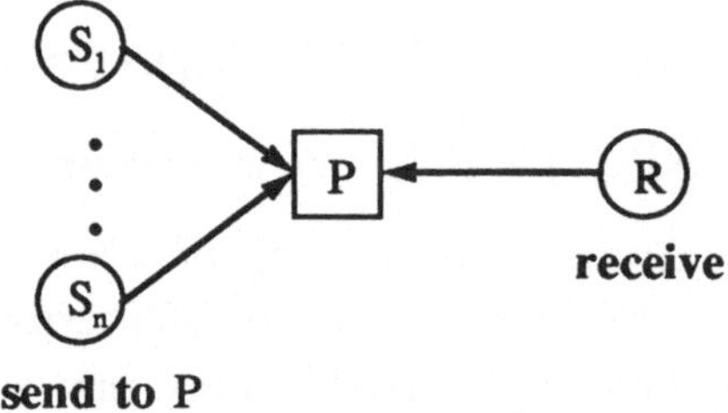

send to M   **receive from** M

indirekte Adressierung (Port):

send to P

Abb. 3.2: Verschiedene Formen der Adressierung

Im Zusammenhang mit der Adressierung wird ebenfalls zwischen der *verbindungslosen-* und *verbindungsorientierten* Kommunikation unterschieden. Bei der verbindungsorientierten Kommunikation ist das Versenden von Nachrichten erst dann möglich, wenn zuvor eine logische Verbindung, die meist als Kanal bezeichnet wird, zwischen den beteiligten Prozessen eingerichtet wurde. Ein solcher Kanal wird durch das Paar Quellbezeichner/Zielbezeichner definiert und durch entsprechende Anweisungen explizit auf- und abgebaut. Auf der logischen Ebene können Kanäle als eigenständige Objekte betrachtet werden, die eine weitgehende Entkopplung von Sender und Empfänger ermöglichen. Verfügen Prozesse über Schnittstellen zur Ankopplung von Kommunikationskanälen, so können in den Sende- und Empfangsanweisungen die Namen der Schnittstellen als Quell- bzw. Zielbezeichner angegeben werden. Das Ziel der Nachricht wird durch den logischen Kanal bestimmt, der u.U. "von außen", d.h. einem dritten, nicht an der Kommunikation beteiligten Prozeß, eingerichtet wurde. Beispiele für verbindungsorientierte Kommunikationsmodelle stellen LYNX [SCO85], MEGLOS [GAK86] und LADY [WYB89] dar.

Da logische Kanäle bereits eine Entkopplung von Sendern und Empfängern bereitstellen, werden sie zur Verbindung zwischen Prozessen und nicht zwischen Prozessen und Mailboxen eingesetzt. Die eindeutige Zuordnung logischer Kanäle zur direkten oder indirekten Adressierung bereitet Schwierigkeiten: es handelt sich einerseits im Grunde nicht um die direkte Adressierung, da nicht der Name des Kommunikationspartners, sondern der Name des Kanals angegeben wird, andererseits werden die Botschaften über den Kanal ohne Zwischenspeicherung direkt zum Empfänger transportiert. Obgleich der Nachrichtentransport Aufgabe darunterliegender Schichten ist, könnte die Einführung der Merkmale *direkte* und *indirekte Übertragung* Abhilfe schaffen. Logische Kanäle stellten dann eine Form der indirekten Adressierung mit direkter Übertragung dar. Ohne dieses zusätzliche Klassifikationskriterium sind logische Kanäle der indirekten Adressierung zuzuordnen.

Beim Multicast bedeutet Adressierung das Ansprechen aller zur Multicast-Gruppe gehörenden Empfänger. Die Festlegung und Benennung von Multicast-Gruppen wird in Abschnitt 3.4 im Rahmen der Gruppenverwaltung diskutiert.

Indirekte Adressierungsformen für Multicasts über Mailboxen sind wenig verbreitet. Ausnahmen bilden eine auf der Sprache Linda ([GEL85], s. Kap. 5.4) basierende Variante sowie StarMod ([LEC85], s. Kap. 5.3). Als Grund für den seltenen Einsatz ist anzuführen, daß zwei wesentliche Vorteile der indirekten Adressierung bei der Wahl einer geeigneten Semantik inhärente Eigenschaften eines Multicast darstellen: Bei der Verwendung von Multicast-Adressen benötigt der Sender ebenfalls keine Kenntnis darüber, welche und wieviele Prozesse zu den Empfängern der Nachricht gehören. Darüberhinaus wird die Verwaltung der Mailboxen außerordentlich erschwert. Während beim Unicast Botschaften in der Mailbox abgelegt und beim Lesen durch einen Empfänger "verbraucht" werden, müssen beim Multicast zusätzliche Informationen verwaltet werden. Dazu gehören u.a. das Erfassen aller Modifikationen der Multicast-Gruppe sowie das Führen von Listen, aus denen ersichtlich wird, welche Prozesse welche Nachrichten bereits abgeholt haben, um entscheiden zu können, wann eine Nachricht "verbraucht" ist und sie in der Mailbox gelöscht werden kann. Zudem stellt die Mailbox eine zentrale Instanz in einem solchen System dar, die zur Bereitstellung von Fehlertoleranz vor Ausfall und Datenverlust gesichert werden muß.

Der verbindungsorientierte Botschaftenaustausch läßt sich auch bei Multicasts realisieren [WYB84, AHB85, GAK86]. In LADY [WYB89] wurde beispielsweise das Konzept der logischen Kanäle auf broadcast-fähige Kanäle erweitert, die die Bezeichnung *logische Busse* erhielten. In der gleichen Weise, wie ein logischer Kanal als Abstraktion einer physischen Verbindungsleitung aufgefaßt werden kann, stellt ein logischer Bus die Abstraktion eines physischen broadcast-fähigen Busses dar. Die spezielle Semantik und Implementierung logischer Busse in LADY wird in Kapitel 5.1 ausführlich erörtert.

Einen weiteren Aspekt bei der Klassifikation von Kommunikationsformen stellt die *Synchronität* von Sende- und Empfangsoperationen bei der Abwicklung eines Botschaftenaustausches dar. Unter Synchronität wird in diesem Zusammenhang die zeitliche Beziehung zwischen Kommunikationsanweisungen verstanden. Im Gegensatz dazu kann *Synchronisation* als die Beschränkung der Ausführungsreihenfolge von Ereignissen angesehen werden. Bei der Nachrichtenkommunikation ist eine solche Reihenfolgebeziehung in natürlicher Weise vorgegeben: Das Sendeereignis für eine Nachricht muß zeitlich vor dem Empfangsereignis für diese Nachricht liegen; eine nicht abgesendete Nachricht kann auch nicht empfangen werden. Diese triviale Beziehung läßt es jedoch offen, in welchem zeitlichen Abstand das Empfangsereignis auf das Sendeereignis folgt bzw. wieviele Sendeereignisse vor einem Empfangsereignis auftreten können.

Falls die Verbindungsstrecke zwischen Sender und Empfänger über keine Pufferkapazitäten verfügt, ist die zeitgleiche Ausführung von Sende- und Empfangsanweisungen unerläßlich, wenn nicht der Verlust von Nachrichten in Kauf genommen werden soll. Dies wird als *synchrone* Kommunikation bezeichnet. Der Empfänger stellt dabei in der Empfangsanweisung Speicherplatz für die zu empfangende Nachricht bereit. Die Sendeanweisung muß daher solange blockiert werden, bis der Empfänger seine Empfangsanweisung ausführt (blocking send). Umgekehrt wartet der Empfänger, bis die Nachricht abgesendet wurde (blocking receive). Das Blockieren kann im Einzelfall vermieden werden, indem bei nicht vorhandener Sende- oder Empfangsbereitschaft mit der nächsten Anweisung fortgefahren wird. Hierbei kann es aufgrund der fehlenden Pufferungsmöglichkeit jedoch nicht zu einem Botschaftenaustausch kommen.

Bei der *asynchronen* Kommunikation wird idealerweise davon ausgegangen, daß die Verbindungsstrecke zwischen Sender und Empfänger über unbeschränkte Pufferkapazitäten verfügt. Die Sendeanweisung kann daher unabhängig vom Zustand des Empfängers ausgeführt werden und wirkt nicht blockierend (non-blocking send): der Sender kann dem Empfänger um beliebig viele Nachrichten "vorauseilen". Vor Ausführung der Empfangsanweisung eingetroffene Nachrichten können sofort bearbeitet werden. Der Empfänger blockiert nur dann, wenn keine Nachrichten zur Verarbeitung vorliegen.

Die Pufferbereiche der Verbindungsstrecke können sowohl dem Empfänger wie auch dem Sender zugeordnet werden (s. Abb. 3.3). Werden die Pufferbereiche ausschließlich auf der Empfängerseite angelegt, kann über die maximale Pufferkapazität der Synchronitätsgrad gesteuert werden. Wird bei der Bemessung der Kapazität beispielsweise die Nachrichtenlänge als Einheit verwendet, so läßt sich der Übergang von der synchronen zur asynchronen Kommunikation fließend gestalten: Bei der Pufferkapazität 0 handelt es sich um die synchrone Kommunikation, bei sehr großen Pufferkapazitäten wird die asynchrone Nachrichtenübertragung angenähert, wenn man berücksichtigt, daß in der Realität Pufferkapazitäten immer beschränkt sind.

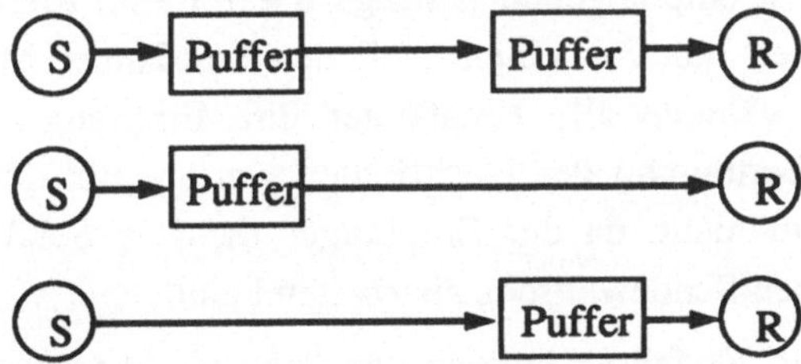

Abb. 3.3: Einsatz von Pufferbereichen

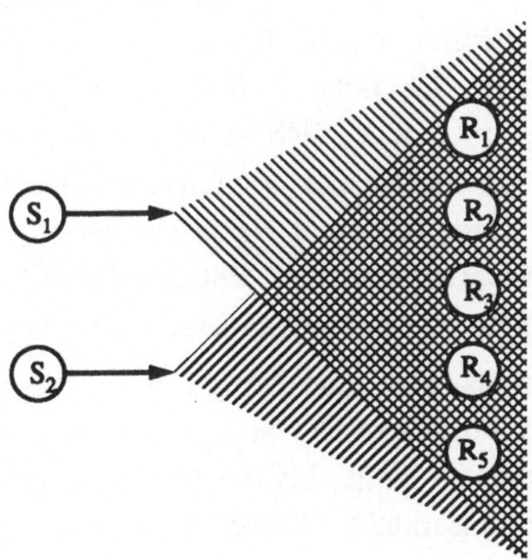

Abb. 3.4: Überlappen von Multicasts

Beim synchronen Multicast wird der Sender blockiert, bis alle Empfänger ihre Empfangsoperation ausführen. Aus der Empfängersicht reicht es nicht, daß der Sender sendebereit ist, sondern alle anderen Empfänger müssen zusätzlich empfangsbereit sein. Bis zur eigentlichen Übertragung der Nachricht muß also auf den langsamsten Empfänger gewartet werden. Dies kann zu einem erheblichen Verlust an Parallelität führen. Läuft einer der Empfängerprozesse beispielsweise auf einem voll ausgelasteten Rechnerknoten und wird daher seine Ausführungsgeschwindigkeit verlangsamt, wirkt sich dies auf alle anderen Empfängerprozesse aus. Werden mehrere Multicast-Nachrichten nahezu gleichzeitig an die Empfängerprozesse geschickt, kann es zur Überlagerung von Multicast-Wellen kommen. Wie in Bild 3.4 dargestellt, kollidieren zwei Multicasts, wenn die einzelnen Nachrichten in unterschiedlicher Reihenfolge bei den Empfängern eintreffen. So kann es vorkommen, daß im dargestellten Fall der Empfänger R_1 die Bereitschaftsanfragen zuerst von S_1 und dann von S_2 und der Empfänger R_5 sie in der umgekehrten Reihenfolge erhält. Wenn beide Prozesse ihre Empfangsbereitschaft dem Absender ihrer zuerst empfangenen Anfrage übermitteln, führt dies zu einem Deadlock: beide Sender erhalten nur von einem Teil der Empfänger Meldungen über deren Empfangsbereitschaft, während alle Empfänger ihre Empfangsbereitschaft signalisiert haben und auf die Übertragung der Nachrichten warten. Bei der 1:1-Kommunikation entsteht dieses Problem nicht, da der Empfänger mehrere Sender in der Reihenfolge der bei ihm eingetroffenen Sendewünsche abarbeiten kann.

Zwei prinzipielle Verfahren können den Weg aus diesem Dilemma weisen. Zum einen verhindert man, daß der oben beschriebene Fall überhaupt auftritt. Es wird nicht zugelassen, daß mehr als ein Sender zu einem Zeitpunkt eine Multicast-Nachricht absenden darf. Dies kann z.B. durch Token-Verfahren erreicht werden. Zum anderen versetzt man die Empfänger in die Lage, alle eintreffenden Nachrichten in der gleichen Reihenfolge zu verarbeiten. Dies bedeutet, daß alle Empfänger im Fall mehrerer eintreffender Nachrichten dieselbe Nachricht als erste zu verarbeitende Nachricht erkennen. Dies stellt außerordentlich hohe Anforderungen an die Protokolle. Neben der Festlegung der Reihenfolge muß zusätzlich sichergestellt werden, daß alle Empfänger für ihre Entscheidung die gleiche Menge empfangener Nachrichten zugrundegelegt haben. Ein stark verzögertes Eintreffen einer Nachricht bei einem Empfänger würde sonst dazu führen, daß diese Nachricht bei der Entscheidungsfindung nicht berücksichtigt wurde und dieser Empfänger somit zu einem anderen Ergebnis gekommen ist.

Als besser geeignet erweist sich eine Mischform aus asynchronen und synchronen Übertragungsverfahren, wo Pufferkapazitäten auf der Empfängerseite angelagert sind. Die Sendeanweisung blockiert so lange, bis die Nachricht in den Empfängerpuffern abgelegt wurde ("Puffersynchronisation"). Hierbei können so viele Multicasts gleichzeitig initiiert werden, wie der kleinste noch nicht belegte Pufferbereich, ermittelt über alle Empfänger, zuläßt. Durch das Puffern der Nachrichten wird auch vermieden, daß, wie im synchronen Fall, Sender und Empfänger auf den langsamsten Empfänger warten müssen.

Genau betrachtet wird hier wie bei allen auf Pufferung basierenden Lösungen das Problem nur verlagert und nicht grundsätzlich gelöst. Bei der zuletzt vorgestellten Variante kann der Sender jedoch je nach Anforderung an die Zuverlässigkeit des Multicasts bei Pufferüberläufen sofort nach Ausführung der Sendeoperation über den Verlust der Nachricht informiert werden und geeignet reagieren. Auf die sich hier anbietenden Möglichkeiten wird im Abschnitt über die Zuverlässigkeit von Multicasts (s. Abschnitt 3.4) noch ausführlich eingegangen. Bei asynchronen Übertragungen mit Pufferung auf der Senderseite (wie z.B. in CSSA, Abschnitt 5.2) befindet sich der Sender i.a. bereits in einem anderen Zustand und kann ohne spezielle Maßnahmen den Fehler nicht mehr beheben.

Die bis jetzt beschriebenen Verfahren waren dadurch charakterisiert, daß die Kommunikation nur in eine Richtung lief. Vom Empfänger der Nachricht wurde keine Antwort erwartet. Dies wird *mitteilungsorientierte* Kommunikation genannt. Darauf basierend haben sich höhere Kommunikationsformen entwickelt, die der Tatsache Rechnung tragen, daß sich beim Botschaftenaustausch zwischen Prozessen immer wiederkehrende Kommunikationsmuster identifizieren lassen. Am häufigsten tritt die Auftraggeber/Auftragnehmerbeziehung (client/server relation) auf: ein Auftraggeber sendet einem eine spezielle Dienstleistung bereitstellenden Prozeß einen Auftrag zu und erwartet ein Ergebnis. Man spricht in diesem Zusammenhang von *auftragsorientierter* Kommunikation. Entscheidend ist hierbei, daß für die Dauer der Auftragsabwicklung eine feste Bindung zwischen den beteiligten Partnern besteht. Der Auftragnehmer braucht den Auftraggeber nicht explizit zu kennen und kann das Ergebnis mit einer einfachen Rücksendeanweisung wie etwa *reply* oder *return* abliefern. Da diese Auftragsbeziehung dem System bekannt ist, ergeben sich auch bessere Möglichkeiten für die Fehlerbehandlung.

Auf die vielfältigen Realisierungsformen auftragsorientierter Kommunikationsmodelle, zu denen u.a. der Remote Procedure Call [BIN84], das Rendezvous-Konzept [USD81], die implizite Operationsaktivierung, die Vererbung der Antwortverpflichtung sowie selektives Empfangen von Nachrichten (Pattern Match, Assertions, Guards, Alternative Statement etc.) gehören, wird nicht weiter eingegangen (s. hierzu z.B. [AND83]).

Auftragsorientierte Kommunikation bedeutet beim Multicast, daß eine Auftragsbeziehung mit allen Empfängern eingegangen wird. Daraus ergibt sich, daß der Sender auch Antworten von allen Empfängern erhält. Die Auftragsbeziehungen werden einzeln beendet, wenn der entsprechende Empfänger sein Ergebnis abgeliefert hat. Auf der Senderseite bieten sich mehrere Vorgehensweisen an.

- Der Sender wartet, bis alle Ergebnisse eingetroffen sind. Alle Ergebnisse werden ihm auf einen Schlag zur Verfügung gestellt. Dieses Verfahren empfiehlt sich dann, wenn beispielsweise die Ergebnisse miteinander verglichen werden sollen. Ein einzelnes Ergebnis wäre von keinem Nutzen.

- Sobald ein Ergebnis eingetroffen ist, kann es vom Auftraggeber bearbeitet werden. Diese Alternative läßt sich dann sinnvoll einsetzen, wenn der Auftraggeber nicht alle Ergebnisse benötigt. Wird z.B. nach einer festgelegten Anzahl freier Rechnerknoten in einem System gesucht, indem ein Multicast an eine Knotengruppe durchgeführt wird, so hat der Auftraggeber sein Ziel erreicht, wenn sich freie Knoten in ausreichender Anzahl gemeldet haben. Weitere freie Knoten sind nicht mehr von Bedeutung.

Aufgrund der Auftragsbeziehung lassen sich die für einen bestimmten Auftrag eingegangenen Antworten leicht erkennen und beim Abbruch der Auftragsbeziehung löschen. Diese Möglichkeit ist gerade beim Multicast besonders wichtig. Werden Auftragsbeziehungen auf der Basis der mitteilungsorientierten Kommunikation aufgebaut und nicht vom System unterstützt, müssen nicht mehr benötigte Antworten einzeln empfangen, als solche identifiziert und vernichtet werden.

Die in diesem Abschnitt besprochenen Kommunikationsmodelle stellen die Sicht einer Ebene (z.B. der Sprachebene) in einem aus mehreren Ebenen bestehenden Kommunikationssystem dar. In solchen "Schichtenmodellen" können auf den einzelnen Ebenen unterschiedliche Kommunikationsmodelle existieren, z.B. kann eine auftragsorientierte Kommunikation durch eine mitteilungsorientierte realisiert werden oder eine verbindungsorientierte Kommunikation durch ein verbindungsloses Modell. Generell werden durch die Kommunikationsmodelle auf der Sprachebene keine Implementierungen vorgegeben.

3.3 Zuverlässigkeitsaspekte

Unter der Zuverlässigkeit eines Kommunikationsprotokolls wird allgemein verstanden, daß abgesandte Nachrichten unter bestimmten Rahmenbedingungen sicher den Empfänger erreichen. Falls dies z.B. aufgrund eines Hardware-Fehlers nicht gelingen sollte, wird der Auftraggeber darüber informiert. Sind an einer Kommunikation nur zwei Prozesse beteiligt (ein Sender und ein Empfänger), so gilt die Kommunikation dann als erfolgreich abgewik-kelt, wenn der Empfänger die Nachricht erhalten hat. Als wesentlicher Unterschied zur 1:1-Kommunikation stellt sich beim Multicast die Frage, wie der

Erfolg oder Mißerfolg durch den Sender festgelegt bzw. erkannt wird. Existieren n Empfänger für eine Nachricht, hat aber die Nachricht nur beispielsweise n-1 Empfänger erreicht, ist dann die Multicast-Operation als erfolgreich zu bewerten oder nicht?

Eine allgemeingültige Antwort auf diese Frage läßt sich nicht geben. Entscheidend ist, welche Absicht der Sender in Abhängigkeit einer übergeordneten Anwendung verfolgt. Werden Multicast-Nachrichten z.B. periodisch in kurzen zeitlichen Abständen versandt - wie etwa die Uhrzeit - so stört es den Sender (evtl. einen Timer-Prozeß) nicht, ob die Nachricht alle potentiellen Empfänger erreicht hat. Ein (seltener) Nachrichtenverlust bewirkt beim Empfänger lediglich, daß seine Uhr eine zeitlang etwas "nachgeht", was vielleicht akzeptiert werden kann. Der Sender offeriert einen Service und sieht es als Aufgabe der Empfänger an, den Service zu nutzen.

Ebenso gibt es Beispiele dafür, daß der Sender durchaus zufrieden ist, wenn er einige, aber nicht alle potentiellen Empfänger erreicht hat. Denkt man an die Aufgabe, einen freien Rechner für einen neu zu erzeugenden Prozeß zu finden, so genügt prinzipiell mindestens eine positive Antwort auf eine Anfrage an alle Rechner. Bei der Realisierung von Voting-Verfahren für fehlertolerante Funktionen sind ebenfalls nicht alle Empfänger wichtig. Es genügt, daß eine Mehrheitsentscheidung zustandekommt.

Multicast-Operationen im Bereich von Datenbanksystemen, wie etwa ein "multi copy update" verlangen im allgemeinen immer die Erhaltung eines konsistenten Systemzustands. In diesem Fall ist man nicht nur daran interessiert, daß die Nachricht alle Empfänger erreicht, sondern daß im Fehlerfall kein Empfänger die Botschaft erhält. Eine Multicast-Kommunikation muß in diesem Fall von ihrer Wirkung her atomar sein. Entweder wird die Nachricht von allen oder von keinem der zur Multicast-Gruppe gehörenden Prozesse empfangen. Weitere Beispiele für Einsatzbereiche von Multicasts mit unterschiedlichen Zuverlässigkeitsanforderungen sind in Kapitel 2 zu finden.

Wie die verschiedenen Anwendungsbeispiele verdeutlichen, empfiehlt es sich, bei Multicast-Operationen vom Zuverlässigkeitsgrad anstatt einfach von der Zuverlässigkeit zu sprechen. Der *Zuverlässigkeitsgrad k* (*k-reliability*) bedeutet hierbei, daß der Multicast dann als erfolgreich angesehen wird, wenn mindestens k Empfänger die Nachricht erhalten haben. Für k kann dabei ein beliebiger Wert zwischen 0 und der Gruppengröße, d.h. der Anzahl der Gruppenmitglieder, angegeben werden. Falls k gleich 0 ist (*0-reliable*), muß der Sender davon ausgehen, daß seine Multicast-Nachricht keinen einzigen Empfänger erreicht hat und ihm dies nicht als Fehler gemeldet wurde. Ist k gleich der Gruppengröße (*all-reliability*), wird der Multicast nur dann als erfolgreich betrachtet, wenn alle Gruppenmitglieder erreicht wurden. Nimmt k einen Wert zwischen 0 und der Gruppengröße (0 < k < Gruppengröße) an, gilt die Sendeoperation als erfolgreich, wenn mindestens k Empfänger die Nachricht erhalten haben.

Die Zuverlässigkeitsgrade haben unterschiedliche Auswirkungen auf die sie realisierenden Protokolle. Im einfachsten Fall, beim Zuverlässigkeitsgrad 0, benötigt der Sender keine Rückmeldung von den Empfängern; hier werden die geringsten Anforderungen an das realisierende Protokoll gestellt, die Multicast-Kommunikation ist äußerst effizient: pro Multicast wird nur eine einzige Multicast-Nachricht benötigt, nämlich genau die zu übertragende Nachricht. Ist der Zuverlässigkeitsgrad größer als 0, muß der Sender in Erfahrung bringen, wieviele Empfänger seine Nachricht erreicht hat. In Kapitel 4.1 wird noch genauer auf einzelne Verfahren bzw. Basistechniken für Multicast-Protokolle eingegangen.

In diesem Abschnitt wird zur Verdeutlichung der Zuverlässigkeitsproblematik angenommen, daß alle Empfänger bei Empfang einer Nachricht eine Quittung an den Sender abschicken. Andere Verfahren werden später in Kapitel 4 eingeführt. Selbst wenn der Sender den Zuverlässigkeitsgrad 1 zugrundegelegt hat, werden im allgemeinen alle Empfänger eine Quittung versenden unter der Voraussetzung, daß die Nachricht von allen empfangen wurde. Insgesamt werden also eine Multicast-Nachricht und n Quittungen verschickt, wenn die Gruppe n Mitglieder besitzt. Die Tatsache, daß in diesem Fall eine Quittung ausgereicht hätte, kann nicht zur Reduktion des Nachrichtenaufkommens genutzt werden: selbst wenn die Empfänger über die Information verfügten, welchen Zuverlässigkeitsgrad der Sender zugrundelegt, können sie nicht wissen, ob die anderen Empfänger die Nachricht empfangen haben oder nicht.

Wenn der Sender sicherstellen will, daß er alle Mitglieder der Multicast-Gruppe erreicht hat, muß er für k die Gruppengröße einsetzen. Hierbei wird zwar nicht die Anzahl der Nachrichten verändert, jedoch muß der Sender die Gruppengröße kennen. Jede dynamische Veränderung der Gruppe muß allen Sendern mitgeteilt werden, damit sie wissen, auf wieviele Quittungen sie zu warten haben. Das Betreten und Verlassen einer Gruppe kann dann nicht mehr als lokale Aktion realisiert werden, sondern hat globale Auswirkungen: die Veränderung der Gruppengröße muß allen Sendern bekanntgemacht werden.

Empfängt der Sender innerhalb eines bestimmten Zeitintervalls (Timeout) weniger als k Quittungen, kann der Sender auf zwei verschiedene Arten reagieren. Entweder er wiederholt den Multicast noch einmal in der Hoffnung, die noch fehlenden Empfänger jetzt zu erreichen, oder er bricht die Sendeoperation mit einer entsprechenden Fehlermeldung ab. In beiden Fällen entstehen neue Schwierigkeiten, die zu lösen sind. Bei der automatischen Wiederholung des Multicast durch die Protokollschicht müssen die Empfänger in der Lage sein, Duplikate zu erkennen. Dies stellt eine neue Anforderung an die Protokolle und führt zu weiteren Problemen, die weiter unten in diesem Abschnitt noch behandelt werden.

Der Abbruch der Multicast-Kommunikation kann dagegen zu Inkonsistenzen führen. Wollte der Sender alle Gruppenmitglieder erreichen, so entsteht nach dem Abbruch die Situation, daß einige Gruppenmitglieder die Nachricht empfangen haben und andere nicht. Dies läßt sich nur durch Protokolle vermeiden, die den aus den Datenbanksystemen bekannten Zwei-Phasen-Commit-Protokollen ähneln [GRA78]. In der ersten Phase wird sichergestellt, ob alle Empfänger die Nachricht erhalten haben. In Abhängigkeit von dem Ergebnis teilt der Sender in einer zweiten Phase den Empfängern mit, ob sie die empfangene Nachricht bearbeiten dürfen oder nicht. Da in den beiden letzten Fällen (Abbruch und Wiederholung von Multicast-Nachrichten) an einer einzigen Multicast-Operation mehrere Kontrollnachrichten beteiligt sind, spricht man in der Literatur häufig von *Multicast-* oder *Nachrichten-Transaktionen* [CHE84, PAL88]. Solche Transaktionen sind deutlich von dem in der Welt der Datenbanken benutzten Transaktionsbegriff zu unterscheiden.

Für die meisten Anwendungen, die das Erreichen aller potentiellen Empfänger mit einer Multicast-Nachricht voraussetzen, kann davon ausgegangen werden, daß eine Multicast-Semantik mit fehlender Atomaritätseigenschaft ungeeignet ist. Die für den Fehlerfall zu treffenden Vorsorgemaßnahmen auf der Anwendungsebene sind erheblich. Die Bereitstellung der Atomarität erfordert allerdings höheren Aufwand für die Implementierung. Insgesamt sind zwei Multicast-Nachrichten (Multicast-Information und Commit- oder Abort-Nachricht) sowie maximal n Bestätigungen über den Erhalt der Nachricht von den Empfängern zu berücksichtigen. Die Nutzung eines Multicasts für die Commit- bzw. Abort-Nachrichten ist kritisch: Es entsteht das gleiche Problem wie bei der Übertragung der Nutzdaten - die Multicast-Nachricht könnte nicht alle Empfänger erreichen.

Zu den Zuverlässigkeitsanforderungen an die Protokolle ist generell zu bemerken, daß auf der Transportebene keine systemweite Fehlertoleranz realisiert werden kann. Der Sender einer Nachricht erwartet die Ausführung des mit der Botschaft verbundenen Auftrags. Bei auftragsorientierten Kommunikationsformen ist daher eigentlich nur das Ergebnis von Interesse, das die korrekte Bearbeitung des Auftrags anzeigt; auf Quittungen für die Übermittlung des Auftrags könnte verzichtet werden. Bei sehr langen oder unbekannten Bearbeitungszeiten empfiehlt es sich jedoch, den Sender so früh wie möglich über den Verlust von Nachrichten zu informieren, um lange unnötige Wartezeiten auf einen Timeout zu vermeiden.

Wie in dem in Abschnitt 3.1 zugrundegelegten Modell vereinbart, können sich Multicast-Nachrichten überholen bzw. sich von zwei Sendern gleichzeitig gestarteten Multicast-Wellen überlappen. Dabei kann der Effekt auftreten, daß bei asynchronen Kommunikationsformen die Nachrichten eines Senders bei unterschiedlichen Empfängern in jeweils anderer Reihenfolge eintreffen. Dies kann aus Sicht der Anwendung unerwünscht sein. Sollen beispielsweise von mehreren Sendern aus Sicherheitsgründen Datensätze in Dateien auf unterschiedlichen physischen Datenträgern abgelegt werden, dann wird im allgemeinen erwartet, daß sowohl im Original wie auch in der Kopie die Datensätze in der gleichen Reihenfolge gespeichert sind. Für die Empfänger bedeutet dies, daß sie entweder die Nachrichten nach übereinstimmenden Kriterien ordnen können oder daß garantiert wird, daß zumindest bzgl. jedes Senders die Nachrichten in der gleichen Reihenfolge eintreffen. Im synchronen Fall tritt dieses Problem nicht auf. Ein neuer Auftrag kann vom Sender erst dann initiiert werden, wenn der alte bereits abge-

arbeitet worden ist. Selbst wenn das Medium das Wiederholen von Nachrichten zulie-
ße, wäre von einem Sender niemals mehr als eine Nachricht unterwegs.

Mit der Forderung, daß alle Multicast-Nachrichten bei allen Empfängern in der
Gruppe in der gleichen Reihenfolge ankommen müssen, werden noch härtere Anforderungen an Multicast-Protokolle gestellt. Ein Anwendungsbeispiel für diese Variante
des zuverlässigen Multicast kommt aus dem Gebiet der Fehlertoleranz. Zur Erhöhung
der Fehlertoleranz wird ein einzelner Prozeß mehrfach redundant ausgelegt. Alle Prozesse erhalten mittels Multicast jeden Auftrag, führen ihn - soweit es die internen Zustände der Prozesse anbelangt - aus. Nur ein gerade aktiver Prozeß schickt das Ergebnis an den Auftraggeber zurück (statische Software-Redundanz, Hot-Stand-By-
Betrieb, s. Kapitel 2). Da der interne Zustand des Prozesses von der Reihenfolge der
eintreffenden Aufträge abhängen kann, muß jeder Prozeß alle Aufträge in der gleichen
Reihenfolge erhalten, damit bei Ausfall des aktiven Prozesses einer der redundanten
Prozesse dessen Aufgabe übernehmen kann, also selber zum aktiven Prozeß wird. In
diesem Anwendungsbeispiel muß darüber hinaus noch gewährleistet werden, daß alle
redundanten Prozesse synchron laufen. Damit soll erreicht werden, daß im Falle mehrerer gepufferter Multicast-Aufträge nicht ein Prozeß den anderen vorausläuft. Wäre dies
z.B. einer der redundanten Prozesse, dann könnte er bei Ausfall des aktiven Prozesses
dessen Funktion nicht mehr übernehmen: Der ehemals redundante Prozeß hätte bereits
Aufträge verarbeitet, die der aktive Prozeß noch nicht gesehen hat, die internen Zustände beider Prozesse wären inkonsistent. Die synchrone Verarbeitung von Nachrichten durch alle in einer Multicast-Gruppe enthaltenen Empfänger wird in [BIJ87b] als *virtuelle Synchronität* bezeichnet.

3.4 Festlegung und Verwaltung von Multicast-Gruppen

Unter dem Begriff Verwaltung einer Multicast-Gruppe werden alle die Operationen zusammengefaßt, die den *Status* der Gruppe und die *Mitgliedschaft* von Prozessen betreffen. Dazu gehört das Erzeugen und Vernichten von Multicast-Gruppen, der Eintritt in
die Gruppe und das Verlassen der Gruppe sowie alle Operationen in Zusammenhang
mit der Entdeckung und Behebung von Fehlern, die von Gruppenmitgliedern in Bezug
auf die Multicast-Kommunikation verursacht werden.

In welcher Form eine Multicast-Gruppe gebildet werden kann, hängt davon ab, wie
der Sender einer Multicast-Nachricht die Empfängerprozesse spezifiziert. Grundsätzlich existieren drei Möglichkeiten:

- *inhaltliche* Auswahl beim Empfänger

- Angabe einer *Empfängerliste* für jede Nachricht (multi-destination addressing)

- Angabe einer *Gruppenadresse*.

Im ersten Fall werden allein durch den *Inhalt* der Nachricht die Empfänger bestimmt. Daher müssen alle Prozesse in einem System jede Multicast-Nachricht empfangen und anhand des Inhalts der Botschaft entscheiden, ob sie für den betreffenden Prozeß bestimmt ist oder ob er sie ignorieren kann. Genaugenommen wird dieses Verfahren bei broadcast-fähigen Medien von der Hardware angewendet, wenn sie Multicast-Adressen anbietet: Die Nachricht wird mittels eines Broadcasts an alle Empfänger gesendet und dort wird anhand der Adresse, die als Teil des Nachrichteninhalts angesehen werden kann, von der Schnittstellen-Hardware entschieden, ob die Nachricht übernommen werden soll oder nicht. Dennoch ist die inhaltliche Adressierung wegen des notwendigen Broadcasts und des expliziten Nachrichtenempfangs durch jeden Prozeß in der Praxis nahezu ohne Bedeutung. In der Zukunft könnte sich das vielleicht ändern, wenn die Multicast-Adressierung von der Hardware durch geeignete Pattern-Match-Verfahren unterstützt wird, die auf Teile der Nachricht zugreifen und mit vorgebbaren Kriterien vergleichen können.

Bei der Angabe einer *Empfängerliste* für jede Nachricht werden die Empfänger ausschließlich von dem sendenden Prozeß bestimmt. Da eine solche Liste u.U. lokal in einem Anwenderprozeß verwaltet wird, ist es sehr schwierig, die Multicast-Operationen durch das System zu unterstützen. Eine Änderung der Multicast-Gruppe kann in der Löschung eines Prozeßnamens aus dieser Liste bestehen, die der Systemsoftware vollkommen verborgen bleibt. Gruppen sind nur lokal für einen einzigen Prozeß definiert. Zudem muß man davon ausgehen, daß die Empfängerlisten eine variable Länge besitzen können und für jede Multicast-Nachricht unterschiedlich besetzt sind. Falls die Multicast-Protokollschicht die Broadcast-Fähigkeit darunterliegender Schichten ausnutzen möchte, bleibt nur das Mitschicken der Empfängerliste als Teil der Nachricht und damit die inhaltliche Adressierung auf dieser Ebene oder das Einrichten einer Multicast-Gruppe für jede Empfängerliste. Die zweite Möglichkeit kann nur dann Aussicht auf Erfolg haben, wenn im allgemeinen eine hohe Wahrscheinlichkeit besteht, daß der Sender die Empfängerlisten nicht in kurzen Abständen modifiziert, sondern für viele Sendeoperationen wiederverwendet. Bei jeder Sendeoperation muß dann jedoch überprüft werden, ob sich die Empfängerliste nicht geändert hat. Bei diesem Adressierungsverfahren verzichtet der Sender auf die angenehme Eigenschaft des Multicasts, die Namen und die Anzahl der Empfänger nicht kennen zu müssen. Im Einzelfall kann dies natürlich notwendig und beabsichtigt sein.

Die dritte Adressierungsform, die Angabe einer *Gruppenadresse*, stellt im Hinblick auf die Effizienz der Kommunikationsabwicklung und die Beeinträchtigung der nicht zur Gruppe gehörenden Prozesse die effizienteste Lösung dar. Die Multicast-Gruppe wird durch eine Gruppenadresse identifiziert, über die alle Gruppenmitglieder erreicht werden können.

Ähnlich wie bei den Kommunikationsmodellen sind in einem aus mehreren Protokollebenen bestehenden System verschiedene Multicast-Adressierungsformen auf den einzelnen Ebenen möglich. So kann beispielsweise die Gruppenadressierung in der darunterliegenden Protokollschicht durch Empfängerlisten realisiert werden.

Gruppenadressen haben ein festes Format und können sowohl von geeigneten Hardware-Einrichtungen (Ethernet, Token-Ring; s. Kapitel 7) wie auch von der Protokollschicht erkannt und verarbeitet werden. Fast alle bekannten Multicast-Verfahren basieren auf dieser Adressierungsform. Eine Ausnahme bildet u.a. die Sprache CSSA, die in Abschnitt 5.2 kurz vorgestellt wird.

Die in [GKZ85] beschriebene *Quellenadressierung* (*source addressing*) sieht die Auswahl von Multicast-Nachrichten durch den Empfänger anhand der Adresse des Senders vor. Entgegen der in [GKZ85] vertretenen Auffassung stellt dies keine neue Adressierungsform, sondern eine Variante der Gruppenadressierung dar, die eine bestimmte Vergabestrategie für Gruppenadressen vorschreibt. Jedem Sender wird eine eigene Gruppe zugeordnet, an die er alle Nachrichten richtet; die Empfänger können dann selbst entscheiden, ob sie der Gruppe beitreten oder nicht.

In der in [HUG87] vorgenommenen Klassifikation werden auch Multicast-Nachrichten an mehrere Multicast-Gruppen berücksichtigt. Dabei handelt es sich um eine Kombination von Empfängerlisten und Gruppenadressen: mehrere Gruppenadressen können in jeder Nachricht in einer Liste angegeben werden. Man erkennt sofort, daß hier zwei verschiedene Adressierungsarten überlagert werden. Die gleiche Wirkung läßt sich mit einer Gruppenadresse erreichen, wenn die in einer Nachricht angegebenen Gruppen zu einer neuen zusätzlichen Gruppe zusammengefaßt werden. Das explizite Ansprechen mehrerer Gruppen in einer Nachricht läßt sich dann sinnvoll einsetzen, wenn eine Multicast-Nachricht in unterschiedliche Teilnetze zu übertragen ist [BOG83] (s. auch Kap. 7).

Da sich bei den beiden zuletzt erörterten Varianten die gleichen Probleme wie bei der Gruppenadressierung ergeben, werden sie bei den folgenden Betrachtungen nicht von der Gruppenadressierung unterschieden.

Zur Erzeugung einer Multicast-Gruppe muß eine Gruppenadresse ausgewählt, allen Mitgliedern zugewiesen und u.U. anderen Prozessen im System bekanntgegeben werden, damit Botschaften an die Gruppe gesendet werden können. Die Sender sind nicht notwendigerweise Mitglieder der Gruppe. Die Vergabe der Gruppenadressen kann nach den durch das Betriebssystem vorgegebenen Strategien für die Erzeugung von Prozeßnamen erfolgen. Obwohl ein eigener Mechanismus nicht notwendig ist, wird im V-Kernel [CHE86a] nach folgendem speziellen Schema vorgegangen: Nach dem rein lokalen Erzeugen einer Multicast-Adresse wird eine Botschaft an diese Adresse geschickt; trifft eine Antwort ein, dann existierte diese Adresse bereits, und der Versuch wird mit weiteren Adressen solange wiederholt, bis die Antwort ausbleibt. Dann wird angenommen, daß die generierte Adresse neu und systemweit eindeutig ist. Wegen des unzuverlässigen Multicast im V-Kernel bleibt - wenn auch mit sehr geringer Wahrscheinlichkeit - die Unsicherheit, daß der Gruppenname doch schon vorhanden war. In LADY werden dagegen sofort eindeutige Adressen durch die Konkatenation lokaler Adressen mit den Rechneradressen gebildet.

Multicast-Gruppen können statisch - etwa zum Übersetzungs-, Binde- oder Ladezeitpunkt - oder dynamisch während der Laufzeit eines Programms erzeugt werden. Die statische Definition [LEC85] ist wegen ihrer Inflexibilität kaum verbreitet. Für den Fall, daß ein solches Programm als normale Anwendung unter einem Betriebssystem gestartet wird, wird die dynamische Bildung von Multicast-Gruppen auf der Systemebene dennoch benötigt.

Die Anzahl der gleichzeitig vorhandenen Multicast-Quellen hat großen Einfluß auf die Komplexität der Protokolle. Es lassen sich drei prinzipielle Möglichkeiten unterscheiden:

- Während der gesamten Lebenszeit der Multicast-Gruppe gibt es nur einen einzigen fest vorgegebenen Sender (*fixed source*). Auf der Protokollebene brauchen sich die Empfänger nur auf einen einzigen potentiellen Sender einzustellen. Dadurch werden die Algorithmen erheblich vereinfacht.

- Es existieren mehrere potentielle Sender, jedoch darf zu einem Zeitpunkt nur ein einziger Sender aktiv sein (*variable source*). Hierbei muß auf der Empfängerseite zwar das Vorhandensein mehrerer Sender berücksichtigt werden, jedoch finden Multicast-Operationen nie gleichzeitig, sondern hintereinander statt. Es kann nicht zur Kollision zweier verschiedener Multicasts kommen. Die globale Sequentialisierung der Multicasts muß speziell geregelt werden.

- Es werden keine Einschränkungen bezüglich der Anzahl der Sender und der gleichzeitig stattfindenden Multicast-Operationen gemacht (*multiple source*). Die gleichzeitige Abwicklung mehrerer Multicasts muß von den Empfängern durchgeführt werden, was wesentlich zur Erhöhung der Protokollkomplexität beiträgt.

Zur Vereinfachung wird bei der Beschreibung von Protokollen häufig davon ausgegangen, daß sich m:n-Beziehungen (Multicast-Gruppe mit *multiple sources*) in m 1:n-Beziehungen (*fixed source*) zerlegen lassen. Bei der Bewertung von Fixed-Source-Protokollen muß berücksichtigt werden, inwieweit bei mehreren gleichzeitigen Sendern der Verwaltungsaufwand auf Sender- und Empfängerseite steigt. Um unterschiedlichste Anwendungen mit einem flexiblen universellen Basismechanismus unterstützen zu können, eignet sich der Multiple-Source-Ansatz am besten, der die beiden anderen spezielleren Varianten beinhaltet. Darüberhinaus sind i.a. die Sender nicht Mitglieder der Gruppe, so daß Regelungen innerhalb der Gruppe von den Sendern nicht wahrgenommen werden bzw. die potentiellen Sender der Gruppe nicht bekannt sind.

Bei der dynamischen Modifikation sind als Grundfunktionen das Hinzufügen und Entfernen von Prozessen während der Abwicklung von Multicast-Operationen zu nennen. Multicast-Gruppen können sowohl *zentral* wie auch *verteilt* verwaltet werden. Beim zentralistischen Ansatz wird die Gruppe von einem externen Prozeß moderiert. Der Agent oder Moderator der Gruppe kennt alle Gruppenmitglieder und nur er führt Statusänderungen der Gruppe durch. Das Einfügen eines neuen Prozesses in die Gruppe kann durch Mitteilung der Gruppenadresse an diesen Prozeß erfolgen. Beim Verlassen der Gruppe löscht ein Prozeß seine Gruppenadresse und informiert darüber den Moderator. Bei der Realisierung verschiedener Zuverlässigkeitsgrade kann der Moderator aufgrund seiner globalen Sicht Unterstützung anbieten. Auftretende temporäre Inkonsistenzen beim gleichzeitigen Eintreten und Verlassen mehrerer Prozesse lassen sich ebenfalls einfach regeln.

Obwohl das Moderator-Konzept leicht zu implementieren ist, liegen die Nachteile wie bei allen zentralistischen Lösungen in der Fehleranfälligkeit und der Tatsache, daß der Moderator einen Engpaß darstellt, wenn es sich um sehr große und weiträumig verteilte Gruppen handelt. Man kann einige dieser Probleme lösen, indem der Moderator repliziert wird. Hierbei tritt jedoch die neue Schwierigkeit auf, daß zur Erreichung zuverlässiger Multicast-Kommunikationen alle Moderatoren eine global konsistente Sicht der Gruppe haben müssen. In [CHD85] wird vorgeschlagen, die Gruppe der Moderatoren durch einen *Supermoderator (super agent)* zu verwalten. Hierbei wird das Problem jedoch lediglich ein wenig entschärft, aber ansonsten auf eine andere Ebene verlagert und nicht grundsätzlich gelöst.

Bei der verteilten Gruppenverwaltung können Gruppenoperationen von jedem Mitglied durchgeführt werden. Welche Kenntnis die einzelnen Mitglieder vom globalen Status der Gruppe haben müssen, ist abhängig von den Zuverlässigkeitsanforderungen. Unzuverlässige Multicasts erlauben ein rein lokales Betreten und Verlassen der Gruppe, ohne daß dies anderen Prozessen mitgeteilt werden muß. Der komplizierteste Fall liegt dann vor, wenn bei atomaren ordnungserhaltenden Multicasts die Operationen zur Gruppenverwaltung mit gleichzeitig abzuwickelnden Sendeaufträgen koordiniert werden müssen. In [CHM84] beispielsweise kommt eine Modifikation der Gruppe deren Auflösung und Neubildung gleich.

Bei der Bewertung von Verfahren zur Manipulation von Multicast-Guppen muß die Lebensdauer und die Häufigkeit von Modifikationen der Gruppe in Betracht gezogen werden. Bei kurzlebigen, hochdynamischen Gruppen spielt die effiziente Realisierung der Verwaltungsmaßnahmen eine wichtigere Rolle als bei Gruppen, die sehr selten verändert werden und lange existieren.

4. Multicast-Protokolle

Die in Programmiersprachen oder in oberhalb der Transportebene gelegenen Betriebs-
systemschichten angebotenen Multicast-Dienste müssen durch geeignete Protokolle
realisiert werden. Hierfür existieren eine Reihe von Verfahren, die sich hinsichtlich der
Zeit- und Nachrichtenkomplexität sowie der Zuverlässigkeit von Multicast-Operationen unterscheiden. Nach einer Übersicht über unterschiedliche Basistechniken für
Multicasts werden geordnet nach steigenden Zuverlässigkeitsgraden sowohl aus der
Literatur bekannte wie neu entwickelte Verfahren vorgestellt und diskutiert.

4.1 Basistechniken für Multicast-Protokolle

Bei der Auswahl geeigneter Implementierungstechniken für Multicast-Verfahren sind
Kriterien wie etwa Ausführungszeit, Zuverlässigkeit und Rechenzeit in den beteiligten
Knoten für Multicast-Operationen sowie die Belastung des Übertragungsmediums und
die Verwaltung von Multicast-Gruppen zu berücksichtigen. Im folgenden werden in Anlehnung an [MOC83] die einzelnen Kriterien kurz erläutert.

Die *Übertragungszeit* bezeichnet die Zeitspanne, die benötigt wird, um eine Multi-
cast-Nachricht an alle Empfänger weiterzuleiten. Die Übertragungszeit gibt die
"Ausbreitungsgeschwindigkeit" eines Multicast an, die im wesentlichen durch den
Grad der Parallelität bei der Nachrichtenübertragung bestimmt wird.

Unter der *Ausführungszeit* eines Multicasts wird der Zeitraum vom Aufruf einer
Multicast-Operation bis zu ihrem vollständigen Abschluß verstanden, so daß die Übertragungszeit darin enthalten ist. Die Ausführungszeit wird insbesondere bei steigenden Zuverlässigkeitsgraden durch die Anzahl von Quittungsnachrichten sowie durch
mehrfaches Verschicken der Multicast-Nachricht bestimmt und ist wichtig für die Entdeckung von Kommunikationsfehlern. Als Maß für die Übertragungs- und Ausführungszeit kann die Anzahl der beteiligten Nachrichtenübertragungen dienen.

Multicast-Operationen erzeugen während ihrer Abwicklung zwei Arten von *Kosten*: in Form von *Rechenzeitverbrauch* bei den beteiligten Knoten und Nutzung der

Übertragungskapazität des Mediums. Beide Kosten werden auf der Grundlage der übertragenen Nachrichten und der damit verbundenen Sende- und Empfangsoperationen ermittelt.

Die Aspekte der Zuverlässigkeit und Gruppenverwaltung wurden bereits in Kapitel 3 ausführlich besprochen. Ergänzend sei lediglich bemerkt, daß die Anzahl der gleichzeitig abwickelbaren Multicast-Operationen zusätzlich eine wichtige Rolle bei der Bewertung von Multicast-Protokollen spielt.

Die Ausführung von Multicast-Operationen kann in folgende Einzelaktionen unterteilt werden:

- *Zuweisung* einer Multicast-Adresse an den Sender.

- Die *Übertragung* der Multicast-Nachricht, d.h. die Übergabe der Nachricht an das Kommunikationsmedium einschließlich möglicher Wiederholungen der Übertragungsoperation.

- Das *Empfangen* der Multicast-Nachrichten auf den Zielknoten, evtl. das *Erkennen* und Vernichten von Duplikaten sowie das *Weiterleiten* der Nachricht an die Empfängerprozesse.

- Die *Erzeugung* und Übertragung von *Quittungsnachrichten* von den Empfängern zum Sender.

- Die *Verarbeitung* der *Quittungsnachrichten* bei den Sendern.

Diese fünf typischen Aktionen, die bei der Abwicklung von Multicasts auftreten, lassen erkennen, wo man bei Optimierungen der Protokolle anzusetzen hat. Das Ziel besteht darin, das vom Medium angebotene Multicast-Potential durch die Erhöhung der Wahrscheinlichkeiten für eine erfolgreiche Übertragung voll auszuschöpfen, und andererseits die Ausführungszeiten auf den Rechnerknoten sowie die Belastung des Mediums zu minimieren.

Vorbereitend für die weiteren Abschnitte dieses Kapitels werden nachfolgend die in Kapitel 3 eingeführten Begriffe in Anlehnung an die in [TAK87] benutzte Notation präzisiert. Eine Schicht bzw. Protokollebene eines Netzes wird mit L bezeichnet. L besteht aus n aktiven Komponenten (z.B. Prozessen) $P_1, ..., P_n$ ($n \geq 2$), deren Adressen mit $adr(P_i)$ gewonnen werden können. Die nach außen sichtbaren Aktionen der Komponenten P_i werden Ereignisse genannt und in der Menge E zusammengefaßt. Auf E ist eine Ordnungsrelation $O \subseteq E \times E$ definiert, für die gilt:

$$e_1 \rightarrow e_2 \Leftrightarrow (e_1, e_2) \in O$$

Dabei stellen die e_i Ereignisse in E, die von einem P_i ausgelöst wurden, und "→" eine Vorgängerrelation dar. In E werden zwei Ereignisarten unterschieden, die disjunkt sind: Die Menge der Sendeereignisse S und die Menge der Empfangsereignisse R:

$$E = S \cup R, \quad S \cap R = \varnothing$$

M sei die Menge der Nachrichten, die in L verschickt werden. Jedes $m \in M$ ist ein Quadrupel <id,source,dest,cont>, wobei *id* eine eindeutige Kennung der Nachricht, *source* die Adresse des Senders, *dest* die Menge der Zieladressen und *cont* den Inhalt angibt. Auf die Bestandteile von Nachrichten wird mit Punktnotation (m.id, m.dest etc.) zugegriffen. Die Empfängerliste bedeutet hierbei keine Implementierungsvorgabe, sondern trägt zur Vereinfachung des Modells bei (die Auswahl der Nachrichten auf der Empfängerseite entfällt - gewissermaßen wird ein physischer Multicast angenommen).

Für eine Komponente P_i und eine Nachricht m seien $s_i[m] \in S$ und $r_i[m] \in R$ die Sende- und Empfangsereignisse, d.h., $s_i[m]$ bedeutet, daß P_i die Nachricht m gesendet hat, und $r_i[m]$ dementsprechend, daß P_i die Botschaft m empfangen hat. Die präzise Notation wäre eigentlich $s_{ij}^{L}[m]$: das j-te Sendeereignis einer Komponente P_i in der Schicht L; zur besseren Übersicht wird jedoch - wo immer möglich und keine Verwechslung entstehen kann - die einfachere Schreibweise bevorzugt. Der zweite Index bei Ereignissen, der zu ihrer Unterscheidung innerhalb einer Komponente dient, wird ebenfalls nur dort benutzt, wo er benötigt wird. Der Wertebereich dieses Index reicht von 1 bis zum letzten Ereignis der betreffenden Komponente. Wird in Definitionen $r_j[m]$ angegeben, bezieht sich dies auf alle existierenden Empfangsereignisse.

Def. 4.1:   Eine Schicht L heißt *regulär* genau dann, wenn gilt:

$$\forall P_i \in L, \forall s_{ij}, s_{ik} \in P_i, \forall r_{ij}, r_{ik} \in P_i, j \neq k, m \in M, i \in \{1,...,n\} \Rightarrow$$

$$(r_{ij}, r_{ik}) \in O \vee (r_{ik}, r_{ij}) \in O \quad \text{und} \quad (s_{ij}, s_{ik}) \in O \vee (s_{ik}, s_{ij}) \in O$$

Dies bedeutet, daß alle Empfangs- und Sendeereignisse einer Komponente unter sich total geordnet sind und damit die Komponenten einer Schicht L keine gleichzeitigen Sende- und Empfangsoperationen ausführen können. Wendet man diese Definition beispielsweise auf die Sprache LADY an, dann stellen Teams keine Komponenten dar, wohl aber Prozesse.

Def. 4.2: Eine Nachricht m ist *authentisch* genau dann, wenn gilt:

$$s_i[m] \in P_i \;\Rightarrow\; \neg\exists\, s_j[m'] \in P_j \text{ mit } i \neq j \,\wedge$$

$$m.id = m'.id \,\wedge\, m.source = m'.source$$

Def 4.3: Eine Nachricht m ist *geheim* genau dann, wenn gilt:

$$\neg\exists\, r_j[m] \text{ mit } adr(P_j) \notin m.dest$$

Die erste Eigenschaft besagt, daß keine Komponente ein Sendeereignis einer anderen Komponente vortäuschen kann, während die zweite den Empfang von Nachrichten durch nicht adressierte Komponenten ausschließt.

Def. 4.4: Eine Schicht ist *sicher* genau dann, wenn alle Nachrichten authentisch und geheim sind.

Den weiteren Betrachtungen werden sichere Netzschichten zugrundegelegt. Weiterhin wird vorausgesetzt, daß $s_i[m] \to r_j[m]$ gilt, d.h., daß das Sendeereignis für eine Nachricht immer vor dem zugehörigen Empfangsereignis stattfindet, falls das Empfangsereignis existiert. | | bezeichnet die Kardinalität einer Menge, wobei nachfolgend $|\{r_j[m] \mid adr(P_j) \in m.dest\}|$ mit $|r_j[m]|$ abgekürzt wird.

Def. 4.5: Eine Schicht L wird *broadcast-fähig* genannt $:\Leftrightarrow$

$$\forall m \in M \quad |m.dest| = |L| \vee |m.dest| = 1.$$

L heißt *multicast-fähig* $:\Leftrightarrow\; \forall m \in M \quad |L| \geq |m.dest| \geq 1.$

L heißt *Punkt-zu-Punkt-Schicht* $:\Leftrightarrow\; \forall m \in M \quad |m.dest| = 1.$

Eine Nachricht m ist eine *1:1-Nachricht* $:\Leftrightarrow\; |m.dest| = 1.$

Multicast- und *Broadcast-Nachrichten* werden analog definiert.

Eine Multicast-Gruppe G läßt sich als eine Teilmenge einer Schicht L definieren: $G \subseteq L,\ |G| \geq 1$. Den folgenden Definitionen wird jedoch immer die Schicht L zugrundegelegt. Alle Begriffe lassen sich durch das Ersetzen von L durch G auch auf Gruppen übertragen.

Def 4.6:   Eine Schicht L heißt *zuverlässig mit dem Grad k* (k-reliable) genau dann, wenn gilt:

(1) $\forall s_i[m], m \in M, i \in \{1,\ldots n\}, \forall j$ mit adr$(P_j) \in$ m.dest $\Rightarrow |r_{ji}[m]| \le 1$

(2) $\forall s_i[m] \, \forall r_j[m'], s_i[m] \to r_j[m'],$ m.id = m'.id $\Rightarrow$ m.cont = m'.cont

(3) $\forall s_i[m] \Rightarrow |$m.dest$| \ge |r_j[m]| \ge k, \; j \in \{x \mid$ adr$(P_x) \in$ m.dest$\}$

Die Eigenschaften (1) und (2) legen fest, daß innerhalb der Schicht bzw. des Protokolls Duplikate erkannt und abgefangen werden sowie daß die korrekte Übertragung der Nachrichten gewährleistet ist. Falls k = |m.dest| gilt, heißt L *gesamt-zuverlässig* (all-reliable). Die dritte Bedingung fordert für eine k-zuverlässige Schicht, daß für jede Nachricht garantiert wird, daß sie k Empfänger erreicht (CSSA beispielsweise besitzt diese Eigenschaft für den Fall |m.dest|=k). Protokolle mit dieser Garantie-Eigenschaft werden als *Guarantee-To-Deliver*-Protokolle klassifiziert [PAL79].

Falls nach Ausfällen von Komponenten weniger als k Empfänger übrigbleiben, muß jede Nachricht solange aufbewahrt werden, bis sie abgeliefert werden kann. Im synchronen Fall terminiert eine Sendeanweisung erst nach Erreichen der spezifizierten Anzahl von Komponenten. Auf der Transportebene ist ein solches Verhalten nicht akzeptabel, dort soll versucht werden, transiente Fehler zu maskieren. Läßt sich das jedoch nicht innerhalb einer vorgegebenen Zeit erzielen, ist der Mißerfolg dem Auftraggeber oder einer anderen zuständigen Instanz zu berichten, damit dort eine Fehlerbehandlung durchgeführt werden kann. Solche Protokolle werden *Best-Effort*-Protokolle genannt. Zur Unterscheidung und Handhabung der beiden Protokollklassen wird für k-zuverlässige Protokolle das Prädikat k-SUCCESS eingeführt mit

$$\text{k-SUCCESS}(s_i[m]) = \text{TRUE} \;:\Leftrightarrow\; |\text{m.dest}| \ge |r_j[m]| \ge k$$

Bedingung 3 in Def. 4.6 läßt sich mit dem neuen Prädikat dann so formulieren:

(3) $\forall s_i[m] \Rightarrow$ k-SUCCESS$(s_i[m])$

Für Best-Effort-Protokolle gilt:

(3)   k-SUCCESS$(s_i[m]) \Rightarrow |r_j[m]| \ge k$

Dabei ist zu beachten, daß die Umkehrung nicht gilt, d.h., es ist möglich, daß

$$\neg \text{k-SUCCESS}(s_i[m]) \wedge |r_j[m]| \ge k.$$

Def. 4.7: Eine Schicht L wird *atomar-zuverlässig* oder einfach *zuverlässig* genannt genau dann, wenn gilt:

    (1)   L erfüllt die Bedingungen (1) und (2) aus Def. 4.6

    (2) $\forall s_i[m] \Rightarrow |r_j[m]| = |m.dest| \vee |r_j[m]| = 0$

Def. 4.8: Eine Schicht L heißt *ordnungserhaltend* genau dann, wenn gilt:

    (1)   L ist zuverlässig

    (2) $\forall m \in M, s_{ik}[m] \rightarrow s_{ik'}[m'], \forall j \in \{x \mid adr(P_x) \in m.dest \cap m'.dest\}$

           $\Rightarrow r_{jl}[m] \rightarrow r_{jl'}[m']$

Nachrichten eines Senders können sich nicht überholen und kommen bei allen Empfängern in der gleichen Reihenfolge an. Eine totale Ordnung der Nachrichten, wobei alle Nachrichten alle Empfänger in der gleichen Reihenfolge erreichen, wird in Def. 4.9 verlangt:

Def. 4.9: Eine Schicht L wird als *total ordnungserhaltend* bezeichnet genau dann, wenn gilt:

    (1)   L ist zuverlässig und ordnungserhaltend

    (2) $\forall s_i[m], s_j[m'], i \neq j \Rightarrow$

           $(\forall k \in \{x \mid adr(P_x) \in m.dest \cap m'.dest\} \Rightarrow r_k[m] \rightarrow r_k[m']) \vee$

           $(\forall k \in \{x \mid adr(P_x) \in m.dest \cap m'.dest\} \Rightarrow r_k[m'] \rightarrow r_k[m])$

4.1.1 Simulation von Multicast-Nachrichten

Die direkte Abbildung einer logischen 1:n-Kommunikation auf n physische 1:1-Nachrichten muß dann vorgenommen werden, wenn das Übertragungsmedium über keine Broadcast- oder Multicast-Fähigkeit verfügt. Generell ist dieses Verfahren für alle Arten von Verbindungstopologien geeignet. Ein zuverlässiger Multicast kann hier entweder auf der Basis sicherer 1:1-Nachrichten (evtl. ist eine zusätzliche Unterstützung durch das Medium vorhanden wie etwa Hand-Shake-Leitungen) oder durch das explizite Senden von Quittungen seitens der Empfänger erreicht werden. Enthält die Multicast-Gruppe n Mitglieder, dann sind für eine logische Multicast-Operation n bzw. 2n (n Quittungen) physische Nachrichten zu verschicken, falls der Sender mit allen Empfängern direkt verbunden ist und umgekehrt.

Die fehlende physische Multicast-Unterstützung erfordert eine softwaremäßige Nachbildung, indem die logische Multicast-Nachricht an alle Knoten eines Rechnersystems geschickt (Simulation der Broadcast-Fähigkeit des Mediums) und nach dem Empfang der Nachrichten überprüft wird, ob ein Mitglied der angesprochenen Multicast-Gruppe auf dem betreffenden Rechner vorhanden ist (Simulation physischer Multicast-Adressen). In diesem Fall ist das Nachrichtenaufkommen abhängig von der Anzahl der Rechnerknoten und nicht von der Größe der Multicast-Gruppe.

Zur Vermeidung dieses Nachteils bleibt nur die Adressierung aller Empfänger mit Hilfe einer beim Sender verwalteten Liste. Dies muß in der Protokollschicht auch dann durchgeführt werden, wenn auf der Anwendungsebene eine logische Multicast-Gruppe adressiert wurde. Es ist dann Aufgabe der Protokollschicht, eine globale Verwaltung von Multicast-Gruppen durchzuführen.

Verfügt der Sender über keine direkte Verbindung zu den Empfängern, dann müssen die Nachrichten über mehrere Stationen an ihr Ziel weitergeleitet werden (store and forward networks). Diese Situation ist meist in geographisch weiträumig ausgedehnten Rechnernetzen zu finden. Wie in [DAL77, WAL80] untersucht wurde, stellen für diesen Anwendungsbereich Bäume und echoähnliche Algorithmen die geeignetsten Verfahren dar. Bäume müssen zunächst vom Sender oder von der Protokollschicht aufgebaut werden [KMZ85], und das Betreten und Verlassen von Multicast-Gruppen kann nicht allein mit lokalen Operationen durchgeführt werden, damit die Baumstruktur, und hier zudem noch eine geignete, "gutartige" Struktur (Vermeidung von degenerierten Bäumen etc.), beibehalten werden kann. Für die Verteilung der Multicast-Nachricht und das Einsammeln der Quittungen werden ebenfalls 2n Nachrichten benötigt. Da die Nachrichten nur innerhalb der einzelnen Ebenen des Baumes parallel versandt werden können, ist der Parallelisierungsgrad abhängig von der Tiefe des Baumes. Die Zeitkomplexität - das ist die Anzahl der sequentiell zu verschickenden Nachrichten von der Wurzel bis zu den Blättern - beträgt bei baumorientierten Verfahren log(n), "gutartige" Bäume vorausgesetzt.

Die Konstruktion eines logischen Ringes stellt eine weitere Implementierungsvariante dar. Grundsätzlich gelten hier die gleichen Voraussetzungen wie für Bäume. Während in baumorientierten Verfahren der Sender mehrere direkte Nachfolger kennen muß, ist bei Ringen nur die Adresse eines direkten Nachfolgers nötig. Die Ringstruktur muß allerdings ebenfalls von der Protokollschicht aufgebaut und verwaltet werden. Zur Verteilung der Multicast-Nachricht sind auch n Einzelnachrichten erforderlich, jedoch kann das Eintreffen der letzten dieser n Nachrichten beim Sender als Quittung gewertet werden. Die Nachrichtenkomplexität verbessert sich von 2n auf n. Da aber alle Nachrichten nacheinander verschickt werden, verschlechtert sich die Zeitkomplexität auf n.

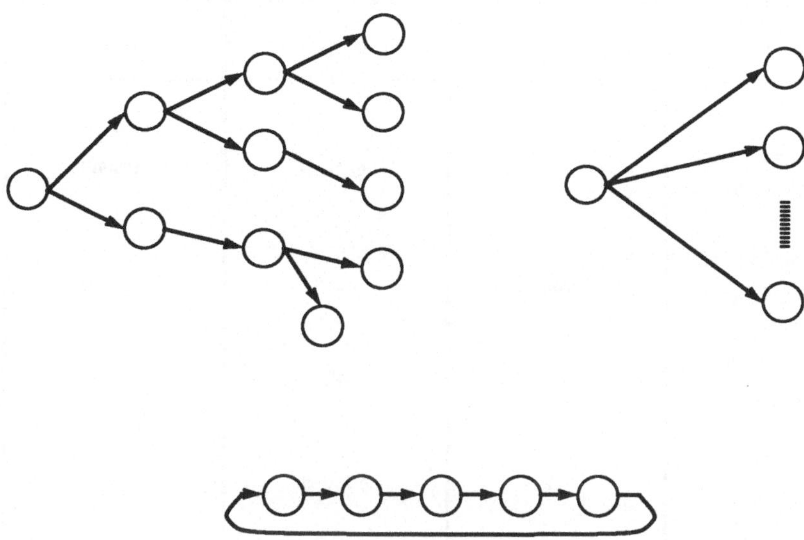

Abb. 4.1: Einfache Strukturen zur Simulation von Broadcasts

Die drei betrachteten Verfahren können fließend ineinander überführt werden, weil sie sich als spezielle Bäume ansehen lassen: Der Sender mit den direkten Verbindungen zu seinen Empfängern bildet einen Baum der Tiefe 1, und Ringe lassen sich als entartete Bäume der Tiefe n-1 auffassen. In Tabelle 4.1 werden die verschiedenen Eigenschaften dieser Bäume unter Berücksichtigung von Quittungen zusammengefaßt, wobei die für den "normalen" Baum eingetragenen Werte für balancierte binäre Bäume gelten. Die Anzahl der Quittungsnachrichten läßt sich bei binären Bäumen halbieren, indem die Blätter die Quittungen direkt an den Sender zurückleiten. Damit wird implizit der Empfang der Nachrichten durch die dazwischenliegenden Knoten bestätigt. In diesem Fall müssen alle Blätter die Wurzel kennen, und dort muß auch bekannt sein, wieviele Blätter existieren, damit das Ende, der Multicast-Operation oder das Fehlen von Quittungen festgestellt werden kann.

Neben der Komplexität der Verfahren ist auch die Schwierigkeit der Realisierung k-zuverlässiger Multicasts zu berücksichtigen. Wird im Falle direkter Verbindungen die Multicast-Gruppe durch den Sender verwaltet, läßt sich ein k-zuverlässiger Multicast einfach durchführen: Der Sender verschickt solange 1:1-Nachrichten, bis die entsprechende Anzahl von Quittungen eingetroffen ist. Falls bei Bäumen oder Ringen ein Knoten nicht erreichbar ist bzw. die Nachricht dorthin verlorengeht, kommt damit die Nachricht gleich für den gesamten Unterbaum oder den Rest des Ringes abhanden. In diesen Fällen muß der defekte Knoten zunächst identifiziert werden und insbesondere bei Bäumen sind zum Teil aufwendige Rekonfigurationen durchzuführen.

	direkte Verbindung	Baum	Ring
Zuverlässig-keitsgrad	n	gesamt	gesamt
Verwaltungs-aufwand	minimal	hoch	gering
Nachrichten-komplexität	2n	2n	n
Zeit-komplexität	2	2 log n	n
Quittungsbe-lastung des Senders	n	2 (Grad Wurzel)	1

Tab. 4.1: Vergleich der Basistechniken zur Broadcast-Simulation

Bei der Erzeugung spannender Bäume kommt es darauf an, im Rahmen einer vorge-gebenen Verbindungstopologie des Rechnersystems die Wege von der Wurzel bis zu den Blättern zu minimieren, um kürzestmögliche Übertragungszeiten von Multicasts zu erreichen. Übersichten über die verschiedenen Verfahren werden in [FWB85] und [DEE88] gegeben.

Eine völlig andere Methode stellt das Überfluten des Netzes mit Multicast-Nach-richten dar. Jeder Rechner leitet ein ankommendes Multicast-Paket über alle restlichen Verbindungsleitungen weiter. Das Verfahren könnte dann terminieren, wenn ein Rech-ner die Nachrichten vernichtet, die bereits bei ihm vorbeigekommen sind. Da die Nach-richten jedoch von beliebigen Prozessen völlig unabhängig voneinander erzeugt wer-den, bleibt nur übrig, eindeutige Nachrichtenkennungen, falls diese überhaupt existieren, in einer Liste zu speichern. Das Durchsuchen einer solchen Liste für jede Nachricht ist jedoch ein viel zu aufwendiger Vorgang. Dazu kommt noch, daß unbe-kannt ist, wie lange die Nachrichtenkennungen aufbewahrt werden müssen.

Eine andere Möglichkeit besteht in der Begrenzung der Lebensdauer von Nachrich-tenpaketen. Die Nachricht enthält einen Zähler, der bei jedem Weiterleiten der Nach-richt inkrementiert wird. Überschreitet der Zähler einen bestimmten Wert, wird die Nachricht vernichtet. Die Lebensdauer des Paketes muß sich dabei an den Weglängen im Netz orientieren, jedoch um einiges größer sein als die maximale Pfadlänge, um auch beim Verlust von Nachrichten mit hoher Wahrscheinlichkeit das Erreichen aller Empfänger zu gewährleisten. Dabei wird in Kauf genommen, daß Nachrichten einzelne Rechner mehrfach passieren. Die Verwaltung der Nachrichtenlisten entfällt zwar, aber das Problem der Erkennung von Duplikaten bleibt bestehen.

4.1.2 Direkte Multicast-Übertragung mit Quittungen

In diesem wie in den weiteren Abschnitten wird von der Broad- bzw. Multicast-Fähigkeit des Kommunikationsmediums ausgegangen. Eine logische Multicast-Operation kann dabei direkt auf einen physischen Multicast oder Broadcast abgebildet werden, wobei die Anzahl der physischen Nachrichten zur Verteilung der logischen Multicast-Nachricht auf eins reduziert wird.

Zur Realisierung zuverlässiger Multicast-Verfahren gibt es jedoch keine andere Möglichkeit als für jeden Empfänger in Erfahrung zu bringen, ob er die Multicast-Nachricht erhalten hat. Dies kann wie bei den Simulationsverfahren durch das explizite Verschicken von Quittungsnachrichten durch die Empfänger an den Sender erreicht werden.

Obwohl die Broadcast-Fähigkeit des Mediums normalerweise impliziert, daß die Bestätigungsnachrichten auf direktem Wege übertragen werden können, kann das Rücksenden der Quittungen prinzipiell auch über die im vorigen Abschnitt vorgestellten Verbindungsstrukturen (Bäume, Ringe) erfolgen. Da beim direkten Multicast die Zeitkomplexität für das Versenden der Nachricht sowie die Rückführung der Quittungen jeweils eins beträgt (eine eventuelle Sequentialisierung der Bestätigungen bedingt durch das Medium wird hierbei zur Vereinfachung außer acht gelassen), wird der Sender bzw. das Medium nach einem Multicast mit Quittungsnachrichten überladen. Bei CSMA-ähnlichen Übertragungsverfahren kann dies zur Folge haben, daß, falls keine Kollisionsentdeckung durchgeführt wird, nur ein sehr geringer Bruchteil der Quittungsnachrichten ankommt oder, falls Kollisionen entdeckt werden (CSMA/CD), die Übertragungsleistung des Mediums temporär stark abfällt und in Abhängigkeit davon die Zeit für das Empfangen der Quittungen ansteigt. Bei Bäumen und Ringen kann dieser Effekt durch das mit der Erhöhung der Zeitkomplexität einhergehende zeitliche "Auseinanderziehen" der Quittungsnachrichten gedämpft werden.

4.1.3 Verfahren zur Reduktion von Quittungen

Aus dem letzten Abschnitt geht hervor, daß bei Ausnutzung der direkten Multicast-Übertragung eine logische Multicast-Nachricht durch eine physische Multicast-Nachricht realisiert werden kann, sich jedoch am Aufkommen der Bestätigungsnachrichten nichts ändert. Weitere Verbesserungen von Multicast-Verfahren können nur darauf zielen, auch die Anzahl der Quittungsnachrichten weiter zu verringern.

Als eine Lösung hierzu werden sogenannte Saturationsverfahren [MOC83] vorgeschlagen, bei denen völlig auf Quittungen verzichtet wird. Abhängig von der Wahrscheinlichkeit eines Nachrichtenverlustes wird die Multicast-Nachricht m-fach an die Empfänger gesendet. Der Faktor m ergibt sich aus der Anzahl der Knoten und den Fehlerwahrscheinlichkeiten für das Medium sowie für die Schnittstellen zwischen Medium und Knoten (hierin werden auch die Leitungs- und Übertragungsprotokolle mit einbezogen). Die Wahrscheinlichkeit, daß nicht alle Empfänger erreicht werden, die Nachricht also verlorengeht, wird mit E bezeichnet. Ein Schnittstellenbaustein verliert die Nachricht mit der Wahrscheinlichkeit F. Gesucht wird M, die Anzahl der Multicast-Wiederholungen, die für N Knoten bei der Verlustwahrscheinlichkeit E notwendig sind. Die Wahrscheinlichkeit für eine erfolgreiche Übertragung wird in [MOC83] mit $1\text{-}F^M$ angegeben, so daß für alle Knoten gilt:

$$1\text{-}E = (1\text{-}F^M)^N \quad \text{und nach M aufgelöst:} \quad M = (\log(1\text{-}(1\text{-}E)^{1/N}))/\log(F)$$

Wie sich aus der Formel zur Bestimmung des Wiederholungsfaktors für die Nachrichtenübertragung ersehen läßt, steigt dieser Wert im Verhältnis zur Knotenanzahl sehr langsam an. Es ist nicht schwierig, einen geeigneten Wert für E zu finden, den man mit Hilfe von Messungen ermitteln kann. Die Verlustwahrscheinlichkeit des Schnittstellenbausteins wird dagegen von vielen Faktoren bestimmt, nicht zuletzt von der Arbeitsgeschwindigkeit der Prozessoren und der Sendefrequenz von Multicasts. Die tatsächlichen Verlustraten hängen in der Praxis von zufälligen Schwankungen (etwa eine kurzzeitige völlige Überlastung des Mediums - *Burst*) ab, so daß sich keine sicheren Wahrscheinlichkeiten hierfür angeben lassen.

Setzt man beispielsweise $F=10^{-1}$ und $E=10^{-10}$, so ergeben sich nach [MOC83] bei 50 Knoten 12 Wiederholungen des Multicast. Da jede Multicast-Nachricht nur als eine physische Nachricht zählt, stehen diesen zwölf Multicast-Nachrichten eine Multicast-Nachricht und 50 Quittungsnachrichten bei der einfachen Übertragung mit direkten Quittungen gegenüber. Weiterhin ist zu berücksichtigen, daß durch die m-fache Wiederholung der Multicast-Nachrichten die Wahrscheinlichkeit, daß alle Empfänger die Nachricht erhalten, gegen eins geht. Saturationsverfahren sehen daher keine Behandlung verlorengegangener Nachrichten vor, und damit verhält sich das Verfahren unabhängig vom Auftreten von Fehlern immer gleich. Zwischen den Wiederholungen sollte eine Pause eingelegt werden, um den Empfängern das Leeren der Puffer zu ermöglichen.

Obwohl Saturationsverfahren alleine gemessen am Nachrichtenaufkommen günstiger als Bestätigungsverfahren sind, weisen sie eine Reihe von Nachteilen auf, die ihre Anwendbarkeit auf wenige Spezialfälle beschränken. Zunächst muß in Betracht gezogen werden, daß die Multicast-Nachrichten i.a. länger sind als die einfachen Quittungsnachrichten. Je größer diese Differenz wird, desto stärker steigt die Belastung des Mediums an. Der Vorteil, daß insgesamt weniger Nachrichten verschickt werden, kann hier durch das wiederholte Verschicken mehrerer Nachrichten nicht nur zunichte gemacht werden, sondern sich bei großen Nachrichtenlängen ins Gegenteil verkehren. Geht man weiterhin davon aus, daß beim heutigen Stand der Übertragungstechnik Nachrichtenverluste eher durch mangelnde Pufferkapazitäten und zu langsame Abholzeiten der empfangenen Nachrichten als durch reine Übertragungsfehler entstehen [PAL88], dann steigt die Wahrscheinlichkeit des Botschaftenverlustes mit einer zunehmenden Anzahl von Multicast- oder Broadcast-Nachrichten. Abschließend sei noch bemerkt, daß die Belastung der Empfängerknoten sehr groß ist, da bei den Zuverlässigkeitsbetrachtungen das Erreichen aller Empfänger berücksichtigt wird. Da bei jedem einzelnen Empfänger im Mittel jedoch recht wenige Fehler auftreten, muß ein hoher Prozentsatz der empfangenen Nachrichten als Duplikate erkannt und vernichtet werden.

Weiterhin basiert das einfache theoretische Modell auf der Annahme unabhängiger Wiederholungen eines einzelnen Senders. Diese Voraussetzungen sind in praxisrelevanten Anwendungen aber nur selten zu finden. Das Erreichen aller Empfänger kann ohnehin *nicht garantiert* werden.

4.1.4 Negative Quittungen

Saturationsverfahren zeigen eine Möglichkeit auf, die Anzahl der Quittungen für Multicast-Nachrichten zu reduzieren. Wie im letzten Abschnitt besprochen wurde, treten dabei neue Schwierigkeiten durch das wiederholte Versenden der Multicast-Nachricht auf. Eine ideale Lösung würde ein Verfahren darstellen, in dem die Multicast-Nachricht nur einmal verschickt würde und ein Empfängerprozeß sich nur dann beim Sender meldet, wenn er eine Nachricht nicht empfangen hat. Ein solches Verhalten des Empfängers wird als *negative Quittierung* bezeichnet.

Die Terminierungsbedingungen negativer und positiver Bestätigungsverfahren sind unter den DeMorgan'schen Gesetzen äquivalent. Ein auf positiven Bestätigungen basierendes Protokoll terminiert unter einer logischen AND-Bedingung über den einzelnen Quittungen, während ein negatives Bestätigungsverfahren unter der logischen NOR-Bedingung über den Übertragungen negativer Quittungen terminiert. Ein wesentlicher Unterschied besteht darin, daß zur Erfüllung der AND-Bedingung der Sender die Anzahl der Empfänger kennen muß, während die NOR-Bedingung nur eine einzige negative Quittung erfordert.

Zur Realisierung dieses Ansatzes sind drei prinzipielle Schwierigkeiten zu überwinden:

- Wie kann der Empfänger in Erfahrung bringen, daß er eine an ihn adressierte Nachricht nicht erhalten hat?

- Wie lange muß der Sender bereits verschickte Nachrichten aufbewahren, um auf eine negative Quittung mit erneutem Verschicken der Nachricht reagieren zu können, oder anders ausgedrückt, wann kann der Sender sicher sein, daß die Nachricht den Empfänger erreicht hat und keine negative Quittung mehr zu erwarten ist?

- Ausfälle des Mediums und der Verlust negativer Quittungen können nicht festgestellt werden.

Für 1:1-Kommunikationen existieren mehrere Lösungen zu dieser Problematik. Lineare Ordnungen ermöglichen die Entdeckung von Nachrichtenverlusten. Der Sender numeriert alle Nachrichten durch (Folgenummer), der Empfänger erkennt den Verlust einer Nachricht an zwei nicht direkt aufeinanderfolgenden Folgenummern; der Verlust wird dem Sender über eine negative Bestätigung mitgeteilt. Damit der Sender weiß, wann er keine negativen Bestätigungen mehr zu erwarten hat, kann auf positive Quittungen nicht völlig verzichtet werden. Das Quittungsaufkommen läßt sich jedoch drastisch reduzieren, indem Quittungen nur für aus mehreren Nachrichten bestehende Blöcke erzeugt werden. Dies führt zu Protokollen, die auf sogenannten Fenstertechniken beruhen [CEK74]. Neben der Einsparung von Quittungen ermöglichen diese Verfahren auch eine verbesserte Ausnutzung der Übertragungsbandbreite des Mediums.

Ausfälle der Kommunikationsverbindungen müssen durch gesonderte Maßnahmen entdeckt werden, wie etwa in periodischen Abständen zu verschickende Nachrichten, bei deren Ausbleiben eine spezielle Fehlerbehandlungsroutine gestartet wird.

4.1.5 Kombination verschiedener Techniken

Je nach Einsatzgebiet lassen sich die in den vorigen Abschnitten beschriebenen Techniken miteinander verbinden. Falls das Kommunikationsmedium broadcast- bzw. multicast-fähig ist, wird man dies zur effizienteren Nachrichtenübertragung nutzen wollen. Kombinierte Verfahren verzichten daher nicht auf das Verschicken der Nachricht mit Hilfe physischer Multicasts, sondern setzen bei der Realisierung der Zuverlässigkeit an.

Um die Wahrscheinlichkeit der Multicast-Übertragung zu erhöhen, werden häufig saturationsähnliche Verfahren angewendet. Wenn innerhalb einer vorgegebenen Zeitspanne, die meist um einiges kürzer ist als die von der Anwendung vorgegebenen Timeouts, nicht alle angeforderten Bestätigungen eingetroffen sind, wird die Multicast-

Nachricht wiederholt. Bei entsprechender Bemessung der Wartezeiten bis zur Wiederholung brauchen Multicast-Nachrichten nur einmal versendet werden, wenn die Bestätigungen im fehlerfreien Fall gleich nach dem Empfang der Nachricht abgesendet werden. Im Gegensatz zu den reinen Saturationsverfahren wird die Wiederholungsrate nicht durch die Verlustwahrscheinlichkeiten, sondern durch die tatsächlichen Verluste von Nachrichten bestimmt.

Die Überlastung des Senders durch viele gleichzeitig eintreffende Quittungen läßt sich durch den Einsatz von Bäumen für das Rückführen der Bestätigungen vermeiden. Anstatt für jede Multicast-Gruppe einen eigenen spannenden Baum aufzubauen, kann dies beim Start des Systems durchgeführt werden. Einige beliebig ausgewählte Rechnerknoten dienen als Wurzel; die Kanten und Blätter der Bäume werden gut über das gesamte System "verteilt". Multicast-Gruppen wird bei ihrer Erzeugung nach einem bestimmten Schema (beispielsweise zyklisch) ein schon existierender Baum zugewiesen. Jedes Gruppenmitglied schickt seine Quittungsnachrichten entlang des Baumes zu dem Wurzelknoten, der daraufhin dem Sender nur eine einzige Bestätigung zuschickt. Da aufgrund der Baumstruktur die Zeitkomplexität erhöht wird, muß im Einzelfall, und zwar abhängig von den Eigenschaften des Mediums, der Schnittstellenbausteine und der Rechnergeschwindigkeit, entschieden werden, ob diese Form der Quittungsrückführung eine wirkliche Verbesserung bedeutet.

Anstelle von Bäumen lassen sich auch Ringe zur Empfangsbestätigung von Multicast-Nachrichten verwenden. Da hierbei die Ausführungszeiten von Multicasts noch mehr erhöht werden, ist ebenfalls genau abzuwägen, ob dies durch das geringere Aufkommen von Quittungsnachrichten und der damit verbundenen Abnahme von Pufferüberläufen gerechtfertigt werden kann.

Positive und negative Quittierungsverfahren können in einem Protokoll gleichzeitig eingesetzt werden. Müssen lange Multicast-Nachrichten wegen einer wesentlich kleineren Übertragungsblockgröße des Mediums in viele Pakete aufgeteilt werden, dann bieten sich negative Bestätigungsverfahren für die einzelnen Pakete und positive Quittierungsverfahren für die gesamte Nachricht an. Da die Pakete einer Botschaft linear geordnet sind, ist eine Folgenummer auf natürliche Weise vorgegeben, die jedoch nur für die Dauer einer einzigen Nachrichtenübertragung Gültigkeit hat. Da selbst bei asynchronen Kommunikationsverfahren leicht sichergestellt werden kann, daß zu einem Zeitpunkt von einem Sender nicht mehr als eine Nachricht unterwegs ist, bereitet dies keine Schwierigkeiten.

Wie bereits mehrfach angedeutet, sind bei der Wahl geeigneter Multicast-Verfahren die Anforderungen des geplanten Einsatzbereiches zu berücksichtigen. Eine Verringerung der Zeitkomplexität geht einher mit der Erhöhung der Nachrichtenkomplexität und umgekehrt. Maßnahmen zur Kontrolle des Nachrichtenflusses helfen, Pufferüberläufe zu vermeiden, und erhöhen die Wahrscheinlichkeit einer erfolgreichen Nachrichtenübertragung, führen allerdings zu längeren Ausführungszeiten von Multicast-Operationen.

4.2 Direkte Protokolle mit steigenden Zuverlässigkeitsgraden

In diesem Abschnitt werden Multicast-Protokolle diskutiert, die eine direkte Verbindung von Multicast-Sendern und -Empfängern voraussetzen. Zur Beschreibung der Verfahren wird die in 4.1 eingeführte Notation benutzt, die um die folgende Vereinbarung erweitert wird: Bei Sendeoperationen wird festgelegt, daß in einer algorithmischen Beschreibung $s_i[m]$ zusätzlich das Versenden der Nachricht m bedeutet und $r_i[m]$ ihren Empfang. Die Menge der Nachrichten M wird um den Nachrichtentyp *none* erweitert, dessen einzelne Bestandteile undefiniert sind. Das Ereignis $r_j[none]$ zeigt den Abbruch bzw. Nichterfolg einer Empfangsoperation an.

Weiterhin wird eine asynchrone Kommunikationsform mit Puffern zur Aufnahme einer maximalen Nachrichtenanzahl auf der Empfängerseite zugrundegelegt. Der Puffer wird gemäß der FIFO-Strategie verwaltet. Die Veränderung von Multicast-Gruppen während der Abwicklung einer Kommunikation wird bei den Protokollbeschreibungen nicht berücksichtigt, die damit in Zusammenhang stehenden Aspekte werden jedoch erörtert.

4.2.1 k-zuverlässige Protokolle

Im Fall von k=0 ist jede Sendeoperation erfolgreich, da $0\text{-SUCCESS}(s_i[m])$ für alle m unabhängig davon gilt, wieviele Empfänger die Nachricht erhalten haben. Da keine Kontrolle des Nachrichtenflusses zwischen den an der Kommunikation beteiligten Partnern stattfindet, kann ein schneller Sender die Pufferkapazitäten der Empfänger überlasten, wobei Nachrichten verlorengehen. Beim Eintreffen von Nachrichten, für die kein Puffer mehr verfügbar ist, kann entweder der älteste Eintrag im FIFO-Speicher gelöscht und damit Platz für neue geschaffen werden, oder die neue Nachricht vernichtet werden. Welches Verfahren vorzuziehen ist, hängt letztlich von der Anwendung ab. Auf der Protokollebene läßt sich die letzte Variante (Vernichtung der neuen Nachricht) einfacher realisieren.

Falls eine Nachricht länger als die vom Medium unterstützte maximale Übertragungsblockgröße ist, muß die Nachricht in einzelne Pakete aufgeteilt werden. Jedes Paket wird als Multicast-Paket verschickt, so daß sich auf der Senderseite nichts am Verfahren ändert. Beim Empfänger entsteht eine neue Situation, da jetzt die Multicast-

Nachrichten mehrerer Sender "gleichzeitig" eintreffen, d.h. genauer, die Pakete vermischen sich und müssen vom Empfänger den entsprechenden Nachrichten zugeordnet werden. Unter der Voraussetzung der FIFO-Eigenschaft des Mediums kann der Verlust eines Paketes an einer höheren Folgenummer, als erwartet wurde, festgestellt werden. In diesem Fall müssen alle bereits empfangenen und zur Nachricht gehörenden Pakete gelöscht werden, da der Sender jede Botschaft nur einmal überträgt und mit dem Eintreffen eines verlorenen Paketes nicht mehr zu rechnen ist. Da der Verlust des letzten Paketes nicht festgestellt werden kann und daher kein Puffer für immer blockiert wird, muß entweder eine unvollständige Nachricht nach Ablauf einer Frist, die sich an der Nachrichtenlänge und den durchschnittlichen Übertragungszeiten orientieren kann, oder die älteste unvollständige Nachricht aus dem Puffer entfernt werden. Mit zunehmender Nachrichtenlänge bzw. Paketanzahl sowie einer wachsenden Zahl von Sendern steigt die Wahrscheinlichkeit drastisch an, daß ein Paket verlorengeht oder unvollständige Nachrichten aus dem Puffer verdrängt werden (s. Kap. 7). Wenn die Hauptursache für eine geringe Erfolgsquote von Multicast-Übertragungen auf den Mangel an Pufferkapazität auf der Protokoll- oder Anwendungsebene zurückzuführen ist, können Saturationsverfahren evtl. Abhilfe schaffen. Liegen andere Gründe vor, kann das m-fache Wiederholen von Nachrichten das Gegenteil dessen bewirken, was eigentlich beabsichtigt war.

Um den Zuverlässigkeitsgrad k zu erzielen, benötigt der Sender die Information, ob seine Botschaft mindestens k Empfänger erreicht hat. Zu diesem Zweck kann jeder Empfänger nach Erhalt der Nachricht eine Quittung zurücksenden. Bei der Paketisierung wird nur das letzte Paket bestätigt. Treffen k Bestätigungen beim Sender ein, kann der Sendevorgang erfolgreich beendet werden.

Da der Sendevorgang solange andauert, bis k Quittungen vorhanden sind, wird eine einfache, wenn auch rudimentäre und nicht sehr leistungsfähige Flußkontrolle durchgeführt, die sich jeweils nur auf einen Sender bezieht und die Paketisierungsproblematik nicht berücksichtigt. Letztere wird in den folgenden Protokollen zunächst außer acht gelassen, bevor auf sie in einem eigenen Abschnitt ausführlich eingegangen wird.

Die Erfolgswahrscheinlichkeit der Übertragung kann durch ein wiederholtes Verschicken von Nachrichten verbessert werden, welches innerhalb vorgegebener Zeitspannen durchgeführt wird, solange noch Quittungen fehlen. Hierbei entstehen jetzt mehrere Schwierigkeiten:

- Auf der Empfängerseite müssen Duplikate erkannt werden. Da Duplikate durch den Verlust von Bestätigungen erzeugt werden können, müssen prinzipiell auch für Duplikate Quittungen verschickt werden.

- Auf der Senderseite müssen Quittungsduplikate erkannt werden.

- Quittungen müssen Sendevorgängen eindeutig zugeordnet werden, um "verspätete" Quittungen zu erkennen.

Zur Bewältigung dieser Probleme werden Nachrichten um eine Folgenummer *seqno* erweitert (m=<id,source,dest,seqno,cont>), die für jede Nachricht inkrementiert wird. Die Folgenummer ermöglicht es dem Empfänger, eine Kopie einer bereits erhaltenen Nachricht zu entdecken. Da Folgenummern nur bezgl. eines Senders linear geordnet sind, werden von jedem Empfänger Folgenummernzähler für alle Sender benötigt. Die Folgenummer des Auftrags muß in jeder Quittung enthalten sein, um "verspätete" Quittungen feststellen zu können; dies kann vorkommen, wenn ein Sender nach dem Erhalt von k Quittungen eine neue Nachricht abschickt und darauf die (k+1)-te Bestätigung des vorherigen Auftrags eintrifft.

Da Quittungen als 1:1-Botschaften verschickt werden, ist i.a. mit einer hohen Erfolgsrate zu rechnen (wegen der meist hardware-unterstützten Sicherheit von Unicasts; s. Kap. 6), so daß evtl. auf die Bestätigungen von Nachrichtenduplikaten verzichtet werden kann. Soll dies dennoch durchgeführt werden, reicht das einfache Zählen von Quittungen beim Sender nicht mehr aus. Der Sender muß alle empfangenen Quittungen registrieren, um Quittungsduplikate zu entdecken.

Bei dem unten beschriebenen Algorithmus werden Quittungen nur einmal versendet, so daß das Erkennen von doppelten Bestätigungen entfällt (was ähnlich wie das Entdecken von Auftragsduplikaten vorzunehmen ist). Der Sender verfügt über drei Zustandsvariablen: ACKCTR zählt die für einen Auftrag eingegangenen Quittungen, SEQNO stellt den lokalen Folgenummernzähler dar, und RETCTR zählt die Sendewiederholungen. RETRANS_TIMEOUT und k werden von der Anwendung vorgegeben: k gibt den gewünschten Zuverlässigkeitsgrad an, RETMAX die höchstzulässige Zahl von Sendewiederholungen, RETRANS_TIMEOUT bestimmt die Wiederholungsfrequenz und SEND_TIMEOUT die maximale Zeit für die gesamte Sendeoperation. P_i^A sei ein sendender Prozeß einer Anwenderebene A, dessen Sendeereignis $s_i^A[m]$ so implementiert ist:

```
/* (Parameter: k, SEND_TIMEOUT) */
init RETRANS_TIMEOUT;
init SEND_TIMEOUT;
ACKCTR := 0;
SEQNO := SEQNO + 1;
m.seqno := SEQNO;
m.dest := GROUP;
s_i[m];    /* Absenden der Multicast-Nachricht */
loop
```

```
wait for r_i[m_q]        /* warten auf Bestätigungsnachricht */
   or RETRANSMIT_TIMEOUT
   or SEND_TIMEOUT;
      if r_i[m_q] and m_q.seqno = SEQNO then
         ACKCTR := ACKCTR + 1;
         if ACKCTR = k then
            k-SUCCESS(s_i^A[m]) := true;
            return;      /* Kontrolle zurück zum Aufrufer */
         endif;
      endif;
      if RETRANS_TIMEOUT then
         if RETCTR < MAXRETCTR then
            s_i[m];   /* Wiederholung der Nachricht */
            RETCTR := RETCTR + 1;
            init RETRANS_TIMEOUT;
         endif;
      endif;
      if SEND_TIMEOUT then
         k-SUCCESS(s_i^A[m]) := false;
         return;
      endif;
   endloop;
```

Der Empfänger wartet auf ankommende Botschaften, trägt sie in den Puffer ein und verschickt eine Quittung. FIFO bezeichnet den Empfangspuffer, der gemäß der FIFO-Strategie verwaltet wird und MAXMSG Nachrichten aufnehmen kann. Um von Implementierungsdetails zu abstrahieren, werden zum Ein- und Austragen von Nachrichten Mengenoperationen benutzt. SEQNO hält die aktuellen Folgenummern aller Sender fest.

```
loop
wait for r_j^MC[m];
   if SEQNO(m.source) = undefined then
      SEQNO(m.source) := m.seqno;     /* Init. des Folgenummer Zählers */
   endif;
   if |FIFO| < MAXMSG and m.seqno = SEQNO(m.source) then
      FIFO := FIFO ∪ {m};
      m_q.seqno := m.seqno;
```

```
        m_q.dest := m.source;
        SEQNO(m.source) := m.seqno + 1;
        s_j^{MC}[m_q];
     endif;
  endloop;
```

Der Empfangsauftrag $r_j^A[m]$ eines Anwenderprozesses wird folgendermaßen abgewickelt, wobei die Synchronisation der beiden Routinen auf der Empfängerseite durch einen Monitor durchgeführt werden kann (*Signal*-Operation beim Eintrag in FIFO):

```
  wait for IBUFI > 0 or REC_TIMEOUT;
     if REC_TIMEOUT then
        r_j^A[none];
     else
        r_j^A[m];
        FIFO := FIFO \ {m};
     endif;
  return;
```

Das Protokoll erfüllt die Bedingungen der k-Zuverlässigkeit aus Def. 4.6: Nachrichtenduplikate werden erkannt, die korrekte Übertragung wird gemäß dem Modell (s. Abschnitt 3.1) von einer darunterliegenden Schicht sichergestellt und k-SUCCESS wird nur dann wahr, wenn k Quittungen eingetroffen sind.

Die Multicast-Gruppe kann jederzeit während der Abwicklung von Multicasts modifiziert werden, was lokal, ohne die Sender davon in Kenntnis zu setzen, geschehen kann. Neue Gruppenmitglieder haben dafür Sorge zu tragen, daß nach und nach die aktuellen Folgenummern der Sender in ihr zugehöriges SEQNO-Feld eingetragen werden. Falls ein Prozeß eine Gruppe verläßt und ihr nach kurzer Zeit wieder beitritt, muß sichergestellt sein, daß ein Duplikat der letzten Nachricht vor dem Austritt entdeckt wird. Der betreffende Empfängerprozeß muß daher seine Folgenummern noch eine Weile aufbewahren, um sie bei einem baldigen Wiedereintritt noch nutzen zu können.

Wenn die Sender nicht Mitglied der Gruppe sind und dynamisch neu gegründet werden bzw. terminieren, wachsen die Listen der Folgenummern bei den Empfängern an. Dies kann mit der Freigabe "alter" Sendereinträge verhindert werden. Zur Entscheidungsfindung können verbindungsorientierte Kommunikationsmodelle auf der Anwenderebene beitragen, die wie z.B. in LADY durch eine *disconnect*-Anweisung anzeigen, daß sie beabsichtigen, in naher Zukunft keine Nachrichten an diese Gruppe zu verschicken. Ein anderer Ansatz (T-stabile Nachrichtentransaktionskennungen

[CHE86b]; s. auch Abschnitt 5.7) sieht das Löschen von Folgenummernzählern (bzw. Transaktionskennungen) nach Ablauf einer bestimmten Zeitspanne vor, in der keine Nachrichten von einem Sender erhalten wurden.

In dem oben beschriebenen Protokoll läßt sich ein gesamt-zuverlässiger Multicast durch die Initialisierung von k mit der Anzahl aller Gruppenmitglieder erreichen. Dieser Wert muß entweder auf der Anwenderebene bekannt sein, was dort zu lösen ist und in den weiteren Ausführungen nicht weiter berücksichtigt wird, oder von der Multicast-Ebene bereitgestellt werden. Die letzte Möglichkeit bedeutet, daß dann u.U. Gruppen-modifikationen nicht mehr lokal durchführbar sind, sondern allen Sendern mitgeteilt werden müssen.

Die Gesamt-Zuverlässigkeit ohne Kenntnis des aktuellen Gruppenstatus läßt sich einfach realisieren, wenn jede Multicast-Nachricht als Broadcast verschickt wird, der von allen Rechnerknoten empfangen werden kann. Es wird davon ausgegangen, daß die Anzahl aller Rechner leicht bekanntgemacht werden kann und sich gegenüber der Zahl der Prozesse und Gruppenzugehörigkeiten gar nicht oder nur sehr selten verändert. Das Quittieren von Multicast-Nachrichten wird damit den Rechnern bzw. einer Betriebssystemkomponente übertragen, d.h., jeder Rechner sendet eine Quittung über den Erhalt einer Nachricht, die die Information enthält, an wieviele Gruppenmitglieder die Botschaft weitergeleitet werden konnte und wieviele Mitglieder auf dem Rechner vorhanden sind. Das Verfahren wird in Abb. 4.2 illustriert:

Eine Multicast-Gruppe, die aus den Prozessen P4, P7, P8, P9, P10 und P11 besteht, ist auf die Rechner 2 und 3 verteilt. Der Prozeß P1 auf Rechner 1 sendet eine Nachricht an die Gruppe; die Botschaft wird von Rechner 2, 3 und 4 empfangen und alle senden eine Quittung an P1 zurück. Rechner 2 bestätigt, daß er die Nachricht an P4 und P7 weiterleiten konnte mit (2,2). Es wird angenommen, daß auf Rechner 3 die Prozesse P9 und P11 nicht empfangsbereit waren und ihnen die Nachricht nicht übergeben wurde: Rechner 3 quittiert also mit (2,4) und Rechner 4 mit (0,0), da dort kein Gruppenmitglied existiert.

Der Sender weiß, daß er drei Quittungen zu erwarten hat und kann sich evtl. in einer Bitleiste merken, von wem er Bestätigungen empfangen hat. Ein einfacher Zähler reicht jedoch aus, wenn keine Quittungsduplikate zu erwarten sind. Durch Addition der erhaltenen Werte ermittelt der Sender im obigen Beispiel, daß vier von sechs möglichen Empfängern die Botschaft erhalten haben und die Gesamt-Zuverlässigkeit nicht erreicht wurde. Das Wiederholen der Nachricht läßt sich zur Erhöhung der Empfangswahrscheinlichkeit ebenfalls vornehmen. Da anhand der Bitleiste in Erfahrung gebracht werden kann, welche Knoten noch nicht quittiert haben, kann eine Schwelle festgelegt werden, die das Wiederholen per Unicast an einzelne Knoten oder per Multicast an alle bestimmt.

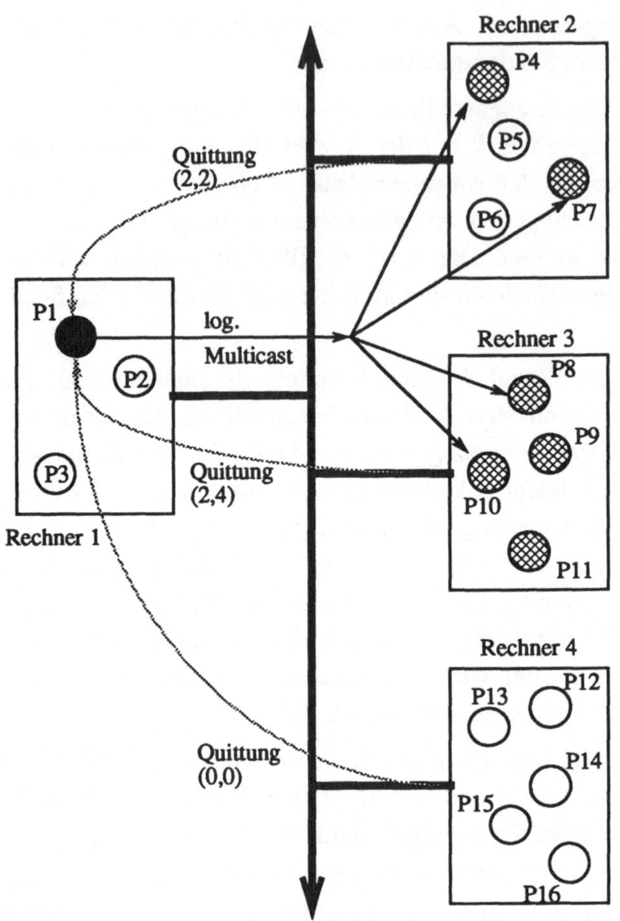

Abb. 4.2: Funktionsweise des gesamt-zuverlässigen Protokolls

Der Vorteil des Verfahrens ist darin zu sehen, daß gesamt-zuverlässige Multicasts realisiert werden können, ohne daß der Sender den aktuellen Status der Gruppe zu kennen braucht. Wenn alle Multicasts sequentialisiert werden, d.h., eine neue Multicast-Operation erst dann begonnen wird, wenn die alte abgeschlossen wurde, werden Folgenummern pro Rechner und nicht pro Sender verwaltet. Es empfiehlt sich jedoch, zur besseren Nutzung der Parallelität zumindest Multicasts verschiedener Gruppen simultan zu verarbeiten, so daß Folgenummernzähler pro Gruppe pro Rechner zu führen sind. Da Bestätigungen in jedem Fall verschickt werden, entfällt das Warten auf Quittungen, wenn die Nachricht einen oder mehrere Prozesse nicht erreicht hat. Die Sendeoperation kann bei Bedarf sofort abgebrochen werden, ohne auf den Ablauf eines Timeouts zu warten.

Gerade das Versenden von Quittungen von allen Knoten, unabhängig davon, ob einer der auf ihnen ablaufenden Prozesse zur Gruppe gehört, stellt bei einem ungünstigen Verhältnis von Gruppen und Knoten (kleine Gruppen, viele Rechner) einen schwerwiegenden Nachteil dar, da viele unnötige Bestätigungen verschickt werden. Ferner kann eine hardware-mäßige Multicast-Unterstützung nicht genutzt werden. Dies läßt sich umgehen, indem jeder Rechner darüber in Kenntnis gesetzt wird, auf wievielen anderen Rechnern Gruppenmitglieder existieren. Diese Information muß dann allerdings aktualisiert werden, wenn sich der Status der Gruppe in Bezug auf die Gruppenmitgliedschaft ändert (der erste Prozeß auf einem Knoten wird Mitglied oder der letzte Prozeß auf einem Knoten verläßt die Gruppe). Solche Änderungen können per Broadcast veröffentlicht und von allen anderen Knoten übernommen werden. Das Verlassen einer Gruppe sollte während einer laufenden Übertragung vermerkt werden, während Neueintritte am besten zwischen Multicast-Operationen berücksichtigt werden, um unnötiges Warten auf nie mehr eintreffende Quittungen zu vermeiden.

Die bis jetzt geschilderten Verfahren beruhten darauf, daß der Erhalt jeder Nachricht durch einen Unicast von jedem Empfänger bestätigt wurde. Der Einsatz negativer Quittierungsverfahren könnte die Anzahl der Quittungen beträchtlich reduzieren, bringt aber auch die in Abschnitt 4.1.3 besprochenen Schwierigkeiten mit sich. Die Entdeckung fehlender Nachrichten innerhalb eines akzeptablen Zeitraums gelingt nur dann, wenn Nachrichten in schneller Folge hintereinander eintreffen. Daher lassen sich negative Bestätigungsverfahren in synchronen (k-)zuverlässigen Kommunikationen nicht einsetzen, weil eine neue Nachricht erst nach positiven Bestätigungen der vorangegangenen abgeschickt wird.

Bei der asynchronen Übertragung großer Datenmengen eignen sich in Verbindung mit negativen Quittungen sog. Fenstertechniken [CEK74], die darauf abzielen, neben der Einsparung von Quittungen (eine Quittung für mehrere Botschaften) zusätzlich den Verlust von Quittungen und die Kontrolle des Nachrichtenflusses zu regeln, was besonders wichtig wird, da keine Rückkopplung zwischen Sender und Empfänger besteht. Sender und Empfänger einigen sich auf eine gemeinsame Fenstergröße, die die maximale Anzahl noch nicht quittierter Nachrichten vorgibt. Die Fenstergröße läßt sich der jeweiligen Lastsituation dynamisch anpassen.

In [PAL88] wird ein Multicast-Protokoll beschrieben, das auf diesen Mechanismen basiert. Jeder Sender besitzt ein Fenster für jede Gruppe, jeder Empfänger ein Fenster für jeden Sender. Die Größe des Sendefensters richtet sich nach dem kleinsten Empfangsfenster. Die Empfänger schicken ihre aktuelle Fenstergröße in den Bestätigungsnachrichten mit, so daß sich die Sender nach der Belastung der Empfänger richten können.

Negative Bestätigungen lassen sich besonders gut für aufeinanderfolgende Pakete einer Nachricht verwenden, da dort die ideale Situation vorherrscht: selbst bei synchroner Übertragung und positiver Bestätigung der gesamten Nachricht werden die Pakete asynchron in schneller Folge verschickt. Das erste enthält die Anzahl der nachfolgenden, alle Pakete sind linear geordnet. Ein fehlendes Paket wird mit einer negativen Quittung nachgefordert, bei Eintreffen des letzten Paketes wird positiv quittiert: es erfolgt eine Umschaltung zwischen positiver und negativer Bestätigung.

Bei einer großen Zahl von Paketen empfiehlt sich die Kontrolle des Nachrichtenflusses, jedoch erscheinen wegen variierender Paketzahlen und Bestätigungen Fenstertechniken wenig geeignet. Bei mehreren Sendern erhalten u.U. alle eine sehr kleine Fenstergröße von einem Empfänger übermittelt, was leicht zu dem sog. *silly window syndrome* führen kann, indem die Fenstergröße gleich 1 wird. Eine Vergrößerung des Fensters wird wiederum allen Sendern mitgeteilt, so daß eine erneute Überlastung entstehen kann und eine gezielte Kontrolle des Nachrichtenflusses schwierig wird. Die Steuerung der Paketsenderate durch den Sender (angepaßt an die Verarbeitungsgeschwindigkeit der Empfänger) bringt lediglich Verbesserungen im Fall eines einzigen Senders, nicht aber bei mehreren, da ein Sender nicht wissen kann, wieviele andere Sender gleichzeitig mit ihm übertragen. Hier bleibt nur die Steuerung des Datenflusses durch die Empfänger.

Bei auftragsorientierten Kommunikationen übernimmt die Ergebnisnachricht die Aufgabe einer Empfangsbestätigung, wie bereits in Abschnitt 3.2 erläutert. Beim Verlust der Aufträge und unbekannten Bearbeitungszeiten des Auftragnehmers, die bei der Bemessung eines Timeouts auf der Senderseite zu berücksichtigen sind, entstehen eventuell längere Wartezeiten, bis der Verlust entdeckt wird. Ebenso wie bei den mitteilungsorientierten Verfahren kann die Ankunftswahrscheinlichkeit einer Nachricht bei den Empfängern durch wiederholtes Senden erhöht werden. Falls die Wiederholungsfrequenz der Nachrichten unterhalb ihrer Bearbeitungszeiten liegt, werden Nachrichten auch dann mehrfach wiederholt, wenn die erste Übertragung bereits erfolgreich war. Um dies zu vermeiden, kann der Auftragnehmer den Auftraggeber beim Empfang einer Wiederholungsnachricht darüber informieren, daß sich der Auftrag in Bearbeitung befindet. Der Verzicht auf Quittungsnachrichten in auftragsorientierten Kommunikationen bringt nur dann Vorteile, wenn die Bearbeitungszeiten sehr kurz sind, zumindest jedoch unterhalb der Timeout-Werte für Auftragswiederholung und maximale Ausführungszeit der Sendeoperationen liegen.

4.2.2 Vermeidung von Pufferüberläufen bei der Paketisierung

Ist eine Multicast-Nachricht um ein Vielfaches länger als die maximale Übertragungsblockgröße des Mediums, muß die Nachricht in viele einzelne Pakete zerteilt werden. Da das Absenden von Botschaften schneller als die Verarbeitung empfangener Nachrichten vonstatten geht, tritt häufig das Problem auf, daß der Sender den oder die Empfänger überlastet und die Nachrichten wegen mangelnder Pufferkapazitäten verlorengehen. Bei einem einzelnen Sender läßt sich diese Schwierigkeit mühelos umgehen, indem man das Abschicken eines jeden Pakets gemäß der Bearbeitungsgeschwindigkeit der Empfänger verzögert. Diese Technik greift aber nicht, wenn im Bereich eines broadcast-fähigen Mediums mehrere Sender zum selben Zeitpunkt Multicast-Pakete verschicken. Die Empfänger werden dann mit derartig vielen Paketen überhäuft, daß die Paketverlustrate außerordentlich hoch ist. Werden fehlende Pakete nachgefordert und diese bei vielen Nachforderungen wie oben angedeutet als Multicast-Pakete verschickt, kommt das Protokoll im Extremfall aus dieser Situation entweder gar nicht oder erst nach sehr langer Zeit heraus.

Das Kommunikationssystem befindet sich in einer Lage, die mit der einer Gruppe von Personen vergleichbar ist, die alle gemeinsam reden. Dieser jedem bekannte Fall wird meist so gelöst, daß eine Person die Initiative ergreift und etwa mit den Worten "Seid einmal alle still, so versteht man ja überhaupt nichts, und jetzt einer nach dem anderen" den Redeschwall aller unterbricht und versucht, die Mitteilungen der anderen Teilnehmer zu sequentialisieren. Im Gegensatz zum Kommunikationssystem existiert jedoch eine globale Sicht der Personengruppe, und die Regelung der Reihenfolge läßt sich einfach lösen, indem eine Person die Leitung übernimmt und die Gesprächspartner nacheinander zum Sprechen auffordert.

Eine Erweiterung des in Abschnitt 4.2.1 beschriebenen Protokolls entschärft obiges Problem. Es wird davon ausgegangen, daß Multicast-Nachrichten positiv quittiert werden, während für die Übertragung der Pakete einer Nachricht auf ein negatives Bestätigungsverfahren umgeschaltet wird. Alle Pakete enthalten eine Folgenummer und den Absender der Nachricht, damit die Empfänger beim parallelen Empfang mehrerer Nachrichten die Pakete richtig zuordnen können. Die prinzipielle Vorgehensweise wird zunächst für eine einfache Konstellation beschrieben, in der ein Sender einen Empfänger durch eine zu rasche Paketfolge überlastet.

Stellt der Empfänger den Verlust eines Paketes fest, interpretiert er dies so, daß seine Pufferkapazitäten nicht ausreichen oder aber der Multicast-Sendevorgang durch andere Sender "gestört" wird, d.h., daß andere Sender ebenfalls Nachrichten an ihn senden und damit Puffer belegen (zur Vereinfachung wird im Augenblick angenommen, daß dies 1:1-Nachrichten oder nur aus einem Paket bestehende Multicast-Nachrichten sind, die entweder korrekt empfangen werden oder deren Verlust vom Empfänger nicht festzustellen ist). Der Empfänger versucht nun, den Sender, für den er einen Paketverlust konstatiert hat, zu "bremsen", indem er ihm zusammen mit der negativen Quittung für das verlustige Paket mitteilt, den Sendevorgang zu unterbrechen, bis er eine Aufforderung für dessen Fortsetzung erhält. Der Empfänger kann diese Aufforderung etwa dann absetzen, wenn kein zu bearbeitender Auftrag in den Puffern ansteht, eine bestimmte Anzahl freier Puffer überschritten wurde (wenn dies in Erfahrung gebracht werden kann) oder eine bestimmte Zeitspanne verstrichen ist.

Dieses Verfahren führt eine einfache Flußkontrolle durch, allerdings nur bezogen auf einen einzigen Sender. Darüber hinaus ist die Lösung nicht fair, da ein Sender im Falle der häufigen Kommunikation anderer Prozesse mit diesem speziellen Empfänger nie eine Aufforderung zur Fortsetzung des Sendevorgangs erhält, oder das erste Paket nach der Fortsetzung sofort wieder abhanden kommt. Die erste Schwierigkeit, die fehlende Fortsetzungsaufforderung, kann der Sender lösen, indem er seinerseits einen Zeitraum festlegt, nach dessen Ablauf er auch ohne Aufforderung den Sendevorgang fortsetzt. Kann der Sendevorgang wegen andauernder Pufferüberläufe und damit verbundener Paketverluste nicht zu Ende gebracht werden, so muß von einer völligen Überlastung des Kommunikationssystems ausgegangen werden, der auf der Anwenderebene und nicht auf der Transportebene zu begegnen ist.

In dem betrachteten Beispiel wird ein weiterer Sender hinzugenommen, der nahezu zeitgleich ebenfalls mit dem Verschicken von Multicast-Paketen beginnt, so daß die Belastung des Senders sich verdoppelt und die Paketverluste ansteigen. Legt man weiterhin zugrunde, daß ein einzelner Sender nicht zu schnell für die Empfänger ist (dies läßt sich, wie oben aufgezeigt, leicht erzielen), dann kann das Protokoll die Zahl der Nachrichtenverluste drastisch reduzieren, wenn es versucht, die gleichzeitigen Sendevorgänge zu sequentialisieren. Zu diesem Zweck führen die Empfänger darüber Buch, wieviele aus mehreren Paketen bestehende Sendevorgänge im selben Augenblick durchgeführt werden: Der Empfänger zählt einfach, von wievielen Sendern er gerade Pakete entgegennimmt. Geht ein Paket eines Senders verloren, bricht der Empfänger den betreffenden Sendevorgang in der oben beschriebenen Weise ab. Dies kann sich für die anderen Sender wiederholen, bis nur noch ein einziger Sendevorgang übrigbleibt. Nach dessen Beendigung aktiviert der Empfänger in der Reihenfolge des Abbrechens nach und nach die ruhenden Sendevorgänge. Um die Fairneß zu verbessern, wird jeder neu gestartete Sendevorgang sofort abgebrochen, solange noch wartende Sender vorhanden sind.

Diese Vorgehensweise kann leicht zu einem Deadlock führen, wie die folgende Situation erkennen läßt: Zwei Sender S1 und S2 verschicken Multicast-Pakete an eine Gruppe, die aus den Empfängern R1 und R2 besteht. R1 stellt den Verlust eines Paketes von S1 fest, während R2 das gleiche für S2 entdeckt. Beide Empfänger halten "ihren" Sender an, mit dem Ergebnis, daß S1 und S2 ihren Sendevorgang abbrechen und keine Multicast-Nachricht mehr hinausgeht. Dieser Deadlock kann zwar durch Timeouts der Sender "aufgebrochen" werden, es bleibt aber der Nachteil bestehen, daß die Kommunikation unnötig lange ruht und die Bearbeitungszeiten für Anwendungen verlängert werden.

Die Kommunikationsunterbrechungen können vermieden werden, wenn die Empfänger die anzuhaltenden Sender nicht willkürlich, sondern nach einer Ordnung auswählen. Eine solche Ordnung wäre z.B. die numerische Interpretation der Senderadressen. In der gerade geschilderten Situation würden beide Empfänger den gleichen Sender, etwa den mit der größeren Adresse, anhalten und der Deadlock träte nicht auf. Auch bei dieser Betrachtungsweise bleibt das Verfahren fair, weil neu eintreffende Sendevorgänge nach wie vor sofort angehalten und in die Warteschlange eingereiht werden, solange noch unterbrochene Sendevorgänge existieren. Lediglich bei kollidierenden Paketsendungen werden die Sender mit den höheren Adressen bevorzugt, müssen sich jedoch bei neuen Aufträgen in die Warteschlangen einreihen.

In der nachfolgenden algorithmischen Beschreibung wird nur der Teil des gesamten Protokolls angegeben, der direkt mit der Paketisierung zusammenhängt. Eine vollständige, alle Sonderfälle (aus nur einem Paket bestehende Nachrichten, Verlust des letzten Paketes etc.) berücksichtigende Implementierung wurde für den Simulator (siehe Abschnitt 7.2) vorgenommen, die hier jedoch nicht diskutiert wird, da der prinzipielle Ablauf des Verfahrens im Vordergrund steht.

Der Inhalt einer Nachricht m (m.*cont*) wird um drei Einträge erweitert: *cont.lostpacket* enthält bei negativen Bestätigungen die Nummer des verlorenen Paketes, *cont.mode* zeigt an, ob der Sendevorgang zu unterbrechen oder weiterzuführen ist, und *cont.packetno* beinhaltet die Paketnummer. Beim Paketverlust werden alle Pakete ab demjenigen, das den Empfänger nicht erreicht hat, noch einmal wiederholt. Suspendierungs-Nachrichten, während der Sendevorgang unterbrochen ist, sowie Fortsetzungsaufforderungen während einer laufenden Übertragung werden ignoriert. Die Senderate kann durch die Operation *delay* eingestellt werden, das Zeitintervall bis zur Wiederaufnahme einer suspendierten Übertragung wird durch RETRANS_TIMEOUT vorgegeben.

```
.....
.....
/* ...Nachricht muß in Pakete aufgeteilt werden.... */
loop
    MAXPACKET := <Max. Anzahl der Pakete der Nachricht m>;
    for s := 1 ... MAXPACKET do
        m_s.cont.packetno := s        /* m_s ist das s-te Paket von m */
        m_s.dest := GROUP;    /* Paket per Multicast verschicken */
        s_i[m_s];
        delay(delaytime);        /* Regelung der Senderate */
        if r_i[m_NAK] then        /* m_NAK ist neg. Quittung eines Empfängers */
            s := m_NAK.cont.lostpacket;
            if m_NAK.cont.mode = "WAIT" then    /* Unterbrechungsaufforderung */
                SUSPENDED := true;
                while SUSPENDED do
```

```
            wait for rᵢ[m_c] or RETRANS_TIMEOUT;
            if m_c.cont.mode = "CONTINUE" or RETRANS_TIMEOUT then
                SUSPENDED := false;
            endif;
            /* andere Nachrichten werden ignoriert */
        endwhile;
        endif;
      endif;
    endfor;
  endloop;
  /* auf Quittung oder Timeout für gesamte Nachricht warten..... */
    .....
```

Auf der Empfängerseite wird das Protokoll komplizierter, da hier die Informationen für mehrere Sender, die Nachrichtenpuffer und einzelnen Pakete sowie die suspendierten Sendeaufträge zu verwalten sind. Das Protokoll arbeitet in zwei Zuständen, die über die Boole'sche Variable SEQMODE unterschieden werden. Wenn SEQMODE wahr ist, befindet sich das Protokoll im *sequentiellen Modus*, in dem alle Multicast-Aufträge sequentialisiert werden. FIFOWAIT bezeichnet die Liste, die die Senderadressen der unterbrochenen Multicast-Aufträge enthält. FIFO stellt wieder den Nachrichtenpuffer dar, der MAXMSG Nachrichten aufnehmen kann. SIMULTRANS gibt die Anzahl der gleichzeitig abgewickelten Paketaufträge an und MINSENDID die kleinste Senderadresse dieser Aufträge. In REGISTERED sind alle laufenden, noch nicht abgeschlossenen Multicasts gespeichert, NEXTPACKET gibt für jeden Sender die als nächste erwartete Paketnummer an.

```
    .....
    .....
  wait for rᵢ[m];
  /* Erkennen von Duplikaten wie im letzten Protokoll,
        evtl. Quittungen noch einmal verschicken...... */
  if m.cont.packetno > 0 then
    if SEQMODE and m.source ≠ MINSENDID then
      SIMULTRANS := SIMULTRANS + 1;
    endif;
    if m.cont.packetno = 1 then
      if not REGISTERED(m.source) then
        if |FIFO| ≤ MAXMSG then
          REGISTERED(m.source) := true;
```

```
        FIFO := FIFO ∪ {m₁};              /* 1. Paket (m₁) in Puffer  */
        NEXTPACKET(m.source) := 2;
        if SEQMODE then       /*  neuer Auftrag wird eingereiht  */
           m_NAK.cont.mode := "WAIT";
           m_NAK.cont.lostpacket := NEXTPACKET(m.source);
           m_NAK.dest := m.source;
           s_i[m_NAK];
           FIFOWAIT := FIFOWAIT ∪ {m.source};
           SIMULTRANS := SIMULTRANS - 1;
        else
           SIMULTRANS := SIMULTRANS + 1;
        endif;
      endif;          /*  falls Puffer voll, geht die Nachricht verloren  */
    endif;
else
   if m.cont.packetno = NEXTPACKET(m.source) then
        /*  Paket in richtiger Folge eingetroffen */
      FIFO := FIFO ∪ {m_x};  /*  x-tes Paket in Puffer  */
      if m.cont.lastpacket then
        REGISTERED(m.source) := false;
        NEXTPACKET(m.source) := 0;
        m_q.dest := m.source;
        s_i[m_q];        /* Quittung für gesamte Nachricht an Sender */
        if SEQMODE then
           FIFOWAIT := FIFOWAIT \ {t};  /* nächst. Auftrag aktivieren */
           m_C.dest := t;
           m_C.cont.mode := "CONTINUE";
           m_C.cont.lostpacket := NEXTPACKET(t);
           MINSENDID := t;
           s_i[m_C];
           if IFIFOWAITI = 0 then    /* wieder in normalen Modus zurück */
              SIMULTRANS := 0;
              SEQMODE := false;
           endif;
        endif;
```

```
        endif;
    else
        if m.cont.packetno > NEXTPACKET(m.source) then
            /*  Paketverlust festgestellt  */
            if SEQMODE and ¬REGISTERED(m.source) then
                /* neuer Auftrag, wird angehalten und eingereiht */
                m_NAK.cont.mode := WAIT;
                m_NAK.cont.lostpacket := 1;
                m_NAK.dest := m.source;
                s_i[m_NAK];
                FIFOWAIT := FIFOWAIT ∪ {m.source};
                SIMULTRANS := SIMULTRANS - 1;
            else
                if SIMULTRANS > MAXSIMULTRANS then
                    /*  max. Anzahl gleichzeitiger Paketaufträge erreicht */
                    SEQMODE := true;
                    m_NAK.cont.mode := "WAIT";
                    m_NAK.cont.lostpacket := NEXTPACKET(MINSENDID);
                    m_NAK.dest := MINSENDID;
                    FIFOWAIT := FIFOWAIT ∪ {MINSENDID};
                    MINSENDID := MIN {t | REGISTERED(t) = true};
                    SIMULTRANS := SIMULTRANS - 1;
                else      /* normale Nachforderung eines Paketes  */
                    m_NAK.cont.mode := NAK;
                    m_NAK.cont.lostpacket := NEXTPACKET(m.source);
                    m_NAK.dest := m.source;
                endif;
                s_i[m_NAK];
            endif;
        endif;
    endif;
endif;
.....
```

Die maximale Anzahl der gleichzeitigen Multicasts - MAXSIMULTRANS - ist als ein Protokollparameter anzusehen, der in Abhängigkeit der Pufferkapazitäten, der Arbeitsgeschwindigkeit des Prozessors und der Häufigkeit von Multicast-Operationen eingestellt werden kann. Eine dynamische Anpassung an sich verändernde Belastungen ist ebenfalls vorstellbar, wobei z.B. die Anzahl der Paketverluste innerhalb einer bestimmten Zeitspanne als Kriterium dienen könnte.

Aufgrund der zusätzlich über Timeouts gesteuerten Wiederaufnahme des Sendevorgangs wird ein Deadlock auch dann ausgeschlossen, wenn eine Aufforderungsnachricht ihr Ziel nicht erreichen sollte. Beim Aktivieren mehrerer suspendierter Sender kann sich die Situation ergeben, daß wegen des Verlusts unterschiedlicher Pakete bei den Empfängern mehrere Sender gleichzeitig gestartet werden. In diesem Fall führen erneute Kollisionen wieder zur Auswahl eines Senders. Im allgemeinen kann aber davon ausgegangen werden, daß mehrere Multicast-Nachrichten, die aus vielen Paketen bestehen, nicht genau gleichzeitig, sondern nacheinander initiiert werden und sich dabei überlappen. Dann ist die Wahrscheinlichkeit hoch, daß beim Auftreten von Paketverlusten alle Empfänger die gleichen Senderadressen für die Suspendierungsentscheidung zugrundelegen und so alle zum gleichen Ergebnis kommen. Dies bedeutet, daß auch in den Listen der unterbrochenen Multicasts (FIFOWAIT) alle Adressen in der gleichen Reihenfolge stehen und die oben erwähnten Kollisionen nur äußerst selten auftreten.

4.3 Atomar-zuverlässige Multicasts

Zur Gewährleistung der Atomaritätseigenschaft werden Multicast-Operationen in zwei Phasen abgewickelt. Die Nachricht wird wie bisher per Multicast an die Empfängergruppe verschickt, die den Empfang der Nachricht per Unicast bestätigen, die Nachricht selbst aber noch nicht zur Verarbeitung an einen Anwenderprozeß weiterleiten. Der Sender wartet ab, bis er von allen Gruppenmitgliedern eine Quittung erhalten hat (die Gruppengröße sowie der augenblickliche Status der Gruppe muß bekannt sein). Sendewiederholungen zur Erhöhung der Erfolgswahrscheinlichkeit sind möglich. Treffen alle Quittungen ein, werden in der zweiten Phase alle Empfänger benachrichtigt, daß sie die Nachricht zur Bearbeitung freigeben können (Commit-Fall). Fehlen nach Ablauf einer Frist noch Bestätigungen, werden die Empfänger aufgefordert, die bereits empfangenen Nachrichten zu vernichten (Abort-Fall). Die Abort- oder Commit-Nachricht kann als Multicast oder einzelne Unicasts [YKY84] abgesetzt werden. Beim Multicast entstehen dabei wieder die gleichen Schwierigkeiten wie in der ersten Phase, das heißt, das Erreichen aller Empfänger kann nicht garantiert werden. Unicasts bieten hier im allgemeinen eine größere Sicherheit, besitzen jedoch bei größeren Gruppen den Nachteil, daß die Empfänger sequentiell informiert werden und dabei das Parallelverarbeitungspotential schlecht ausgenutzt wird.

In den vorgestellten Protokollen wurden alle während einer Multicast-Operation anfallenden Nachrichten direkt zwischen den Sendern und Empfängern ausgetauscht. Wie in der Übersicht über die Basistechniken gezeigt wurde, läßt sich die Nachrichtenkomplexität unter Inkaufnahme höherer Zeitkomplexitäten verbessern, wenn andere Verbindungsstrukturen zwischen den Kommunikationspartnern realisiert werden.

Da Bäume die Nachrichtenkomplexität nicht reduzieren sowie ihr Aufbau und ihre Verwaltung einen nicht unerheblichen Aufwand bedeuten, ist ihr Einsatz auf der Transportebene kritisch. Aus diesen Gründen werden Bäume und ihre spezielle Problematik an dieser Stelle nicht weiter untersucht. In diesem Zusammenhang wird auf die bereits mehrfach zitierten Arbeiten von Dalal und Wall sowie [SGS84, AWE86] verwiesen. Im nächsten Abschnitt werden stattdessen u.a. atomar zuverlässige und ordnungserhaltende Protokolle präsentiert, die auf einer Ringstruktur basieren.

4.4 Ordnungserhaltende Multicasts

4.4.1 Direkte Übertragung: das ISIS-System

Die verschiedenen Broadcast-Primitive im ISIS-System [BSE83] (s. Kap. 5.8) realisieren unterschiedliche Ordnungseigenschaften. Als Beispiel soll die Funktionsweise des atomaren Broadcast-Protokolls (ABCAST) kurz skizziert werden. ABCAST-Operationen sind atomar und werden mit folgender Anweisung aktiviert:

ABCAST(msg, label, dests);

Dabei steht *msg* für die zu verschickende Nachricht, *label* ist eine spezielle Auftragskennung, die hier aber nicht weiter berücksichtigt wird, und *dests* gibt die Liste der Empfänger an. Wenn an den Durchschnitt der Empfängerliste mehrerer ABCASTs adressiert werden, wird garantiert, daß alle Nachrichten bei den betreffenden Empfängern in der gleichen Reihenfolge eintreffen, auch wenn diese Reihenfolge nicht vorherbestimmbar ist.

Auf jedem Empfängerprozeß existieren zwei Listen, eine *Prioritätenliste* und eine *Empfangsliste*, die die zur Verarbeitung freigegebenen Nachrichten enthält. Prioritäten werden als Konkatenation ganzer Zahlen mit dem Prozeßnamen gebildet, um gleiche Prioritäten auszuschließen. Die Nachrichten in der Prioritätenliste werden als *blockiert* und *freigegeben* markiert. Das Protokoll läuft folgendermaßen ab:

1. Der Sender verschickt die Nachricht an die Empfänger.

2. Jeder Empfänger trägt die eingetroffene Nachricht in die Prioritätenliste ein und markiert sie als *blockiert*. Dann wird der Nachricht eine neue Priorität, die größer ist als alle bisher vorhandenen Prioritäten, zugeordnet, wobei die Prozeßkennung des Empfängers als Suffix angehängt wird. Dem Sender wird der Empfang der Nachricht mit der ihr zugeordneten Priorität bestätigt.

3. Der Sender ermittelt die höchste in den Quittungen enthaltene Priorität und sendet sie zu den Empfängern zurück. Gleiche Prioritäten von mehreren Empfängern werden durch die individuellen Prozeßkennungen ausgeschlossen.

4. Die Empfänger weisen der Nachricht die neue Priorität zu, markieren die Nachricht als *freigegeben* und sortieren die Prioritätenliste nach aufsteigenden Prioritäten. Dann werden die in der Prioritätenliste enthaltenen Nachrichten in die Empfangsliste übertragen, bis die Prioritätsliste leer ist oder eine blockierte Nachricht ansteht.

Das Verfahren entspricht einem Zwei-Phasen-Commit-Protokoll, wobei hier die sichere Übertragung der Commit-Nachrichten vorausgesetzt werden muß. Da jeder Empfänger die lokal höchste Priorität ermittelt und dieser Wert mit der Prozeßnummer konkateniert wird, sind alle Prioritäten eindeutig. Aufgrund des Verteilens der Prioritäten durch die Sender haben alle Nachrichten bei allen Empfängern dieselben Prioritäten. Die prioritätsgesteuerte Freigabe der Nachrichten führt daher auch überall zum gleichen Ergebnis.

4.4.2 Ring-basierte Verfahren

Die in den nächsten beiden Abschnitten vorgestellten Protokolle und ihre Varianten zielen darauf ab, die Anzahl der Quittungsnachrichten zu reduzieren, indem bei mehreren gleichzeitig ablaufenden Sendevorgängen Quittungen zusammengefaßt werden. Durch die Vergabe von Folgenummern können der Nachrichtenfluß in Abhängigkeit der Pufferbelegung der Empfänger geregelt sowie verlorengegangene Nachrichten festgestellt und nachgefordert werden.

4.4.2.1 Eine zentral-gesteuerte Protokollfamilie

Das Verfahren wird durch einen zentralen Prozeß gesteuert, den Gruppenmoderator, der gemeinsam mit der Multicast-Gruppe erzeugt und vernichtet wird. Alle übrigen

Gruppenmitglieder werden in Form eines Ringes miteinander verbunden. Jedes Gruppenmitglied kennt seinen direkten Nachfolger und den Moderator. Obwohl intern zur Ausnutzung der physischen Broadcast-Fähigkeit allen Gruppenmitgliedern eine Gruppenadresse zugewiesen wurde, ist außerhalb der Gruppe nur die Adresse des Moderators bekannt. Jeder Prozeß, der eine Multicast-Nachricht an die Gruppe senden möchte, schickt eine Unicast-Nachricht an den Moderator, der dieser eine Folgenummer zuordnet und sie als Multicast-Nachricht an die Gruppe weiterleitet. Nach dem ersten Sendeauftrag erzeugt der Moderator ein Token und schickt es auf den Ring, dem der Moderator, wie in Abbildung 4.3 veranschaulicht, selber angehört.

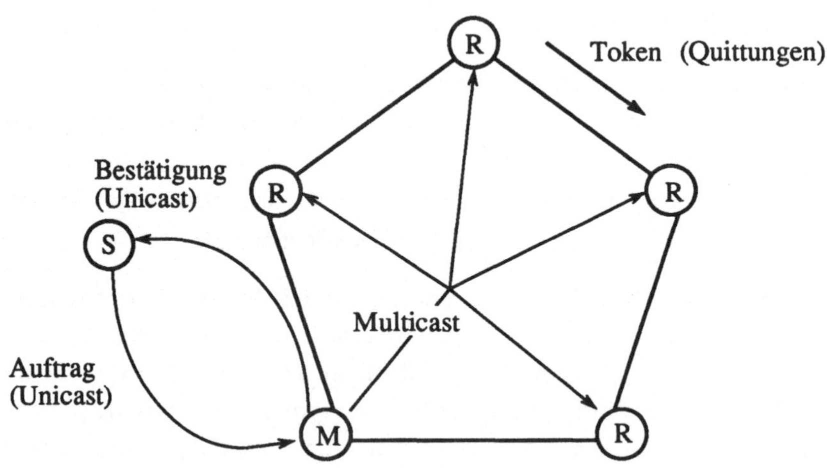

Abb. 4.3: Prinzip des zentral moderierten Protokolls

Das Token enthält zwei Einträge: die aktuelle Folgenummer des Moderators zum Zeitpunkt des Absendens des Tokens und eine Bestätigungsfolgenummer, die die höchste Folgenummer der Nachrichten angibt, die von allen Empfängern erhalten wurden. Beide Felder setzt der Moderator auf den Wert seiner aktuellen Folgenummer.

Beim Empfang des Tokens prüfen die restlichen Gruppenmitglieder, bis zu welcher Folgenummer sie alle Nachrichten lückenlos empfangen haben. Diese Folgenummer wird in das Feld der Bestätigungsfolgenummer im Token eingetragen. Daraufhin kann anhand der Differenz zwischen der lokalen maximalen Folgenummer und der des Tokens festgestellt werden, ob Nachrichten verlorengegangen sind, die vom Moderator nachgefordert werden müssen, was nach der Weiterleitung des Tokens erledigt wird.

Ebenfalls beim Empfang von Multicast-Nachrichten vergleichen die Empfänger ihre lokale maximale Folgenummer mit der der Nachricht und informieren sich so über eventuelle Verluste. Auch in diesem Fall werden die verlorengegangenen Nachrichten vom Moderator nachgefordert. Um beim kurz aufeinanderfolgenden Eintreffen von Multicast-

Nachrichten das mehrfache Nachfordern der gleichen Nachricht zu verhindern, wird eine Nachforderung nur dann wiederholt, wenn das Token eintrifft.

Hat das Token den gesamten Ring durchlaufen und kommt wieder beim Moderator an, erfährt er über die Bestätigungsfolgenummer, welche Nachrichten von allen Gruppenmitgliedern empfangen wurden. Falls in der Zwischenzeit neue Aufträge eingetroffen sind (die bereits per Multicast an die Gruppenmitglieder verschickt wurden) oder noch nicht alle alten Aufträge bestätigt wurden, aktualisiert der Moderator die Einträge im Token und startet eine neue Runde; andernfalls verbleibt das Token beim Moderator, bis er neue Sendeaufträge erhält.

Über die Vergleiche der Folgenummern wird mit diesem Verfahren versucht, während einer einzigen Tokenrunde mehrere Multicast-Nachrichten zu bestätigen. Da nach Eintreffen des ersten Auftrages für eine neue Gruppe das Token sofort gestartet wird, kann in der ersten Tokenrunde lediglich eine Nachricht bestätigt werden. Die dem Verfahren zugrundeliegende Idee besteht nun darin, daß während dieser ersten Tokenrunde weitere Sendeaufträge beim Moderator eintreffen und an die Gruppe weiterverschickt werden. Anhand der Folgenummer können die einzelnen Gruppenmitglieder mit Ausnahme der letzten Nachricht lokal Verluste entdecken und die betreffenden Nachrichten nachfordern. In der folgenden Tokenrunde besteht somit eine hohe Wahrscheinlichkeit, daß die Multicast-Nachrichten alle Empfänger bereits erreicht haben und mehrere Nachrichten zusammen bestätigt werden können. Wenn der Moderator die Pufferkapazitäten der Gruppenmitglieder kennt, kann er wegen seiner globalen Sicht die Anzahl der Multicast-Nachrichten kontrollieren, die gleichzeitig unterwegs sind. Die erfolgreiche Abwicklung eines Multicast-Auftrags teilt der Moderator dem Sender über einen Unicast mit.

Zuerst werden die Aktionen des Moderators beschrieben. Das Feld SEQNO dient wieder zur Erkennung von Duplikaten der Sender. LOCSEQNO enthält die globale Folgenummer für die Multicast-Nachrichten. In RETRANSBUF werden die Aufträge gespeichert, damit sie der Moderator im Fall eines Verlustes nachschicken kann. ACK-SEQNO gibt die höchste Folgenummer der bis zuletzt bestätigten Nachrichten an. Das Token wird als spezielle Nachricht *token* $\in$ M realisiert, die über die zusätzlichen Komponenten *maxseqno* (höchste Folgenummer des Moderators) und *maxrec* (höchste Folgenummer bestätigter Nachrichten nach einer Tokenrunde) verfügt.

```
wait for r_i[m] or r_i[token] or r[m_NACH];
if r_i[m] then

  if m.seqno = SEQNO(m.source) then    /* kein Duplikat */
    SEQNO(m.source) := m.seqno + 1;
    m.seqno := LOCSEQNO;
    LOCSEQNO := LOCSEQNO + 1;
```

```
        m.dest := GROUP;
        RETRANSBUF := RETRANSBUF ∪ {m};
        s_i[m];    /* Absenden des Multicast */
        if TOKENSTOP then
            token.maxseqno := token.maxrec := LOCSEQNO;
            s_i[token];  /* Token wieder starten */
            TOKENSTOP := false;
        endif;
    endif;
  else
    if r_i[token] then
        for t := ACKSEQNO .. token.maxrec do
            RETRANSBUF := RETRANSBUF \ {m} with m.seqno = t;
            /* alle bestätigten Nachrichten aus dem Puffer entfernen */
            m_q.dest := m.source;
            s_i[m_q];       /* Absenden der Quittung an den Sender */
        endfor;
        ACKSEQNO := token.maxrec;
        if LOCSEQNO = ACKSEQNO then
            TOKENSTOP := true;   /* es liegen keine neuen Aufträge vor */
        else
            token.maxseqno := token.maxrec := LOCSEQNO;
            s_i[token];
        endif;
    else      /* Nachforderung */
        s_i[m] with m.seqno = m_NACH.cont.lostmsg and m ∈ RETRANSBUF;
    endif;
  endif;
```

Die übrigen Mitglieder des Ringes führen den nachfolgenden Algorithmus aus. BUF bezeichnet dabei den Nachrichtenpuffer, der MAXMSG Nachrichten aufnehmen kann; aus ihm entnehmen die Anwenderprozesse die Nachrichten in ähnlicher Weise, wie dies im letzten Protokoll beschrieben wurde (Folgenummern werden allerdings berücksichtigt). MAXSEQNO gibt die maximale erhaltene Folgenummer an, LOCSEQNO die Folgenummer, bis zu der alle Nachrichten eingetroffen sind. Der Inhalt einer Nachforderungsbotschaft wird um einen Eintrag $m_{NACH}.cont.lostmsg$ erweitert, der die Folgenummer der verlorenen Nachricht enthält. Die Variable SUCCESSOR speichert die Adresse des Ringnachfolgers, die in einer Initialisierungsrunde vergeben wurde.

```
loop
wait for r_j[m] or r_j[token];
if r_j[m] then

    if IBUFI ≤ MAXMSG then
        BUF := BUF ∪ {m};
        /* Nachricht wird sofort zur Verarbeitung freigegeben */
        if m.seqno > MAXSEQNO then
            MAXSEQNO := m.seqno;
        endif;
        if m.seqno = LOCSEQNO then
            LOCSEQNO := LOCSEQNO + 1;
        else
            if m.seqno > LOCSEQNO then
                for t := LOCSEQNO ... MAXSEQNO do
                    if m ∉ BUF with m.seqno = t then
                        m_NACH.cont.lostmsg := t;
                        s_j[m_NACH];
                    endif;
                endfor;
            endif;
        endif;
    endif;
else    /* Token erhalten */
    if token.maxseqno > LOCSEQNO then
        for t := LOCSEQNO ... token.maxseqno do
            if m ∉ BUF with m.seqno = t then
                m_NACH.cont.lostmsg := t;
                s_j[m_NACH];
            endif;
        endfor;
    else
        if token.maxseqno < LOCSEQNO then
            token.maxseqno := LOCSEQNO;
```

```
        endif;
    endif;
    if LOCSEQNO < token.maxrec then
        token.maxrec := LOCSEQNO;
    endif;
    token.dest := SUCCESSOR;
    s [token];
     j
  endif;
  endloop;
```

In dieser Form handelt es sich bei dem hier vorgestellten Protokoll um ein synchrones, zentral gesteuertes, ring-basiertes Verfahren mit einer gesamt-zuverlässigen Übertragung. Die Atomarität kann durch Einführung einer zweiten Tokenrunde gewährleistet werden. Das Token wird zu diesem Zweck um einen dritten Eintrag, eine Commit-Folgenummer, erweitert, die vom Moderator auf den Wert der Bestätigungsfolgenummer gesetzt wird. Bei der allerersten Tokenrunde wird die Commit-Folgenummer mit null initialisiert. Auf diese Weise wird angelehnt an den Erfolg einer oder mehrerer Bestätigungsrunden versucht, die Nachrichten, die alle Empfänger erhalten haben, zur weiteren Verarbeitung freizugeben. Um Multicast-Operationen auch abbrechen zu können, werden dem Token ein oder mehrere Abortfelder hinzugefügt, die die Folgenummern von Multicast-Aufträgen enthalten, die von den Empfängern zu vernichten sind. Da das Folgenummernverfahren auf einer linearen Ordnung und der lückenlosen Verarbeitung von Aufträgen beruht, müssen die Empfänger einen abgebrochenen Auftrag in ihren internen Verwaltungsdaten wie einen erfolgreich abgeschlossenen Auftrag führen. Diese Variante des Verfahrens ist total ordnungserhaltend.

Die dynamische Modifikation der Gruppe kann dezentral erfolgen und braucht nicht vom Moderator überwacht zu werden. Um in die Multicast-Gruppe einzutreten, wird ein entsprechender Wunsch per Multicast an alle Gruppenmitglieder versendet, welche als Reaktion die Adresse ihres Nachfolgers zurückschicken. Der eintrittswillige Prozeß entnimmt der ersten Antwort die Adresse, macht den betreffenden Prozeß zu seinem direkten Nachfolger und sendet wiederum seine Adresse an das Gruppenmitglied zurück, das den neuen Prozeß sogleich als direkten Nachfolger betrachtet: der Ring wird so um den neuen Prozeß erweitert. Wollen mehrere Prozesse zum gleichen Zeitpunkt Mitglied der Gruppe werden, müssen sie dieses Verfahren evtl. öfter wiederholen, da die "alten" Gruppenmitglieder nach Verschicken ihrer Nachfolgeadresse Eintrittsreservierungen erst löschen müssen, bevor neue entgegengenommen werden. Reservierungen können entweder durch explizite Absagen oder durch Ablauf eines Timeouts aufgehoben werden.

Der Austritt aus einer Gruppe wird dem Vorgänger im Ring mitgeteilt, der daraufhin die mitgelieferte Nachfolgeadresse des austretenden Prozesses als seine neue

Nachfolgeadresse einsetzt. Beim Betreten und Verlassen einer Multicast-Gruppe müssen die beteiligten Prozesse darüberhinaus dem Betriebssystem kundtun, daß sie über die zugehörige Gruppenadresse erreichbar bzw. nicht mehr erreichbar sind.

Trifft das Token innerhalb einer vorgegebenen Zeitspanne nicht beim Moderator oder bei den Gruppenmitgliedern ein, wird der Verlust des Tokens angenommen. Da der Moderator für das Einsetzen des Tokens verantwortlich ist, empfiehlt es sich, daß die Gruppenmitglieder größere Timeoutwerte benutzen als der Moderator. Auf diese Weise kann der Tokenverlust zuerst vom Moderator entdeckt werden, der dann ein neues Token einsetzt. Der Timeoutwert für die Gruppenmitglieder wird benötigt, falls der Moderator ausfällt.

Der Ausfall des Moderators wird von einem oder mehreren Gruppenmitgliedern entdeckt, die dies einer Fehlerbehebungsinstanz des Betriebssystems melden oder selbständig einen neuen Moderator erzeugen. Im letzten Fall muß ein Gruppenmitglied zu diesem Zweck ausgewählt werden (z.B. Election nach [CHR79]). Der neugegründete Moderator nimmt über die Multicast-Adresse Kontakt mit allen Gruppenmitgliedern auf (oder wendet sich per Broadcast an alle Knoten) und rekonfiguriert den Ring. In einer ersten Tokenrunde ermittelt der Moderator die höchste Folgenummer im Ring und initialisiert seinen eigenen Folgenummernzähler entsprechend. Während der Initialisierungsrunde des Tokens senden alle Gruppenmitglieder bei Erhalt des Tokens dem Moderator die Senderadressen der bereits empfangenen Nachrichten zu. Dadurch wird der Moderator befähigt, an ihn gerichtete Wiederholungen der Sendeaufträge als solche zu erkennen und Multicast-Nachrichten nicht doppelt zu verschicken. Falls der Moderator nach dem Erhalt eines Sendeauftrags und vor dessen Weiterleitung an die Gruppenmitglieder ausgefallen war, kann dieser Auftrag bei keinem Empfänger eingetroffen sein und folglich wird die zugehörige Sendeadresse dem Moderator nicht übermittelt. Eine Wiederholung des Sendeauftrags wird also nicht als Duplikat erkannt und normal ausgeführt. Dieses Verfahren kann auch auf die Commit-Runden bezüglich eines atomaren Multicasts ausgedehnt werden (s. nächstes Kapitel).

Die Zeitkomplexität dieses Protokolls ohne Commit-Runde beträgt im schlimmsten Fall 2n+2, d.h., das Token wurde kurz vor Erhalt eines neuen Auftrags vom Moderator bearbeitet und muß erst eine Runde durch den Ring zurücklegen, bis dieser Auftrag bestätigt werden kann (der Sender verschickt den Auftrag und erhält eine Quittung, daher 2n+2 Nachrichten). Im besten Fall erreicht das Token den Moderator gleich nach einem Sendeauftrag, die Bestätigungsrunde kann sofort gestartet werden (Zeitkomplexität n+2). Daraus ergibt sich eine durchschnittliche Zeitkomplexität von 1.5n+2.

Das Verfahren läßt sich durch die Aufspaltung des Ringes in mehrere Ringe beschleunigen. Beispielsweise können zwei Ringe in Form einer Acht gebildet werden, wobei der Moderator im Kreuzungspunkt sitzt, d.h., er kontrolliert beide Ringe (s. Abb. 4.4). Hierdurch wird die Nachrichtenkomplexität verdoppelt, die Zeitkomplexität halbiert. Um beide Ringe in etwa gleich groß zu halten, ist eine dezentrale Gruppenmodifikation nicht mehr angebracht. Diese Aufgabe sollte jetzt ebenfalls der Moderator übernehmen, der ja die Mitgliederzahl beider Ringe kennt und für Ausgewogenheit sorgen kann. Bei Eintritten in die Gruppe läßt sich dies recht einfach bewerkstelligen, bei Austritten muß jedoch u.U. eine Umverteilung, d.h. Neukonfiguration, der beiden Ringe vorgenommen werden.

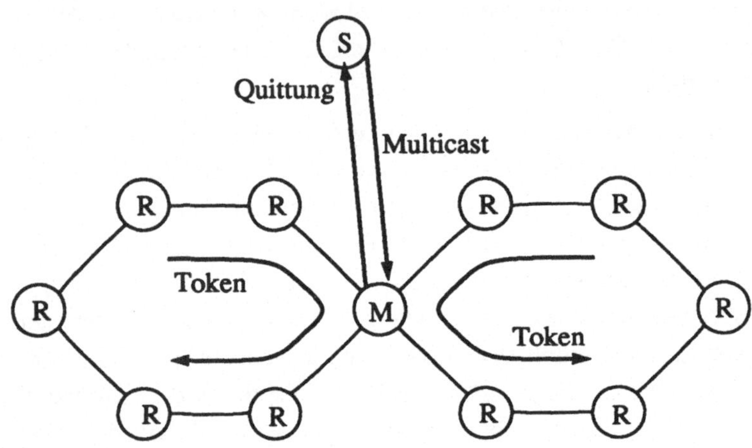

Abb. 4.4: Beschleunigung des zentralen Protokolls

Wurde das Timeout-Intervall zu kurz bemessen und wird ein Tokenverlust angenommen, obwohl sich das Token noch auf dem Ring befindet, können zwei Token auf dem Ring existieren. Die Kennzeichnung des Tokens mit einer Versionsnummer erlaubt es dem Moderator, alte Token vom Ring zu nehmen, um die Nachrichtenkomplexität nicht überflüssigerweise zu erhöhen. Damit ein neuer Moderator nach seiner Erzeugung von den potentiellen Sendern an diese Multicast-Gruppe erreicht werden kann, muß er über einen logischen Namen ansprechbar sein (evtl. eine Multicast-Adresse), da aufgrund der Namensvergabestrategie des Betriebssystems die alte Adresse möglicherweise nicht mehr verfügbar ist.

Da zentrale Lösungen häufig einen Leistungsengpaß darstellen, wird im nächsten Abschnitt ein dezentrales, symmetrisches Ringprotokoll vorgestellt.

4.4.2.2 Dezentrale Multicast-Protokolle

Beim Aufbau der Multicast-Gruppe werden alle Mitglieder in Form eines Ringes konfiguriert. Jedes Mitglied ist sowohl Empfänger als auch Sender von Multicast-Nachrichten. Später wird eine Variante dieses Protokolls präsentiert, in der auch Sender außerhalb des Ringes existieren können. Alle am Ring beteiligten Prozesse besitzen die gleiche Gruppenadresse neben ihrer Individualadresse und kennen die Adresse ihres direkten Nachfolgers, so daß ein unidirektionaler Ring entsteht. Zunächst wird die prinzipielle Funktionsweise des Algorithmus beschrieben und auf Optimierungen verzichtet.

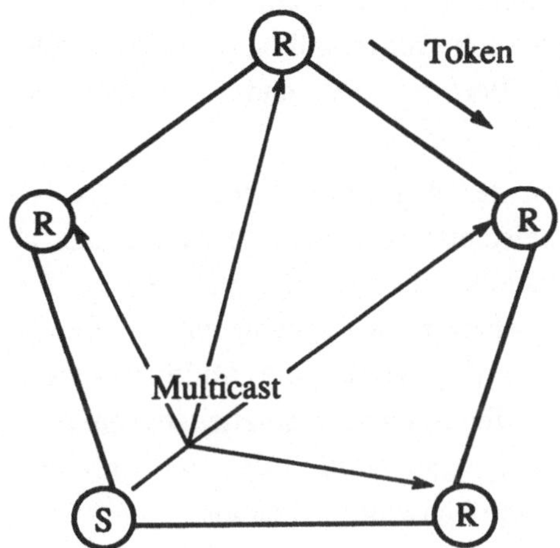

Abb. 4.5: Ringstruktur des dezentralen Protokolls

Nach dem Aufbau des Ringes wird ein Token eingesetzt, welches permanent auf dem Ring kreist. Das Token bietet eine Anzahl von Behältern an, die der Aufnahme von Quittungen dienen. Die Anzahl der Behälter ist beliebig und kann insbesondere auch dynamisch verändert werden. Das Ziel des Verfahrens besteht darin, mit einem Tokendurchlauf mehrere Multicast-Nachrichten zu bestätigen und damit die Anzahl der Quittungen zu reduzieren. Da es sich um ein synchrones Verfahren handelt, d.h., ein Sender kann erst dann einen neuen Auftrag absetzen, wenn der vorhergehende beendet wurde, läßt sich durch die maximale Anzahl der gleichzeitig vom Token aufnehmbaren Quittungen auch der Nachrichtenfluß regeln.

Der Sender verteilt eine Multicast-Nachricht an alle Mitglieder des Ringes, indem er die Nachricht an die betreffende Gruppenadresse schickt. Jeder Prozeß, der die Nachricht erhält, speichert sie in einem Puffer ab, ohne die Nachricht jedoch zur Bearbeitung freizugeben. Falls im Puffer nicht ausreichend Platz vorhanden ist, wird die Nachricht vernichtet. Wenn das Token beim Sender eintrifft und noch ein Behälter frei ist, wird die eindeutige Kennung der Nachricht einschließlich einem auf TRUE gesetzten Bestätigungsfeld dort eingetragen. Danach wird das Token weitergereicht.

Beim Erhalt des Tokens untersucht jeder Prozeß die einzelnen Behälter des Tokens. Ist ein Behälter gefüllt und das Bestätigungsfeld auf TRUE gesetzt, wird nachgesehen, ob eine Nachricht mit der im Behälter enthaltenen Kennung im lokalen Puffer des Prozesses vorhanden ist. Falls ja, wird die Nachricht im Puffer als bestätigt markiert, im anderen Fall wird das Bestätigungsfeld des Behälters auf FALSE gesetzt und die fehlende Nachricht vom Auftraggeber angefordert (Unicast). Bevor das Token wieder beim Sender eintrifft, hat dieser u.U. bereits mehrere verlorengegangene Nachrichten nachgeliefert. Der Sender weiß, daß von ihm ein Auftrag zu bestätigen war und prüft im entsprechenden Behälter des Tokens das Bestätigungsfeld auf TRUE. Trifft dies zu, dann hat die Multicast-Nachricht alle Mitglieder des Ringes erreicht; die Multicast-Operation war erfolgreich (all-reliable), und der Behälter wird freigegeben. Hat das Bestätigungsfeld den Wert FALSE, dann wird eine zweite Quittungsrunde gestartet.

Diese einfache Version des Algorithmus besitzt einige Nachteile, die sich aber beseitigen lassen. Es wird beispielsweise nicht garantiert, daß alle Empfänger alle Multicast-Nachrichten in der gleichen Reihenfolge verarbeiten. Das Verfahren ist ebenfalls nicht atomar: Falls nach mehreren Bestätigungsrunden immer noch nicht alle Empfänger erreicht wurden, könnte der Sender die Multicast-Operation abbrechen, ohne zu wissen, welche Empfänger die Nachricht erhalten haben und welche nicht. Bevor auf weitere Optimierungen eingegangen wird, folgt eine präzisere Fassung des Protokolls, das die beiden zuvor genannten Schwierigkeiten löst.

Die Atomarität wird durch Einführen einer zweiten Commit- oder Abort-Runde erreicht, die Ordnungseigenschaft durch die Vergabe von Folgenummern. Da die Bestätigungsrunde auch zur Entdeckung von Nachrichtenverlusten dient, wird davon ausgegangen, daß mehrere Bestätigungsrunden durchgeführt werden, bevor eine Multicast-Operation endgültig als gescheitert angesehen wird. Je nach Ausgang der letzten Bestätigungsrunde wird in den Behälter eine Commit- oder Abortmarkierung eingetragen, die die Empfänger der Nachricht veranlaßt, die Nachricht entweder zur Verarbeitung durch die Anwendung freizugeben oder zu vernichten.

Das Token wird um einen globalen Folgenummernzähler erweitert. Beim Start einer Bestätigungsrunde versieht jeder Sender seine eigene Nachricht mit dieser Folgenummer und trägt sie ebenfalls in den Behälter des Tokens ein. Der globale Zähler des Tokens wird um eins erhöht. Nach dem Erhalt des Tokens ordnen die Empfänger den gepufferten Nachrichten die entsprechende Folgenummer zu. Auf diese Weise wird eine lineare Ordnung aller Nachrichten erreicht und die gleiche Verarbeitungsfolge bei allen Prozessen ermöglicht.

Es folgt die algorithmische Beschreibung des Verfahrens. Das Token stellt die spezielle Nachricht *token* $\in$ M mit den Behältern *slots*(i) dar, wobei ein maximaler Wert für die Anzahl der Behälter vorzugeben ist. Das Protokoll ist atomar und verhält sich nach einer gestarteten Commit-Runde des Tokens wie ein Guarantee-To-Deliver-Protokoll, d.h., es werden nur temporäre Ausfälle angenommen. Die Kommunikation ist synchron, ein Sender wartet mit dem Absenden des nächsten Auftrags, bis der vorhergehende abgeschlossen ist. Auf der Anwenderebene werden die Botschaften in der Reihenfolge der Folgenummern abgeholt. Die Behälter des Tokens enthalten - wie oben beschrieben - Felder für die Funktionen *Bestätigung*, *Commit* und *Abort* (token.slot(i).*com* etc.). Die lokalen Variablen ACKSEND und COMSEND zeigen an, ob eine Bestätigungs- oder Commit-Runde gestartet wurde; MCPENDING bedeutet, daß ein Multicast auf die Bestätigungsrunde wartet. Der Ringnachfolger ist in der Variablen SUCCESSOR gespeichert, deren Wert während der Initialisierung des Ringes bestimmt wurde. Die Boole'sche Variable TOPENDING zeigt an, daß ein Abbruch der Sendeoperation wegen eines Timeouts gewünscht wurde.

```
loop
wait for r_j[m] or r_j[token] or s_j^A[m] or SENDTIMEOUT or s_j[m_NACH];
/* Multicast-Nachricht, Token, Sendeauftrag, Timeout, Nachforderung */
if r_j[token] then
    if not token.slotsempty then     /* Behälter des Tokens untersuchen */
        for s := 1 ... MAXSLOT do
            if not token.slot(s).empty then
                if slot(s).source = j then       /* eigene Einträge */
                    if token.slot(s).ack then
                        if not TOPENDING then
                            slot(s).com := true;
                            COMSEND := true;
                        else
                            slot(s).abort := true;
                        endif;
                    else
                        /* erneute Bestätigungsrunde notwendig? */
                        if ACKSEND then token.slot(s).ack := true; else
                        if token.slot(s).com or token.slot(s).abort then
                            if token.slot(s).com then
                                SUCCESS(s_j^A[m]) := true;
                                /* Prozeß auf Anwenderebene freisetzen */
                            endif;
                            token.slot(s) := none;
                            ACKSEND := COMSEND := false;
                            token.slot(s).empty := true;
                        endif;
                    endif;
                else     /* fremde Einträge */
                    if token.slot(s).ack then
```

```
                        if m ∉ BUF (mit m.source = token.slot(s).source)  then
                            m_NACH.dest := m.source;
                            s_j[m_NACH];
                            token.slot(s).ack := false;
                        endif
                    else
                        if token.slot(s).com then
                            ... Nachricht zur Verarbeitung freigeben...
                        else        /*  Abort */
                            BUF := BUF \ {m};  /* mit m.source = token.slot(s).source */
                            /* wirkungslos, falls m ∉ BUF */
                        endif;
                    endif;
                endif;
            endif;
        endfor;
    endif;
    if MCPENDING and token.slot.available then
        token.slot(t) := m.source;
        token.slot(t).ack := true;
        ACKSEND := true;
        m.seqno := token.seqno;
        token.seqno := token.seqno + 1;
        m.dest := GROUP;
        s_j[m];        /*  Absenden des Multicast */
    endif;
    token.dest := SUCCESSOR;   /* weiter zum Nachfolger im Ring */
    s_j[token];
else
    if r_j[m] then        /* neue Multicast-Nachricht */
        if |BUF| < MAXMSG then
            BUF := BUF ∪ {m};
        endif;
    else
        if s_j^[m] then     /* neuer Sendeauftrag von der Anwendung */
            MCPENDING := true;
            MSG := m;
```

```
        else
            if SENDTIMEOUT then
                if COMSEND then
                    SUCCESS(s_j^A[m]) := true;

                    /* Auftraggeber freisetzen */
                else
                    TOPENDING := true;
                    SUCCESS(s_j^A[m]) := false;

                    /* Auftraggeber freisetzen */
                endif;
            else        /* Nachforderung */
                MSG.dest := m_NACH.source;

                s_j[MSG];

            endif;
        endif;
    endif;
endif;
endloop;
```

Die Atomarität des Verfahrens ergibt sich aus dem Prinzip der Zwei-Phasen-Commit-Protokolle. Kommt nach einer Bestätigungsrunde der entsprechende Behälter mit wahrem *ack*-Feld zurück, haben alle Empfänger die Nachricht erhalten. Danach wird die Abort- oder Commitr-Runde gestartet, die bereits nach der ersten Runde erfolgreich ist. Die Folgenummer im Token stellt gewissermaßen eine globale Folgenummer dar, die eine lineare Ordnung der Nachrichten garantiert. Jeder Nachricht wird die Folgenummer vor ihrer Verbreitung zugewiesen, so daß sie bei allen Empfängern die gleiche Nummer besitzt. Die Empfänger benutzen einen lokalen Folgenummernzähler, über den die Botschaften in linearer Folge zur Verarbeitung freigegeben werden.

Ein weiterer Nachteil der bis jetzt vorgestellten Version des Protokolls besteht darin, daß das Token auch auf dem Ring kreist, wenn keine Multicast-Aufträge mehr vorhanden sind. Dies kann vermieden werden, indem man in diesem Fall das Token vom Ring nimmt. Liegen bei einem Prozeß keine Multicast-Aufträge vor und erhält er ein Token, dessen Behälter leer sind, merkt er sich dies. Kommt in der nächsten Runde das Token wiederum mit leeren Behältern vorbei, weiß er, daß während der gesamten Runde von allen anderen Prozessen kein Multicast-Auftrag vorgelegen hat (sonst wären die Behälter nicht leer) und nimmt das Token vom Ring. Als Alternative könnte das Token für eine weitere Runde auf den Ring geschickt werden und durch eine entsprechende Markierung anzeigen, daß dies die letzte Tokenrunde ist. Alle Prozesse, die nach wie vor keinen Multicast-Auftrag haben, würden diese Information übernehmen und beim Eintreffen eines neuen Auftrags ein neues Token erzeugen.

Die Erzeugung eines neuen Tokens kann aus zwei Gründen veranlaßt werden: Beim Eintreffen eines neuen Multicast-Auftrags muß der Sender aufgrund seiner lokalen Information annehmen, daß kein Token auf dem Ring ist (entsprechende lokale Kennung während der letzten Tokenrunde eingetragen) oder aber das Token trifft innerhalb einer bestimmten Zeitspanne nicht ein, so daß der Sender vom Verlust des Tokens ausgehen muß. In beiden Fällen kann es vorkommen, daß aufgrund gleichzeitig auftretender Sendewünsche an mehreren Stellen im Ring Token erzeugt werden. Obwohl das Protokoll so ausgelegt ist, daß mehrere Token auf dem Ring nicht stören, würde dies doch unnützerweise zu einer Erhöhung des Nachrichtenaufkommens führen. Durch den Einsatz geeigneter Selektionsverfahren kann erreicht werden, daß innerhalb einer Runde auf dem Ring nur ein Token überlebt.

In unidirektionalen Ringen bietet sich ein einfaches Verfahren an, welches in ähnlicher Form auch beim IBM-Token-Ring [IEE85] verwendet wird und auf dem Algorithmus von Chang/Roberts [CHR79] basiert. Man kann voraussetzen, daß alle Komponenten des Ringes über Adressen verfügen, die eindeutig und total geordnet sind. Beim Generieren eines neuen Tokens wird die Adresse des Erzeugers in das Token eingetragen. Jeder an dem Wahlverfahren beteiligte Prozeß, das sind alle die Prozesse, die ebenfalls gerade ein neues Token erzeugt haben, vergleichen beim Empfang eines Tokens dessen Adreßeintrag mit der eigenen Adresse. Ist sie größer als die im Token angegebene, wird das Token weitergeleitet. Ist die Adresse des Tokens kleiner als die eigene, wird das Token vom Ring genommen. Übersteht ein Token eine ganze Runde und erreicht wieder seinen Erzeuger, dann hat dieses Token "gewonnen" und ist das einzige Token auf dem Ring.

Für den Einsatz in diesem Multicast-Protokoll mußte das in [CHR79] beschriebene Verfahren abgeändert werden. Da es sich bei der Entfernung des Tokens aus dem Ring um einen Bestandteil des Multicast-Algorithmus handelt und dieser Fall häufig eintreten kann, wäre das Einsetzen eines neuen Tokens in zwei Phasen wie im IBM-Ring zu aufwendig (1. Phase: Election; 2. Phase: Tokenerzeugung). Im Multicast-Protokoll werden beide Phasen zusammengelegt: wenn der Gewinner feststeht, hat das Token bereits eine erste gültige Runde zurückgelegt und evtl. die Nachricht des Senders bestätigt. Man muß jedoch damit rechnen, daß vom gleicher Erzeuger noch ein altes Token unterwegs ist, welches verspätet eintrifft. Beim reinen Adreßvergleich würden dann zwei Token gewinnen und auf dem Ring kreisen. Dies kann vermieden werden, wenn ein Token in seiner ersten Runde vom Erzeuger als neu markiert wird. Kommt das alte Token beim Erzeuger vorbei, wird es vernichtet. Ob es besser ist, das neue Token wieder vom Ring zu nehmen, ist letztlich gleichgültig: Für den Sender ist das neue Token "schneller", während das alte bereits früher als das neue andere Prozesse besucht hat und daher für diese "schneller" ist.

Um den Verlust eines Tokens zu entdecken, müssen geeignete Zeitintervalle festgelegt werden, innerhalb derer bei einem intakten Ring das Token vorbeikommen muß. Die Bestimmung geeigneter Timeoutwerte ist besonders in softwaremäßig realisierten Ringen äußerst kritisch, da die Umlaufzeit des Tokens von einer sich dynamisch verändernden Ringgröße sowie der Belastung der Prozessoren und sich damit verändernder Verarbeitungszeiten für das Token abhängig ist. Während sich das letztere Problem nur sehr schwierig lösen läßt, können variierende Ringgrößen durch das Token gezählt werden. Das Token wird um zwei Felder erweitert, einen Ringgrößenzähler und die aktuelle Ringgröße. Der Erzeuger des Tokens initialisiert bei jeder Runde den Ringgrößenzähler mit null und in der ersten Runde die Ringgröße mit einem Standardwert. Jeder andere Prozeß erhöht den Ringgrößenzähler um eins und übernimmt den Ringgrößenwert als Basis für die Festlegung der Timeouts. Passiert das Token seinen Erzeuger, überträgt er den Zählerwert in das Feld für die aktuelle Ringgröße und setzt den Zähler wieder auf null. Auf diese Weise können die Timeoutwerte in jeder Runde an die aktuelle Ringgröße angepaßt werden.

Das beschriebene Multicast-Protokoll ist bis jetzt nicht fair: Es kann nicht garantiert werden, daß ein Multicast-Auftrag nach endlicher Zeit bearbeitet, d.h., in einem Behälter des Tokens zur Bestätigung eingetragen wird. Es könnte beispielsweise der Fall eintreten, daß ein direkter Vorgänger eines sendewilligen Prozesses P den letzten freien Behälter des Tokens belegt und dieses nach Bearbeitung seines Auftrages sofort wiederholt. Der Prozeß P würde durch seinen Vorgänger "ausgehungert"; er würde nie einen freien Behälter im Token finden. Ähnlich wie im IBM-Token-Ring-Protokoll kann dies dadurch vermieden werden, daß jeder Prozeß nach Beendigung seiner Aufträge nur dann neue Aufträge in das Token eintragen darf, wenn mindestens n Behälter frei sind. Ansonsten muß er das Token ohne neue Einträge weiterreichen. Im Worst-Case-Fall wird damit gewährleistet, daß der sendewillige Prozeß P nach spätestens k Tokenrunden (wenn k die Anzahl sendewilliger Prozesse vor P in Ringrichtung ist) seinen Auftrag absetzen kann. Alternativ zu dem letzten Vorschlag läßt sich auch eine Reservierung im Token vormerken, die es nur dem reservierenden Prozeß gestattet, die Behälter des Tokens zu füllen, wonach die Reservierung wieder gelöscht wird.

Das Hauptproblem ringbasierter Verfahren ist in der hohen Zeitkomplexität zu sehen, die in dem sequentiellen Verschicken des Tokens begründet ist. Eine wenn auch geringfügige Beschleunigung kann erreicht werden, wenn ein zweites Token den Ring in entgegengesetzter Richtung durchläuft. Dies erhöht die Wahrscheinlichkeit, daß das Token näher beim sendenden Prozeß ist. Dabei wird bewußt in Kauf genommen, daß sich die Nachrichtenkomplexität verdoppelt (2 Token). Das Verfahren eignet sich nicht für unidirektionale Ringe, in denen die Empfänger 1:1-Nachrichten vom Ring nehmen (destination removal).

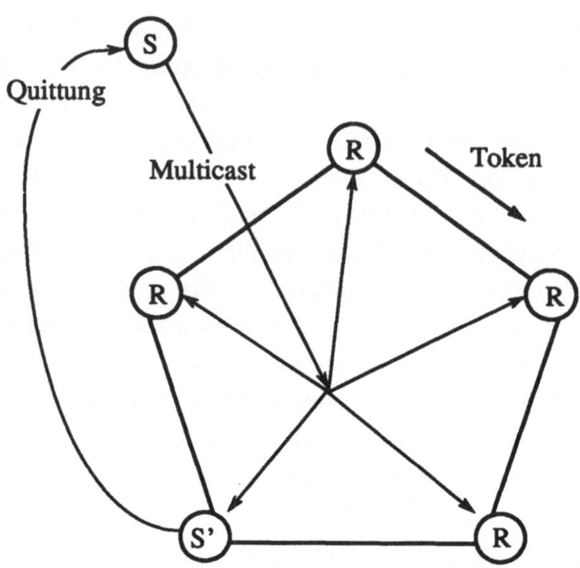

Abb. 4.6: Variante mit externem Sender

Das Verfahren läßt sich weiter verbessern, wenn die Sender- und Empfängermengen im Ring disjunkt sind, d.h., die Sender sind nicht Mitglied der Multicast-Gruppe. In diesem Fall besteht der Ring nur aus Empfängern und die Sender befinden sich außerhalb des Ringes. Der Algorithmus wird so abgeändert, daß jeder Sender seine Multicast-Nachricht an die Gruppe sendet (per Multicast) und der Empfänger, der das Token und die Multicast-Nachricht als erster gleichzeitig besitzt, innerhalb des Ringes zum stellvertretenden Sender der Nachricht wird. Daß ein Empfänger der erste ist, kann er daran erkennen, daß er eine neue Multicast-Nachricht empfangen hat und daß die eindeutige Kennung dieser Nachricht noch nicht in einem Behälter des Tokens eingetragen ist. Dies führt der stellvertretende Sender durch und wartet bis die Bestätigungs- oder Commitrunden beendet sind. Danach sendet er eine Quittung direkt an den Auftraggeber. Falls die Multicast-Nachricht bei keinem einzigen Mitglied der Multicast-Gruppe eingetroffen ist, würde das Abschicken einer solchen Nachricht im Ring nicht entdeckt und kein Ringmitglied könnte die Rolle des stellvertretenden Senders übernehmen. Damit der eigentliche Sender nicht auf den Ablauf evtl. langer Timeoutintervalle warten muß, könnte er die Nachricht in periodischen Abständen so lange wiederholen, bis ihm ein Ringmitglied mitteilt, daß er die Rolle des stellvertretenden Senders übernommen hat. Falls bei der Übertragung kein Fehler auftritt, trifft diese Quittung sehr schnell beim Sender ein, so daß bei geeigneten Wiederholungsabständen ein mehrfaches Verschicken der Nachricht nicht nötig wird.

Das Protokoll läßt sich unter Hinzunahme von Rekonfigurationsalgorithmen hochgradig fehlertolerant realisieren. Gemäß dem in Kapitel 2 vorgestellten Modell werden der Verlust des Tokens sowie der Ausfall von Sender- und Empfängerprozessen in Betracht gezogen. Geht lediglich das Token verloren, dann wird dies durch Eintreten eines Timeouts von einem oder evtl. mehreren Ringprozessen erkannt. Prinzipiell wird danach das weiter oben beschriebene Verfahren zum Einsetzen eines neuen Tokens initiiert. Unter der Voraussetzung, daß im Gegensatz zur kontrollierten Wegnahme des Tokens bei Verlust jedoch eine Kopie der Nachricht bis zum erfolgreichen Abschluß einer Commit- oder Abort-Runde beim Sender verfügbar ist (in den nachfolgenden Ausführungen wird unter dem Begriff Sender auch der stellvertretende Sender zusammengefaßt), lassen sich alle begonnenen Aufträge ohne Schwierigkeiten weiterführen. Hatte ein Sender die eindeutige Kennung einer Nachricht bereits in einem Behälter des Tokens zur weiteren Bearbeitung eingetragen, dann wiederholt er diese Aktion, falls bei ihm ein Token eintrifft, das seinen Eintrag nicht enthält. Um diesen Test nicht bei jedem Tokenerhalt durchführen zu müssen, kann ein Token in seiner ersten Runde als neu markiert werden. Nur in diesem Fall ist mit einem Informationsverlust zu rechnen. Da in dem Ring durchaus mehrere Token gleichzeitig kreisen können, ist kein spezielles Verhalten der Empfängerprozesse bei Erhalt eines neuen Tokens erforderlich. Sie führen die im Token spezifizierte Operation für die entsprechenden Nachrichten durch oder, falls im Commit- oder Abortfall keine zugehörigen Nachrichten mehr vorhanden sind, wird der Tokeneintrag ignoriert.

Falls ein Mitglied des Ringes ausfällt (Sender oder Empfänger), muß zuerst eine Rekonfiguration des Ringes durchgeführt werden. Wie dies im einzelnen geschieht, hängt von der Gruppenverwaltungsstrategie ab. Sollte die Information, welche Prozesse zur Gruppe gehört haben, noch verfügbar sein, kann sie dazu benutzt werden, einen neuen Ring zu bilden. Wurde die Multicast-Gruppe völlig dezentral verwaltet, müssen die Anzahl und Adressen der zur Gruppe gehörenden Prozesse von einem Rekonfigurationsprozeß in Erfahrung gebracht werden (z.B. durch systemweite Suche nach Gruppenmitgliedern). Nach Abschluß der Ringrekonfiguration wird wieder ein Token eingesetzt.

Falls durch die Multicast-Semantik festgelegt wurde, daß die Atomaritätsbedingungen für alle *betriebsbereiten* Empfänger der Gruppe gelten soll (Best-Effort-Semantik), dann werden ausgefallene Empfänger nicht weiter berücksichtigt, da sie bei dem Rekonfigurationsvorgang nicht mehr in den Ring aufgenommen wurden. Eine geeignete Behandlung dieser Fehlersituation wird übergeordneten Ebenen überlassen. Kritischer ist der Ausfall eines Senderprozesses zu behandeln, da die Atomaritätseigenschaft auch in diesem Fall zu gewährleisten ist. Nach dem Senderausfall können sich die Empfänger in folgenden Situationen befinden:

1. Die Multicast-Nachricht des Senders ist verlorengegangen; da das Token mit dem Bestätigungsauftrag für diese Nachricht jedoch noch nicht eingetroffen ist, weiß der Empfänger nichts von der Existenz der Nachricht.

2. Die Nachricht ist verlorengegangen, der Empfänger hat aber mittels des Tokens den Verlust festgestellt und die Nachricht nachgefordert.

3. Der Empfänger hat die Nachricht erhalten, hat den Erhalt allerdings noch nicht durch das Token bestätigt.

4. Die Nachricht wurde empfangen und bestätigt.

5. Entsprechend des im Token enthaltenen Auftrags wurde die Nachricht vernichtet (abort) oder zur Verarbeitung freigegeben (commit).

Die Atomaritätseigenschaft fordert selbst nach dem Ausfall des Senders einer Botschaft, daß diese entweder alle Empfänger oder keinen erreicht hat. Da die Steuerung des Zwei-Phasen-Protokolls dem Sender obliegt, muß nach dessen Ausfall ein anderer Prozeß die Rolle des Senders übernehmen. Dies könnte beispielsweise der Prozeß sein, der das Election-Verfahren gewonnen und das neue Token eingesetzt hat. Als erstes muß der Status der einzelnen Broadcast-Aufträge im neuen Ring festgestellt werden, was in der ersten Runde des neuen Tokens zusammen mit der Feststellung der maximalen Folgenummer durchgeführt werden kann. Falls einer der Multicast-Aufträge des ausgefallenen Senders keinen Empfänger erreicht hat, dann ist die Multicast-Nachricht nicht mehr vorhanden und es entsteht die gleiche Situation wie im Abortfall. Hat die Multicast-Nachricht mindestens einen Empfänger erreicht, wird dies über das Token dem Ersatzsender mitgeteilt. Dieser kann evtl. die Nachricht per Multicast erneut verschicken und danach die Bestätigungsrunde starten. Existiert noch eine als "committed" markierte Nachricht, können alle Nachrichten mit der gleichen Identifikation, die durch das Token bestätigt wurden, ebenfalls zur Verarbeitung freigegeben werden.

Durch die Anzahl der im Token vorhandenen Behälter läßt sich zwar das Nachrichtenaufkommen in der Weise regeln, daß in einer Tokenrunde nur eine maximale Anzahl von Nachrichten bearbeitet werden kann und sich damit die Ausführungszeiten von Sendeanweisungen verlängern, je mehr die Anzahl der Sender die Anzahl der Behälter im Token übersteigt. Dennoch können beispielsweise im schlimmsten Fall alle Sender ihre Multicast-Nachrichten gleichzeitig abschicken, so daß das Problem der Pufferüberlastung - auch bei den Empfängerprozessen oberhalb der Protokollebene - nicht vermieden wird.

Eine Abänderung des Protokolls ermöglicht eine bessere Steuerung des Multicast-Nachrichtenflusses. Das Grundprinzip besteht darin, mittels einer kurzen Anfrage in Erfahrung zu bringen, ob ausreichend Pufferkapazität vorhanden ist, und gegebenenfalls eine Reservierung vorzunehmen. Jeder Sender einer Nachricht könnte dies vor dem Verschicken der Nachricht durch eine "Reservierungsrunde" durchführen. Ähnlich der Bestätigungsrunde wird diesmal ein Sendewunsch in einen Behälter des Tokens eingetragen. Jeder Empfänger überprüft, ob noch genügend Pufferbereiche frei sind, um die Nachricht aufzunehmen und reserviert einen Puffer. Falls zu wenig Pufferplatz vorhanden ist, wird dies im Token vermerkt. Trifft das Token beim Sender ein, kann dieser feststellen, ob alle Empfänger die Nachricht aufnehmen können oder nicht. Der Sender kann dann zwischen drei verschiedenen Reaktionen wählen: Abschicken der Multicast-Nachricht, erneutes Starten einer Reservierungsrunde mit der Hoffnung, daß jetzt genügend Puffer frei sind, oder das Aufheben der Reservierung und Abbrechen des Sendeauftrags. Die Reservierungen können entweder in einer weiteren Tokenrunde freigegeben werden oder die Empfänger löschen die Reservierungen nach Ablauf einer bestimmten Frist automatisch.

Da bei dieser Variante des Protokolls Multicast-Nachrichten nur dann verschickt werden, wenn alle Empfänger die Pufferung der Nachrichten garantiert haben, kann durch die Anzahl der Behälter im Token das Aufkommen von Multicast-Nachrichten genau reguliert werden. In einer zweiten Commit-Runde kann weiterhin sichergestellt werden, daß alle Empfänger die Multicast-Nachricht auch erhalten haben. Im negativen Fall werden die Nachrichten vom Sender nachgefordert und Reservierungen gegebenenfalls erneuert, damit sie nicht durch das automatische Löschverfahren bereits vor Eintreffen der Nachricht wieder aufgehoben werden.

Eine weitere Verbesserung des Verfahrens kann erzielt werden, wenn die Hardware atomare Multicast-Operationen unterstützt (s. Kapitel 7). Unter dieser Voraussetzung könnte der Sender nach der Reservierung der Pufferbereiche und nach Abschicken der Multicast-Nachricht auf die Commit-Runde verzichten. Die Hardware würde das Erreichen aller Empfänger garantieren und durch die Reservierungsrunde würde sichergestellt, das auf der Protokoll- oder Anwenderebene ausreichende Pufferkapazitäten bereitstehen. Als Unterschied zu den zuvor beschriebenen Varianten weiß der Sender allerdings nicht, ob die Nachricht von der Schnittstelle (Controller) in den Anwendungs- oder Protokollpufferbereich transferiert wurde. Hier kann man sich jedoch auf den Standpunkt stellen, daß beispielsweise der Prozessor sofort nach der Übertragung der Nachricht in den Anwenderpuffer ausfällt, in diesem Sinne die Nachricht ihr eigentliches Ziel, den Empfängerprozeß, ebenfalls nicht erreicht und daher die zusätzliche Commit-Runde keinen wesentlichen Gewinn bringt.

4.4.3 Quittungen als Multicast-Nachrichten

In [CHM84] und [TAK87] werden zwei interessante Ansätze beschrieben, in denen Bestätigungen ebenfalls als Multicasts verschickt werden. Stellvertretend für beide Verfahren wird das Protokoll von Chang und Maxemchuk erörtert.

Die Grundidee des Verfahrens besteht darin, das Gesamtsystem als eine Kombination zweier einfacher Systeme erscheinen zu lassen, die jeweils aus einem einzelnen

Sender und einem einzelnen Empfänger bestehen. Dies wird dadurch erreicht, daß in einem aus vielen Sendern bestehenden System jede Nachricht an einen primären Empfänger, den Tokeninhaber, geschickt wird. Multicast-Nachrichten enthalten die Adresse des Senders sowie eine senderlokale Folgenummer. Beim Empfang einer Multicast-Nachricht quittiert dies der Tokeninhaber dem Sender ebenfalls mit einem Multicast. Bestätigungsnachrichten enthalten neben dem Absender der zu bestätigenden Nachricht und ihrer Folgenummer zusätzlich eine globale Folgenummer, die vom Tokeninhaber vergeben wird. Nach Erhalt einer Quittung prüfen die Empfänger, ob die bestätigte Nachricht bei ihnen vorhanden ist (dies kann durch einen Vergleich von Absenderadresse und lokaler Folgenummer festgestellt werden). Im negativen Fall wird die Nachricht vom Sender nachgefordert, ansonsten wird der Nachricht die mit der Bestätigung erhaltene Folgenummer zugeordnet und zur weiteren Verarbeitung freigegeben.

Zwischen dem Tokeninhaber und den Sendern wird ein positives und zwischen dem Tokeninhaber und den Empfängern ein negatives Bestätigungsverfahren eingesetzt. Bei fehlerfreien Übertragungen wird für jeden Multicast-Auftrag nur eine Multicast-Quittung erzeugt. Mit Hilfe der globalen Folgenummer des Tokeninhabers werden fehlende Nachrichten entdeckt, die vom Tokeninhaber nachgefordert werden können, und die totale Ordnung aller Nachrichten erreicht. In dieser Form besitzt das Protokoll die Nachteile negativer Bestätigungsverfahren (Verlust von Quittungen, Entdeckung von Prozeßausfällen, unbestimmte Wartezeiten für negative Quittungen) und zentral gesteuerter Ansätze (Verlust von Kontrollinformationen bei Ausfall des Tokeninhabers).

Diese Schwierigkeiten werden bewältigt, indem ein Ring aus allen Empfängern gebildet wird, auf dem das Token kreist, das heißt, alle Empfänger werden abwechselnd Tokeninhaber. Die Tokenübergabe wird bei jedem Multicast initiiert. Das Token wird als Teil der Quittungsnachrichten verschickt und die Übernahme des Tokens wird durch den neuen Tokeninhaber mit der Quittierung des nächsten Multicast-Auftrags durchgeführt. Der neue Tokeninhaber bestätigt seine neue Funktion dem alten Tokeninhaber erst dann, wenn alle zugehörigen Nachrichten empfangen wurden. Erst ab diesem Zeitpunkt werden in der Zwischenzeit neu eingetroffene Broadcast-Aufträge zur Verarbeitung übernommen und die Tokenübernahme bestätigt. Das Protokoll läßt sich so steuern, daß Multicast-Nachrichten erst dann quittiert werden, wenn das Token n-mal weitergereicht wurde. Damit ist das Protokoll gegen den Ausfall des Tokeninhabers abgesichert, es können sogar maximal n gleichzeitige Ausfälle toleriert werden (n-resiliency).

Nachdem das Token eine Runde im Ring zurückgelegt hat und wieder bei seinem Ausgangspunkt ankommt, weiß der betreffende Prozeß, daß alle Nachrichten seit dem letzten Weiterreichen des Tokens bei allen Empfängern angekommen sein müssen (sonst wäre das Token nicht weitergeleitet worden) und daß keine Nachforderungen mehr zu erwarten sind. Die während der letzten Tokenrunde aufbewahrten Nachrichten können gelöscht werden.

Ist die Anzahl der bis zur Quittierung einer Nachricht geforderten Tokenweitergaben (k) kleiner als die Anzahl der Empfänger (n), dann handelt es sich um ein k-zuverlässiges Protokoll. Es ist jedoch zu beachten, daß nicht beliebige k Empfänger den Nachrichtenempfang bestätigen müssen, sondern genau die k hinter dem Tokeninhaber befindlichen Empfänger. Um die Gesamtzuverlässigkeit einer Multicast-Operation zu erreichen, muß das Token eine vollständige Runde auf dem Ring zurücklegen. Die Atomaritätseigenschaft (es handelt sich hier um ein Guarantee-To-Deliver-Protokoll) kann erst nach zwei Tokenrunden garantiert werden. Da die Tokenweitergabe durch das Eintreffen neuer Aufträge initiiert wird, müssen bei deren Ausbleiben sogenannte Nullnachrichten vom Tokeninhaber erzeugt werden. Somit generiert das System selber einen neuen Auftrag und erlaubt dem neuen Tokeninhaber seine Funktion zu quittieren.

Treffen genügend Multicast-Aufträge ein, so daß keine Nullnachrichten zu generieren sind, entstehen bei jeder Multicast-Operation lediglich zwei Nachrichten. Da zur Realisierung der Gesamtzuverlässigkeit eine vollständige Tokenrunde benötigt wird, sind die Ausführungszeiten von Multicasts in diesem Fall mit den weiter oben beschriebenen ring-basierten Protokollen vergleichbar. Dabei muß davon ausgegangen werden, daß die Aufträge nahezu parallel versandt werden, so daß die Tokenweitergabe ohne Verzögerung erfolgen kann. Fehlen Multicast-Aufträge, muß jeder Empfänger auf den Ablauf des Timeouts warten, um mit der Nullnachricht das Token weiterreichen zu können. Damit steigt aber die Ausführungszeit in jedem Fall sehr an, da die Wartezeit bis zur Erzeugung der Nullnachricht nicht zu klein gewählt werden sollte, um unnötige Nullnachrichten zu vermeiden. Beim Auftreten von Nullnachrichten kann sich das Nachrichtenaufkommen auf maximal $2n+1$ erhöhen. Da während des gesamten Protokolls nur Multicast-Nachrichten verschickt werden, trägt dies zu einer starken Belastung der Pufferkapazitäten bei und erhöht die Wahrscheinlichkeit von Nachrichtenverlusten.

4.5 Byzantinische Protokolle

Byzantinische Protokolle werden häufig als zuverlässige Broadcasts bezeichnet, was jedoch irreführend und nichtzutreffend ist. Byzantinischen Algorithmen liegen viel weiterreichende Zielsetzungen zugrunde als der zuverlässige Transport einer 1:n-Nachricht zu ihren Empfängern.

Die Problemstellung für diese Protokollklasse besteht darin, in einem verteilten System ohne zentrale Kontrolle interne globale Übereinstimmung zu erzielen bzw. einen nach außen konsistenten Systemzustand zu ermitteln und auszugeben. Dabei sind Anforderungen in Bezug auf die Effizienz der Verfahren bzw. auf ihre Robustheit gegen Ausfall von Komponenten zu erfüllen. Es wird ein anderes als das in 3.1 vorgestellte Fehlermodell angenommen, das neben dem Ausfall eines Prozessors und dem Nachrichtenverlust inhaltliche Verfälschungen der Nachrichten sowie ein unaufgefordertes, eigenständiges Verschicken von Nachrichten vorsieht. Verschiedene Varianten dieses Fehlermodells gehen auch von einer fehlenden Authentisierung der Nachrichten aus, das heißt, ein fehlerhafter Prozessor kann beliebige falsche Nachrichten generieren oder Nachrichten anderer Prozesse, die er als Relais-Station übermittelt, verändern oder erfinden.

Diese Problemstellung wurde erstmalig in [PSL80] aufgegriffen und erlangte durch die einführende Arbeit von Lamport, Shostak und Pease [LSP82] große Popularität in der Fachwelt. Eine gute, kurze Zusammenfassung des Problems wird in [REI87] gegeben, auf die hier zurückgegriffen wird:

"Eine byzantinische Armee, die aus mehreren räumlich getrennten Divisionen besteht, befindet sich in der Situation, einen gemeinsamen Schlachtplan entwerfen zu müssen. Jede Division wird von einem General geführt. Die Generäle können untereinander nur durch Austausch von Botschaften kommunizieren. Eine Zusammenkunft aller zur Beratung eines Plans ist aus strategischen Gründen ausgeschlossen. Eine Entscheidung (etwa sofortiger Angriff oder nicht) muß daher von jedem General aus den Vorschlägen seiner Kollegen nach einem vorab festgelegten Verfahren vor Ort getroffen werden. Das Problem dabei ist, daß einige wenige, eventuell nicht loyale Generäle, die heimlich mit dem Feind paktieren, durch unterschiedliche Vorschläge an die anderen Generäle eine einmütige Entscheidung der übrigen verhindern können.

Dies wird das *Problem der byzantinischen Generäle* oder das Problem der *interaktiven Konsistenz* genannt. Das Problem kann offensichtlich dadurch gelöst werden, daß sich die loyalen Generäle für jeden General auf eine Alternative einigen, die sie als dessen Vorschlag ansehen wollen. Für nicht loyale Generäle ist es dabei gleichgültig, welche möglicherweise verschiedenartige Vorschläge dieser tatsächlich gemacht hat. Wendet dann jeder loyale General auf die Gesamtheit dieser Werte das Entscheidungsverfahren an, so erhalten sie alle zwangsläufig das gleiche Ergebnis. Somit zerfällt das ursprüngliche Problem in unabhängige, gleichartige Teilprobleme, bei denen jeweils ein Konsens zu erzielen ist, als Voraussetzung aber nur ein einzelner Wert, nämlich der Vorschlag eines einzelnen Generals, gegeben ist."

Bei dieser Aufgabenstellung geht es also nicht nur darum, Botschaften eines Senders an die restlichen Gruppenmitglieder zuverlässig zu verteilen, sondern unter Berücksichtigung des Fehlermodells zu einer gemeinsamen Entscheidung zu gelangen. Falls nur eine Entscheidung bezüglich des Wertes eines einzelnen Generals verlangt wird, so lautet die Bedingung der Einmütigkeit: ist der General loyal, so ist der Entscheidungswert der anderen loyalen Generäle gleich seinem übertragenen Wert. Diese Variante wird abweichend von der in 4.1 gegebenen Definition auch als *zuverlässiger Broadcast* bezeichnet, da es nur einen Sender gibt, der die Nachricht an die anderen Prozesse verteilt. Von diesen wird die empfangene Botschaft dann als Eingabe für ein byzantinisches Agreement-Protokoll genommen, das nun versucht, unter Berücksichtigung der lokalen Zustände der Empfänger eine einmütige Entscheidung herbeizuführen.

Wie aus den bisherigen Ausführungen hervorgeht, stellt das byzantinische Agreement Anforderungen, die weit über die Leistungsfähigkeit von Multicast-Protokollen hinausgehen und auf der Transportebene nicht erfüllt werden können. Daher wird im Rahmen dieser Arbeit diese Problemklasse nicht weiter untersucht. Für eine gute Übersicht wird nochmals auf [REI87] verwiesen, spezielle Lösungen werden unter anderem in [MSF83, BAD85, CHC85, PER85] beschrieben.

4.6   Zusammenfassung

In diesem Kapitel wurden prinzipielle Multicast-Verfahren mit unterschiedlichen Nachrichten- und Zeitkomplexitäten sowie Zuverlässigkeitsgraden vorgestellt, die auf einfachen Basistechniken bzw. deren Kombinationen aufbauen. Die besprochenen Protokolle lassen dabei noch Spielraum für weitere Varianten. So kann beispielsweise in Ringen eine k-zuverlässige Semantik mit Hilfe im Token enthaltener Zähler realisiert werden.

Ein bis jetzt noch nicht angesprochenes Kriterium zur Bewertung von Multicast-Verfahren stellt die Skalierbarkeit dar. Darunter ist zu verstehen, inwieweit die Praktikabilität eines Verfahrens von der Anzahl der beteiligten Kommunikationspartner abhängig ist. Ring-basierte Verfahren eignen sich gut, wenn der Ring nicht sehr groß, aber mit vielen gleichzeitigen Sendevorgängen zu rechnen ist. Da die Zeitkomplexität mit der Ringgröße zunimmt, wird bald eine Schwelle erreicht, für die die minimale Ausführungszeit einer Multicast-Operation von der Anwendung nicht mehr akzeptiert wird. Bei den mit einem Token arbeitenden Verfahren muß im schlimmsten Fall der Sender zwei Tokenrunden warten, bis er über den Erfolg oder Mißerfolg seines Multicasts erfährt. Das Starten mehrerer Token würde zwar die Ausführungszeiten verkürzen, aber gleichzeitig die Nachrichtenkomplexität erhöhen. Würde gar ein neues Token bei jedem Sendeauftrag erzeugt, betrüge die Nachrichtenkomplexität 1+n wie bei der direkten Übertragung mit Quittungen.

Ringverfahren erschweren die Realisierung k-zuverlässiger Multicasts beim Ausfall von Gruppenmitgliedern. Während beim Verlust von Multicast-Nachrichten das Token weiter im Ring kreist, geht beim Ausfall eines Prozesses evtl. das Token verloren oder zumindest wird der Ring unterbrochen. In beiden Fällen ist eine Rekonfiguration des Ringes erforderlich.

Im Token lassen sich globale Daten - wie etwa eine Folgenummer - unterbringen, die von allen Gruppenmitgliedern benutzt werden können. Der Zugriff auf diese globalen Daten wird durch das Kreisen des Tokens auf natürliche Weise synchronisiert.

Die k-zuverlässigen Protokolle (k > 0) sind im Gegensatz zu Ringen besser skalierbar. Bei positiven Bestätigungsverfahren wird die Ausführungszeit von Multicast-Operationen im wesentlichen durch die Anzahl der beim Sender zu verarbeitenden Quittungen bestimmt. Da die Übertragungszeit unabhängig von der Größe der Multicast-Gruppe ist, sind 0-zuverlässige Protokolle vollkommen unabhängig von der Gruppengröße. Negative Bestätigungsverfahren und Fenstertechniken eignen sich nur bei vielen in kurzen Zeitabständen aufeinanderfolgenden Multicasts ("Broadcast-Streams"). Die Skalierbarkeit wird durch die Fülle der zu verwaltenden Daten beeinflußt, wie etwa je eines Fensters für alle Sender und alle Empfänger. Solche Ansätze entsprechen verbindungsorientierten 1:1-Kommunikationen auf der Transportebene, die nur dann sinnvoll einzusetzen sind, wenn davon ausgegangen werden kann, daß die Verbindung über einen längeren Zeitraum bestehen bleibt. Eine hohe Gruppendynamik wirkt diesem Ziel entgegen.

Bei den besprochenen Protokollen wurde zur Vereinfachung davon ausgegangen, daß die Algorithmen von jedem Sender bzw. jedem Empfänger einzeln für sich ausgeführt werden. In der Realität trifft dies nicht zu. Aus Effizienzgründen empfiehlt es sich, Token und Quittungen nur zwischen Rechnern und nicht zwischen den beteiligten Prozessen auszutauschen. Die simultane Bedienung vieler Sender und Empfänger sowie mehrerer Multicast-Gruppen macht die Protokolle wesentlich komplizierter als hier dargestellt.

5. Unterstützung von Multicasts durch Sprachen und Betriebssysteme

Die Bereitstellung von Multicast-Kommunikationsmöglichkeiten auf der Programmiersprachenebene erfordert die Einbettung geeigneter Konstrukte zur Manipulation von Multicast-Gruppen sowie zum Senden und Empfangen von Multicast-Nachrichten in das der Sprache zugrundeliegende Berechnungsmodell. Neben der Wahl des Zuverlässigkeitsgrades ist bei der Multicast-Semantik zu regeln, inwieweit sie sich von der Semantik der 1:1-Kommunikation unterscheiden soll. Anstelle völlig unterschiedlicher Kommunikationsmodelle wird in Sprachen häufig eine Kommunikationssemantik angestrebt, die einen nahezu fließenden Übergang von Unicasts zu Multicasts ermöglicht. In diesem Zusammenhang stellt sich auch die Frage nach der Transparenz der Multicast-Kommunikation: Soll ein Sender die gewünschte Kommunikationsform wählen können oder empfiehlt es sich, die Art der Kommunikation implizit zu steuern, beispielsweise in Abhängigkeit von der Existenz redundanter Objekte? Die Anwort hängt in erster Linie von dem beabsichtigten Einsatzgebiet und dem Abstraktionsgrad der Sprache ab.

Bis jetzt werden Multicast-Kommunikationen nur von wenigen Sprachen unterstützt, von denen die wichtigsten und bekanntesten in diesem Kapitel vorgestellt und erörtert werden. Bei der Auswahl stand die Darstellung der Vielfalt der existierenden Vorschläge im Vordergrund. Der Sprache LADY wird dabei größere Aufmerksamkeit gewidmet, da sie im Rahmen dieser Arbeit um eine Multicast-Kommunikationsform erweitert wurde, deren Implementierung zur Neuentwicklung des LADY-Laufzeitsystems mit einer integrierten Multicast-Kommunikationsfähigkeit führte.

Im Betriebssystembereich sind bis heute ebenfalls nur wenige Ansätze bekannt, in denen bereits während des Entwurfs 1:n-Kommunikationen berücksichtigt wurden. Um Erfahrungen mit Multicast-Kommunikationen sammeln zu können, wurden Multicast-Protokolle nachträglich in existierende Systeme eingefügt, für die hier stellvertretend eine UNIX-Multicast-Erweiterung vorgestellt wird. Die fehlende Integration macht sich in diesen Fällen - wie am Beispiel ersichtlich wird - meist durch eine unzureichende Verwaltung von Prozeßgruppen und eine geringe Flexibilität der Basismechanismen bemerkbar.

5.1 Die verteilte Systemimplementierungssprache LADY

Eine erste Version der Sprache LADY entstand von 1980 bis 1983 im Rahmen des DISTOS-Projektes [NMR82, NRS86], dessen Ziel in der Entwicklung einer Konstruktionsmethodik für verteilte Betriebssysteme bestand. Ausgangspunkt für dieses Vorhaben war die Beobachtung, daß als Ursache für die unzureichende Zuverlässigkeit heutiger Betriebssysteme die inhärenten Beschränkungen zentralisierter Rechnerarchitekturen anzusehen sind, die durch aufwendige Abstraktionsmechanismen kompensiert werden müssen. Zur Lösung dieses Problems wurde in DISTOS ein neuartiges Strukturierungskonzept für Betriebssysteme angeboten, daß eine Aufteilung des Systems in eine Reihe elementarer Bausteine auf logischer Ebene unterstützt, die untereinander nach vorgegebenen Regeln verbunden werden [NEH81, MAS84]. Die im DISTOS-Projekt entwickelten Konzepte liegen der Sprache LADY zugrunde.

In der ersten Version von LADY wurde zunächst bewußt auf dynamische Fähigkeiten verzichtet, d.h., ein einmal generiertes verteiltes Betriebssystem kann in seiner logischen Struktur nicht mehr verändert werden. Obwohl sich die Strukturierungskonzepte von LADY grundsätzlich als geeignet und sinnvoll für die Beschreibung verteilter Betriebssysteme erwiesen haben [ROM87], reichten die rein statischen Möglichkeiten nicht aus. Eine kritische Untersuchung von LADY [WYB84] lieferte als Ergebnis, daß u.a. die Unterstützung hochdynamischer Anwendersprachen wie etwa CSSA ([BMS82, s. Abschnitt 5.2]) sowie die Realisierung von Verfahren zur Erhöhung der Fehlertoleranz (z.B. dynamische Rekonfiguration) die Erzeugung und Vernichtung von Programmkomponenten sowie Modifikationen der zwischen ihnen bestehenden Verbindungen zur Laufzeit erfordern. Die zur Lösung dieser Probleme notwendigen Sprachänderungen führten zu einer erheblichen Erweiterung des Kommunikationskonzepts.

Den Vorschlägen für eine neue Version von LADY lag die Intention zugrunde, daß die Sprache weiterhin zur Implementierung verteilter Systeme genutzt und daher die Unterstützung durch ein Basisbetriebssystem bzw. eine Kommunikationsschicht so gering wie möglich gehalten werden sollte. Daher wurden viele Sprachkonstruktionen, wie sie bei "höheren" Programmiersprachen zu finden sind, vom Ansatz her als zu hoch für LADY erachtet. Die geplanten Erweiterungen - insbesondere die des Kommunikationssystems - sollten zu keinen zwingenden zentralen Verwaltungsmaßnahmen in der Kommunikationsschicht führen, sondern sollten eine Verteilung eher fördern.

Bereits in [WYB84] wurde vorgeschlagen, die Kommunikationskonzepte von LADY um eine Multicast-Möglichkeit zu erweitern. Hierfür erforderliche neue Sprachkonstrukte sollten in die als geeignet und hilfreich bewerteten Sprachkonzepte integrierbar sein. Dazu gehörte die mitteilungs- und verbindungsorientierte Kommunikation und die Entkopplung von Sender- und Empfängerprozessen mit Hilfe von Ports. Die Diskussion alternativer Vorschläge zu einer leistungsfähigeren Version von LADY sowie die Beschreibung der in mehreren Phasen eingebrachten Änderungen sind in [WYB84, WYM85, WHB86] zu finden.

Im folgenden wird eine kurze Übersicht über die Sprachkonzepte gegeben. Für eine detailliertere Beschreibung der aktuellen LADY-Version wird auf [WYB89] verwiesen. In Abschnitt 5.1.2 werden die Sprachkonstrukte zur Abwicklung von Multicast-Kommunikationen sowie die zugrundeliegende Semantik ausführlich erörtert. Abschließend wird auf die Implementierung der Multicast-Protokolle in der Kommunikationsschicht näher eingegangen.

5.1.1 Sprachkonzepte von LADY

Die Sprache LADY stellt einen objektbasierten Ansatz zur Programmierung verteilter Systeme unter besonderer Berücksichtigung von Betriebssystemen dar. Als elementare Objekttypen bietet LADY *Prozesse, Monitore, Areas, Teams* und *Systeme* an, die in *aktive* und *passive* Objekte unterteilt werden. Monitore und Areas sind passiv, während die restlichen aktiv sind. LADY erlaubt eine strukturelle Beschreibung verteilter Programme mit Hilfe dreier verschiedener Sprachebenen.

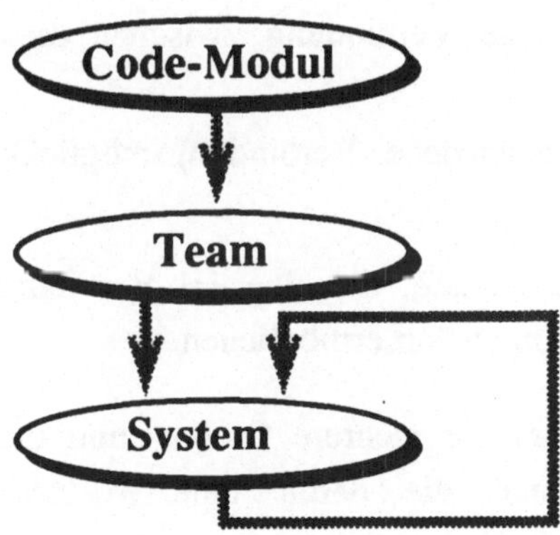

Abb. 5.1: Die LADY-Sprachebenen

Ein LADY-Programm besteht aus einer Menge von Systemen, die selbst wiederum aus inneren Systemen und Teams bestehen können. Die Systemdefinition ist *rekursiv* und ermöglicht eine beliebige Schachtelungstiefe. Teams werden aus Prozessen, Areas und Monitoren gebildet, die *Code-Module* genannt werden. Lediglich auf der Ebene der Code-Module wird das algorithmische Verhalten, d.h. der ausführbare Code eines Programms, beschrieben. Die System- und Teamebenen dienen ausschließlich zur Beschreibung der Struktur von Objekten, d.h. der Anzahl und Typen der auf der darunterliegenden Ebene vorhandenen Objekte und ihrer Verbindungen.

Durch die Existenz zweier deklarativer Sprachebenen (Teams und Systeme) wird die unterschiedliche Verbindungsart von Objekten reflektiert. Alle Objekte innerhalb eines Teams kommunizieren über *gemeinsamen Speicher*, während auf der Systemebene ausschließlich Botschaften ausgetauscht werden (*message passing*). LADY ist eine *streng typisierte* Sprache. Jede Objektbeschreibung besteht aus einem *Spezifikationsteil* und einem *Implementierungsteil*. Der Spezifikationsteil beschreibt die Schnittstelle, die ein Objekt seiner Umgebung zur Verfügung stellt. Der Implementierungsteil legt die interne Struktur fest, die von außen nicht sichtbar ist. Objekte sind parametrisierbar und können getrennt übersetzt werden; die Typkompatibilität wird durch ein Bibliothekssystem überprüft.

Die Teamschnittstellen werden mittels *Ports* festgelegt. Das Port-Konzept von LADY kann in dem Sinn als *symmetrisch* bezeichnet werden, als daß sowohl auf der Empfänger- wie auf der Senderseite Ports an einer Kommunikation beteiligt sind: *Input*-Ports definieren die Nachrichtenschnittstelle, die ein Team nach außen exportiert, während *Output*-Ports die Nachrichtenschnittstelle zur Umwelt des Teams beschreiben. Ein Prozeß kann nur dann eine Botschaft über einen Output-Port zu einem Input-Port senden, wenn zuvor eine Verbindung zwischen diesen beiden Ports hergestellt worden ist.

Es existieren zwei verschiedene Verbindungsmöglichkeiten zwischen Input- und Output-Ports:

- Gerichtete *logische Kanäle*, die eine 1:1-Verbindung zwischen einem Output- und einem Input-Port ermöglichen.

- *Logische Busse*, über die mehrere Output- und Input-Ports verbunden werden können, und die damit eine *Multicast*-Kommunikationsmöglichkeit anbieten.

Teams und ihre Verbindungen können während der Laufzeit erzeugt und vernichtet werden. Teams sind mobil, d.h., sie können *dynamisch* auf andere Rechnerknoten verlagert werden. Die Kommunikation zwischen Teams ist unabhängig vom Ausführungsort des Teams. Die interne Struktur der Teams wird dagegen zur Übersetzungszeit festgelegt und kann später nicht mehr geändert werden.

Da auf der Systemebene im Gegensatz zur Teamebene auch logische Busse definiert werden können, bieten Systeme zusätzlich zu Ports eine *Busschnittstelle* an. In Bild 5.2 wird als Beispiel ein LADY-Programm gezeigt, das aus Teams und Systemen besteht, die über logische Kanäle und Busse miteinander verbunden sind. System S_2 enthält die beiden Teams T_3 und T_4 und das innere System S_1. Die interne Struktur von

S_1 bleibt verborgen, das System S_1 wird als schwarzer Kasten betrachtet. Der logische Bus innerhalb des Systems S_2 ist über eine Busschnittstelle mit einem Bus außerhalb dieses Systems verbunden. Eine Nachricht, die innerhalb von S_1 von einem Team über die Busschnittstelle von S_1 versendet wird, kann potentiell von dem Team T_2 empfangen werden.

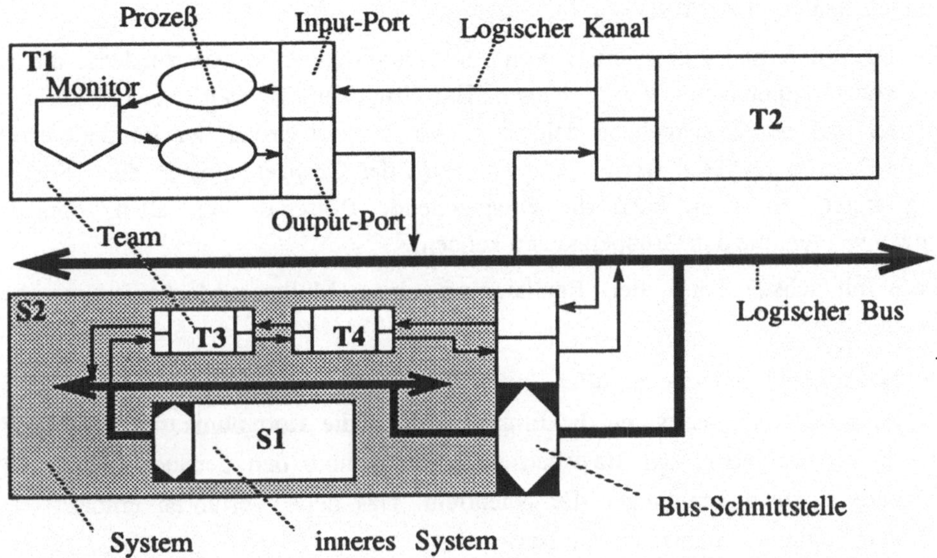

Abb. 5.2: Struktur eines LADY-Programms

Bei der 1:1-Kommunikation über logische Kanäle handelt es sich um eine *synchrone mitteilungsorientierte* Kommunikation. Ein Prozeß, der eine Botschaft an einen Empfänger senden möchte, wird solange blockiert, bis der Empfänger bereit ist, die Nachricht zu übernehmen; in der gleichen Weise wird der Empfängerprozeß blockiert, bis eine Nachricht verfügbar ist. Wie im nächsten Abschnitt erläutert wird, führte die Erweiterung dieses Kommunikationskonzepts um eine Multicast-Möglichkeit zur Aufweichung der starren Synchronisation durch die Bereitstellung einer festen Anzahl von Puffern auf der Empfängerseite vor der Übersetzung eines Programms (s. Abschnitt 3.2).

5.1.2 Die Multicast-Kommunikation in LADY

Die Erweiterung von LADY um eine Multicast-Kommunikationsform geschah unter der Rahmenbedingung, das mitteilungs- und verbindungsorientierte Kommunikationsmodell von LADY beizubehalten. Eine völlige Umstellung der Kommunikationssemantik wie etwa die in [SCH84a] vorgeschlagene auftragsorientierte Kommunikation mit Hilfe sogenannter "Biports", die das Empfangen und Rücksenden eines Auftrags ermöglichen, wurde nach intensiven Diskussionen wegen der Unvereinbarkeit mit den Grundkonzepten von LADY verworfen.

Zur Definition und Adressierung von Multicast-Gruppen wurde zunächst die Einführung von Gruppennamen vorgeschlagen. Ein Gruppenname sollte sowohl zur Übersetzungszeit auf der Systemebene deklariert, wie auch während der Laufzeit erzeugt und Input-Ports zugewiesen werden können. Wird der Gruppenname in einer Sendeanweisung angegeben, dann kann die entsprechende Botschaft von allen Input-Ports empfangen werden, die den Gruppennamen kennen.

Diese einfachste Form der Realisierung eines Multicast-Mechanismus besitzt zwei Nachteile:

- Nachrichten müssen zu *allen* Input-Ports im gesamten System geleitet werden. Bisher waren die Empfänger und die Kommunikationspfade fest vergeben; das Basisbetriebssystem kannte den genauen Weg zum einzigen Empfänger der Nachricht. Das neue Verfahren erhöht den Kommunikationsaufwand beträchtlich.

- Die als sinnvoll erwiesene Eigenschaft der Vergabe logischer Nachrichtenpfade bleibt nicht erhalten. Daraus resultieren unübersichtliche, sehr schlecht zu beschreibende Kommunikationsstrukturen. Bleiben in LADY die mittels der CONNECT-Anweisung aufgebauten 1:1- bzw. n:1-Verbindungen erhalten, so betreffen die beiden Kritikpunkte nur die Gruppenadressierung.

Faßt man die 1:1-Verbindungen in LADY als Abstraktion physischer Leitungen auf, so stellen logische Busse eine konsequente Erweiterung dieses Konzepts im Hinblick auf 1:n-Kommunikationsformen dar. Mittels physischer Leitungen lassen sich im allgemeinen lediglich zwei Komponenten miteinander verbinden, während physische Busse die Verbindung mehrerer Komponenten zulassen. Die logischen Busse in LADY lassen sich als Abstraktion physischer Busse betrachten.

Grundlage des neuen Buskonzepts in LADY war der Wunsch, Nachrichten auch bei Anwendung von Multicast-Verfahren nur auf fest vorgegebenen Nachrichtenpfaden weiterzuleiten. Dadurch werden die oben aufgeführten Nachteile der einfachen Adressierung von Multicast-Gruppen über Namen zum größten Teil vermieden.

Ein logischer Bus kann sowohl statisch wie auch dynamisch definiert werden; er kann nur Nachrichten eines bestimmten Typs transportieren. Damit sind logische Busse wie die logischen Kanäle typisiert.

```
BUS <bus-type> = <msg-type>;
<bus-obj> : <bus-type>;
```

Mit Hilfe der CONNECT-Anweisung können beliebig viele Input- und Output-Ports an den Bus angeschlossen werden:

```
CONNECT <sys/team-obj>.<port> TO <bus-obj>;
```

Diese Form der CONNECT-Anweisung hat den Eintrag des Busnamens in die aufgeführten Ports zur Folge. Das Versenden einer Nachricht über einen an einen logischen Bus angeschlossenen Port bewirkt das Kopieren des Busnamens in die Nachricht, welche dann von allen am Bus angeschlossenen Input-Ports empfangen werden kann.

Grundsätzlich lassen logische Busse eine Reihe unterschiedlicher Adressierungsmöglichkeiten zu:

1. *Broadcast* im gesamten Busbereich; alle angeschlossenen Input-Ports empfangen die Nachricht.

2. *Individuelle Adressierung* eines am Bus angeschlossenen Ports durch explizite Angabe eines Portobjektnamens.

3. *Adressierung einer Gruppe* von Input-Ports durch Angabe eines Gruppennamens (*Multicast* innerhalb des Bereichs eines logischen Busses).

4. *Auswahl eines Busses* durch Angabe eines Busnamens, falls der Output-Port an mehrere Busse angeschlossen ist; die Möglichkeiten 1 bis 3 gelten zusätzlich.

In LADY wurden die Adressierungsvarianten 1 bis 3 realisiert. Die Anschlußmöglichkeit eines Output-Ports an mehrere Busse wurde verworfen, weil der als gering eingestufte Vorteil größerer Flexibilität bei der Adressierung von Multicast-Gruppen durch unübersichtlichere Beschreibungen der Verbindungsstruktur und erhöhten Implementierungsaufwand erkauft werden muß. Dieser Aspekt wird im weiteren Verlauf dieses Abschnittes noch näher erläutert.

Die Bezeichnung Broadcast wurde für logische Busse anfänglich eingeführt, da *alle* angeschlossenen Ports mit einer Nachricht erreichbar sind. Weil jedoch i.a. nicht alle

Ports eines LADY-Programms mit einem einzigen Bus oder überhaupt mit einem Bus verbunden sind, spricht man richtiger von einem Multicast. Mit der Gruppenbildung innerhalb logischer Busse besitzt LADY damit eine zweistufige Multicast-Kommunikation.

Für eine Gruppe von Input-Ports, die gemeinsam an einen Bus angeschlossen sind, kann ein Gruppenname als Sammelbezeichner verwendet werden. Eine solche Gruppe kann nicht über den Bereich des Busses ausgedehnt werden. In der Deklaration wird dies durch die Angabe des Busnamens deutlich:

```
GROUP <group-type> = <bus-obj>;
<group-obj> : <group-type>;
ASSIGN <sys/team-obj>.<input-port> TO <group-obj>;
```

Die ASSIGN-Anweisung ordnet einem Input-Port einen Gruppennamen zu. Falls das Laufzeitsystem feststellt, daß der Input-Port an keinen Bus angeschlossen ist oder der Gruppenname für einen anderen Bus gültig ist, wird eine Ausnahmebedingung generiert.

Die Einführung von logischen Bussen und Gruppenadressen erfordert eine Modifikation der SEND-Anweisung. Entsprechend den verschiedenen Adressierungsformen existieren drei verschiedene SEND-Anweisungen.

```
<output-port>.send(< msg >);
```

Diese einfachste Form der SEND-Anweisung wird im Fall einer bestehenden 1:1-Verbindung wie im vorigen Absatz beschrieben ausgeführt. Falls der Port <output-port> an einen Bus angeschlossen ist, wird die Nachricht <msg> an alle am Bus angeschlossenen Input-Ports weitergeleitet. Zur gleichen Zeit kann ein Output-Port entweder mit einem Bus oder mit einem einzigen anderen Port verbunden sein. Beides zusammen ist nicht möglich.

```
<output-port>.sendsingle(< msg>, <portid>);
```

Diese Form der SEND-Anweisung dient zum Versenden einer Nachricht an einen einzigen Port innerhalb des angeschlossenen Busses. Falls der Port <output-port> an keinen Bus angeschlossen ist, terminiert die *sendsingle*-Operation abnormal.

```
<output-port>.sendgroup(< msg>, <groupid>);
```

Diese Port-Operation gestattet die Adressierung einer Gruppe von Input-Ports innerhalb eines angeschlossenen Busses.

Die bis jetzt vorgestellten Konstrukte erlauben die statische Beschreibung eines LADY-Systems auf der Systemebene. Die Modifikation der Kommunikationsverbindungen zur Ausführungszeit erforderte ebenfalls Spracherweiterungen. Die Einführung der neuen Variablentypen BUSVAR und GROUPVAR ermöglicht die Speicherung von Bus- und Gruppennamen. Die Kommunikationsschicht-Operationen

```
generatebus (OUT <bus-obj>, IN <msg-type>);
generategroup (OUT <group-obj>, IN <bus-obj>);
```

dienen zur dynamischen Generierung von Bus- und Gruppennamen. Busverbindungen und Gruppenzugehörigkeiten lassen sich mit nachfolgenden Portoperationen modifizieren:

```
<port>.connectbus(<bus-obj>)
<port>.disconnectbus
<input-port>.assign(<group-obj>)
<input-port>.deletegroup
```

Wie man sofort erkennt, werden die neuen Operationen durch eine direkte Übertragung der auf der Systemebene bereits vorhandenen Deklarationen bzw. Anweisungen gebildet. Weitere Portoperationen wie etwa *gettimeout*, *getbus*, *getgroup* etc. ermöglichen die Abfrage von Portzuständen.

5.1.3 Semantik der Multicast-Kommunikation

Die Einführung der Multicast-Kommunikation über logische Busse erforderte die Festlegung einer eigenen Semantik für diese Kommunikationsform. Die unveränderte Übertragung der Semantik für Unicasts auf Multicasts erschien aus den in Abschnitt 3.2 genannten Gründen wenig geeignet (gegenseitige Behinderung mehrerer Multicast-Wellen, Warten auf den langsamsten Empfänger). Die Input-Ports wurden daher mit einem zur Übersetzungszeit definierbaren Puffer versehen, dessen Größe durch die maximal speicherbare Anzahl von Nachrichten bestimmt wird. Da der Porttyp durch den Nachrichtentyp vorgegeben und damit die maximale Länge einer Nachricht bekannt ist, kann die Pufferkapazität zur Übersetzungszeit einfach durch Multiplikation der maximal speicherbaren Nachrichtenzahl mit der Länge der Nachricht ermittelt werden; dieser

Pufferbereich kann zur Laufzeit äußerst effizient verwaltet werden. Die Input-Port-Puffer werden auch bei Unicasts benutzt.

In [WYB84] wurden sechs verschiedene Varianten der Multicast-Kommunikation diskutiert, die sich hinsichtlich ihres Synchronisationsgrades unterschieden. Die Skala reichte von der vollständigen Synchronisation bis zur asynchronen Nachrichtenübertragung mit Pufferung auf der Senderseite. Die endgültige Entscheidung wurde für eine k-zuverlässige Multicast-Semantik getroffen. Mittels der Operation

```
<output-port>.demandack(<no_of_expected_acks>);
```

kann die Anzahl der Empfänger vorgegeben werden, die zur erfolgreichen Durchführung des Multicast erforderlich ist. Bei Empfang einer Multicast-Nachricht quittieren die Empfänger dies dem Sender durch Rücksenden einer speziellen Bestätigungsnachricht (acknowledgement). Die Sendeoperation terminiert, wenn

- die durch *demandack* festgelegte Anzahl von Quittungen eingetroffen ist und damit angezeigt wird, daß die Nachricht von der entsprechenden Anzahl von Empfängern *erhalten* wurde, oder, falls der Input-Port über Pufferkapazität verfügte, die Nachricht in einen Input-Port-Puffer *kopiert* wurde.

- ein *Timeout* auf der Senderseite auftrat.

Eine Multicast-Operation in LADY ist nicht atomar: Falls die Sendeoperation durch einen Timeout abgebrochen wurde, hat der Sender keine Informationen darüber, wieviele Empfänger mit der Multicast-Operation erreicht wurden.

Wird die Anzahl der erwarteten Quittungen gleich Null gesetzt (demandack(0)), dann verhält sich eine Multicast-Operation wie ein No-Wait-Send [LIS79] und ist immer erfolgreich. Um in diesem Fall das unnötige Versenden von Quittungen zu verhindern, enthält jede Nachricht eine Ein-Bit-Information, ob eine Quittung benötigt wird oder nicht. Im letzten Fall erzeugt der empfangende Input-Port dann keine Quittungsnachricht. Für einen Input-Port kann das Quittieren von Busnachrichten generell erlaubt oder verboten sein. Dies kann mit Hilfe der Portoperationen

```
<input-port>.enableack;
<input-port>.disableack;
```

gesteuert werden. Standardmäßig ist das Erzeugen von Quittungsnachrichten aktiviert. Der Empfang einer Busnachricht durch einen Input-Port, für den das Quittieren verboten ist, hat somit keine Auswirkung auf den Erfolg der Sendeoperation.

Bei der Kommunikation über logische Busse gibt der in der Portdatenstruktur eingetragene Timeout-Wert die Zeit an, in der der Kommunikationsauftrag beendet sein muß. Empfängt der Sender in der angegebenen Zeit nicht die geforderte Anzahl von Quittungen auf die versendete Nachricht bzw. erhält der Empfänger nicht alle Datenpakete der Busnachricht (Input-Port ohne Nachrichtenpuffer) wird der Sende- bzw. Empfangsauftrag abgebrochen. Dieser scharfe Timeout läßt sich im Falle der Buskommunikation problemlos realisieren, da die Multicast-Semantik keine Atomaritätseigenschaft besitzt.

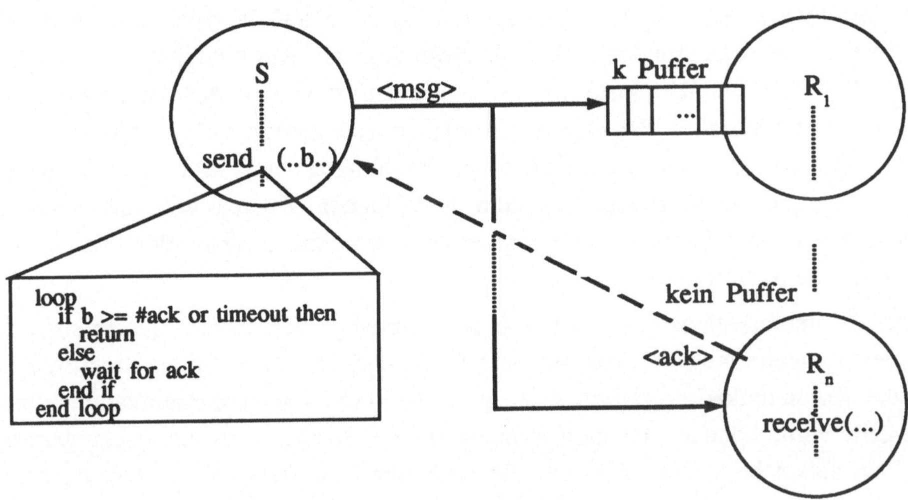

Abb. 5.3: Multicast-Kommunikation in LADY

In Abb. 5.3 werden die verschiedenen Kombinationsmöglichkeiten der LADY-Multicast-Kommunikation illustriert: Der Sender S verschickt eine Nachricht <msg> an eine Gruppe, zu der die Prozesse R_1 und R_2 gehören. S erwartet b Quittungen innerhalb der Zeit "timeout" (grob angedeutet durch die Schleife "loop..."). Der Prozeß R_1 besitzt k Puffer und hat seinen Bestätigungsmechanismus deaktiviert. R_2 verfügt über keinen Pufferbereich, befindet sich jedoch in einer Receive-Operation, erhält die Nachricht und sendet eine Bestätigung.

5.1.4 Implementierungsaspekte

Die auf der Sprachebene angebotenen Leistungen von LADY werden durch ein Basisbetriebssystem erbracht, das aus den beiden Komponenten Betriebssystemkern und Kommunikationsschicht besteht. Während der Betriebssystemkern die Prozeßverwaltung einschließlich Prozeßsynchronisation, elementare Ein-/Ausgabeoperationen, die Speicherverwaltung sowie eine Standard-Ausnahmebehandlung realisiert, unterstützt die Kommunikationsschicht alle LADY-Sprachkonstrukte, die direkt oder indirekt an der Inter-Team-Kommunikation beteiligt sind. Wie in Bild 5.4 dargestellt ist, wurde die Schnittstelle zwischen LADY und der Kommunikationsschicht so gestaltet, daß die Kommunikationsschicht auf einen eigenen Kommunikationsprozessor ausgelagert werden kann. In diesem Fall werden alle LADY-Teams eines Knotens auf einem oder evtl. mehreren Arbeitsprozessoren ausgeführt, während Kommunikationsschichtaufträge mit Unterstützung des Kerns an den Kommunikationsprozessor umgelenkt werden. Voraussetzung hierfür ist, daß die Kommunikationsschicht auf die Speicherbereiche der Arbeitsprozessoren zugreifen kann. Die Auslagerung der Kommunikationsschicht auf einen eigenen Kommunikationsprozessor wurde aufgrund der Abbildung der logischen Multicasts auf physische Broadcasts zur Effizienzsteigerung vorgenommen: Jede Multicast-Nachricht muß von jedem Rechner empfangen und verarbeitet werden, auch wenn keine Gruppenmitglieder auf dem betreffenden Knoten vorhanden sind. Diese Aufgabe kann der Kommunikationsprozessor übernehmen, ohne daß die Anwendung hierdurch beeinträchtigt wird.

Die Kommunikationsschicht ist in einer Teilmenge von LADY geschrieben, d.h., es steht der Sprachumfang der Teamebene zur Verfügung. Da die Teamstruktur, insbesondere die Kommunikation zwischen Teams, erst durch die Kommunikationsschicht bereitgestellt wird, können alle hierfür notwendigen Sprachkonstrukte nicht genutzt werden. Von außen betrachtet läßt sich die Kommunikationsschicht als ein standardmäßig vorhandenes normales LADY-Team auffassen. Wie in [WYB89] beschrieben, kann die Kommunikationsschicht nach außen auch Ports anbieten, an die sich die Teams der Anwendungsebene anschließen können. Innerhalb der Kommunikationsschicht werden diese Ports allerdings in spezieller Form realisiert, da sie von der Sprache auf dieser Ebene nicht unterstützt werden.

Eine ausführliche Beschreibung des Aufbaus der Kommunikationsschicht und der dort verwendeten Mechanismen und Protokolle ist in [BUH86] zu finden. Im folgenden werden nur die wichtigsten im Zusammenhang mit der Multicast-Kommunikation stehenden Konzepte skizziert.

Wie bereits im vorigen Abschnitt angedeutet, enthalten die Port-Datenstrukturen u.a. Eintragungen, die den Port- bzw. Nachrichtentyp, den Timeout-Wert sowie den angeschlossenen Bus oder Port beschreiben. Bei CONNECT-Anweisungen werden die entsprechenden Portadressen bzw. Busnamen direkt in die Port-Datenstrukturen eingetragen. Wie in Bild 5.5 dargestellt, wird die Portverbindung durch die im Output-Port eingetragene Adresse des Empfänger-Ports in der Kommunikationsschicht repräsentiert. Bild 5.6 zeigt die analoge Situation für logische Busse und Multicast-Gruppen: Die Bus- und Gruppennamen sind in den Port-Datenstrukturen enthalten. Z.B. für Test- und Debug-Zwecke ist es prinzipiell möglich, eine aktuelle Verbindungsstruktur durch Abfragen der entsprechenden Einträge in den Port-Datenstrukturen zu ermitteln. Im Gegensatz zu direkten Portverbindungen stellt die *busid* oder *groupid* keine Adresse, sondern lediglich einen Namen dar. Falls das Medium Multicast-Adressen unterstützte, könnte der Busname auch eine Multicast-Adresse enthalten.

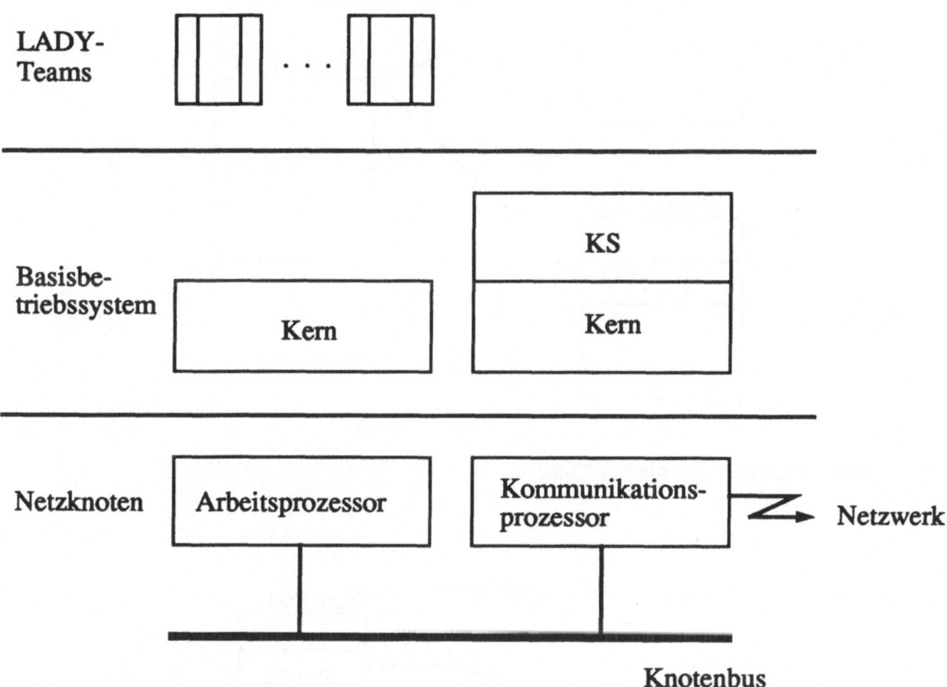

Abb. 5.4: Struktur des LADY-Basisbetriebssystems

Nachrichten bestehen aus zwei Komponenten: einem Kopfteil, der beschreibende Informationen wie z.B. Länge der Nachricht, Zieladresse etc. enthält, und aus den zu verschickenden Nutzdaten. Innerhalb des Kopfteils existieren zwei Felder für den Busnamen und den Portobjektnamen bzw. Gruppennamen des Empfängers. Beim Versenden der Nachricht werden diesen beiden Feldern die entsprechenden Werte zugewiesen. Da die Hardware des Experimentalsystems keine Multicast-Adressen anbietet, werden alle logischen Multicast-Nachrichten als physische Broadcasts verschickt. Bevor eine Nachricht von einem LADY-Port empfangen werden kann, wird im Falle eines Multicasts zuerst überprüft, ob ein Mitglied der Multicast-Gruppe auf dem betreffenden Rechner vorhanden ist. Danach werden der Busname und der Portobjektname bzw. der Gruppenname (falls angegeben) der Nachricht mit den zugehörigen Eintragungen der Ports verglichen: Nur bei Übereinstimmung beider Werte wird die Nachricht in den Nachrichtenpuffer eines Ports kopiert. Das Testen beider Werte stellt sicher, daß

Nachrichten nur von den am betreffenden logischen Bus angeschlossenen Ports empfangen werden können.

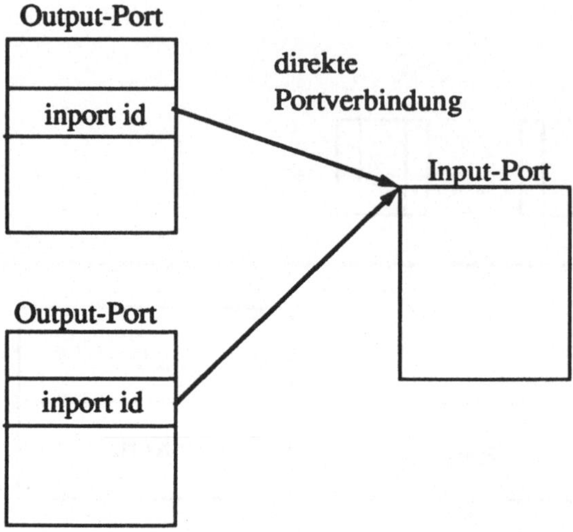

Abb. 5.5: Interne Realisierung logischer Kanäle

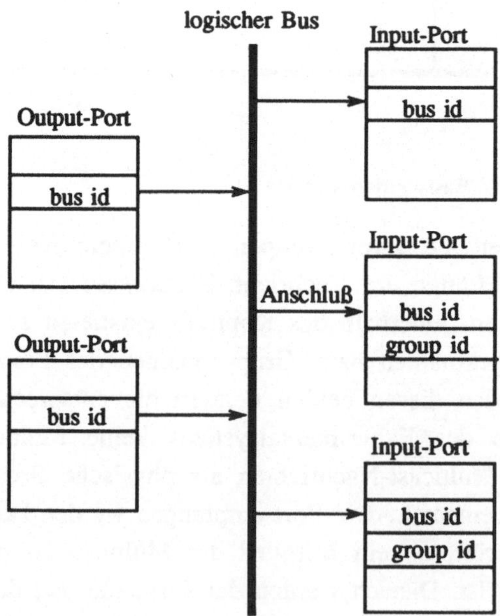

Abb. 5.6: Interne Realisierung logischer Busse

Dieses Verfahren macht deutlich, warum der Anschluß mehrerer Busse an einen Port und die Zugehörigkeit eines Ports zu mehreren Gruppen verboten wurde. Die Implementierung wäre wesentlich aufwendiger geworden und hätte damit auch eine größere Verschlechterung der Ausführungszeit verursacht, wenn statt des Tests zweier einzelner Werte, die einen festen "Offset" innerhalb eines Ports besitzen, zwei Listen zu durchlaufen gewesen wären.

Der Anschluß eines Output-Ports an einen logischen Bus hat demnach zur Folge, daß dem sendenden Prozeß eine Gruppenadresse bekanntgemacht wird. Obwohl auf der Sprachebene Input- und Output-Ports scheinbar gleichrangige Mitglieder einer Multicast-Gruppe sind, werden sie für die Realisierung von Multicast-Protokollen als nicht zur Multicast-Gruppe gehörig betrachtet. Besonders deutlich wird dies bei den Gruppenbildungen innerhalb logischer Busse: Dort wird die Gruppenadresse *groupid* nur in die Input-Ports eingetragen. Das Anschließen eines Output-Ports an einen logischen Bus gibt der Kommunikationsschicht explizit bekannt, daß der betroffene Output-Port als potentieller Sender für die spezifizierte Multicast-Gruppe in Frage kommt. Ebenso bedeutet das Abkoppeln von einem logischen Bus mittels der *disconnectbus*-Anweisung, daß der Sender beabsichtigt, in der nächsten Zeit keine weiteren Nachrichten an die betroffene Gruppe zu senden. Diese Informationen können zur Optimierung von Protokollen ausgenutzt werden (s. Abschn. 4.2).

Der Ablauf der Sende- und Empfangsoperationen bei der Kommunikation über logische Busse wird in den Abbildungen 5.7 und 5.8 grob dargestellt. Zu Beginn der Sendeoperation wird die Timeoutüberwachung gestartet und ein portinterner Zähler auf Null gesetzt. Danach wird die Nachricht als Broadcast-Nachricht über das Verbindungsnetzwerk abgeschickt und auf das Eintreffen der Quittungen oder eines Timeouts gewartet. Beim Eintreffen der Quittung wird der interne Zähler um eins erhöht und überprüft, ob die erwartete Anzahl von Quittungen eingegangen ist. Im negativen Fall wird weiter auf Quittungen oder den Timeout gewartet. Sind ausreichend viele Quittungen empfangen worden, gilt die Sendeoperation als erfolgreich beendet und die nächste LADY-Anweisung wird ausgeführt. Tritt ein Timeout auf, wird der Prozeß in einen Ausnahmezustand versetzt.

Alle Nachrichten eines Output-Ports werden mit einer eindeutigen Kennung versehen, so daß verspätete Quittungen immer der zugehörigen Multicast-Nachricht zugeordnet werden können. Nach Beendigung oder Abbruch einer Sendeanweisung wird im Port die Auftragskennung, die über eine Folgenummer realisiert wird, um eins erhöht. Alle Quittungen, die nicht zu der aktuellen Multicast-Operation gehören, werden ignoriert.

Beim Empfangen einer Nachricht über einen logischen Bus (Abb. 5.8) wird zunächst überprüft, ob der Input-Port über Pufferkapazitäten verfügt. Falls dies zutrifft, wird die Nachricht in einen Puffer kopiert. Liegt für den Input-Port ein Empfangsauftrag vor (ausdrückliche RECEIVE-Anweisung), wird die Nachricht in den vom Prozeß bereitgestellten Pufferbereich kopiert. Falls weder ein Pufferbereich noch ein RECEIVE-Auftrag vorhanden ist, geht die Nachricht verloren.

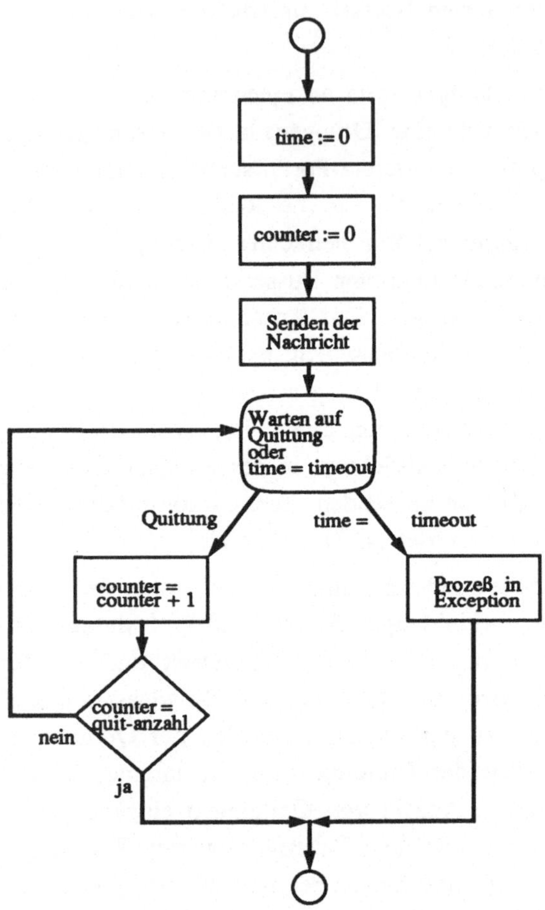

Abb. 5.7: Prinzipieller Ablauf einer Multicast-Sendeoperation

Nach dem erfolgreichen Empfang der Nachricht durch den Input-Port wird nur dann eine Quittung an den Auftraggeber gesendet, falls der sendende Prozeß eine Quittung erwartet und dem Input-Port das Quittieren der Nachricht gestattet wurde.

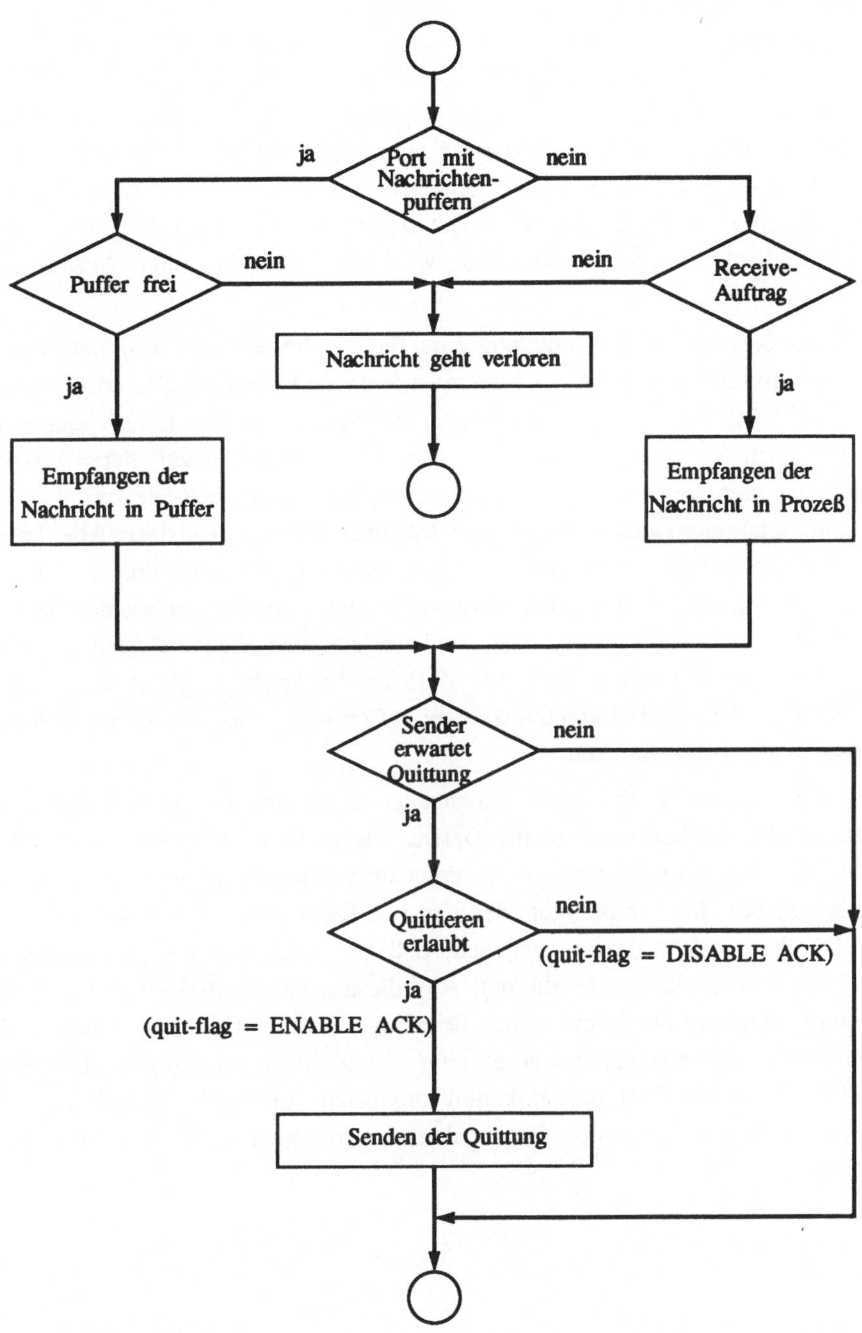

Abb. 5.8: Verhalten eines Input-Ports beim Empfang einer Multicast-Nachricht über einen logischen Bus

Bei der Abwicklung einer RECEIVE-Operation (Abbildung 5.9) wird nach dem Initiieren der Timeout-Überwachung bei vorhandenen Puffern überprüft, ob Nachrichten im Puffer gespeichert sind. Im positiven Fall wird die Nachricht aus dem Pufferbereich direkt in den in der RECEIVE-Anweisung angegebenen prozeßinternen Speicherbereich kopiert und die nächste LADY-Anweisung ausgeführt. Falls keine Nachricht im Puffer ist, oder der Input-Port über keine Puffer verfügt, wird auf das Zustandekommen eines Rendezvous gewartet. Trifft eine Nachricht innerhalb des Timeout-Intervalls ein, wird sie vom Prozeß übernommen, andernfalls wird der Prozeß in einen Ausnahmezustand versetzt.

Die oben beschriebenen Flußdiagramme für die Sende- und Empfangsoperationen sollten deren grundsätzlichen Ablauf demonstrieren und haben vollständig von der Zerteilung der Nachrichten in mehrere Pakete abstrahiert. Hierbei treten jedoch wie bereits in Abschnitt 4.3 erwähnt eine Reihe von Schwierigkeiten auf, deren Ursache beispielsweise in der gegenseitigen Überlagerung von Multicast-Wellen liegt. In der LADY-Kommunikationsschicht wurde die folgende Lösung realisiert: Alle Pakete, die zu einer Multicast-Nachricht gehören, sind eindeutig gekennzeichnet, so daß sie beim Empfänger wieder zur ursprünglichen Nachricht zusammengesetzt werden können. Besitzt der Input-Port freie Pufferbereiche, wird für jede eintreffende Busnachricht ein Puffer reserviert. Somit können mehrere Multicast-Nachrichten gleichzeitig empfangen werden. Verfügt der Input-Port über keinen Puffer oder sind alle Puffer belegt, gehen eintreffende Nachrichten verloren.

Falls ein Input-Port das erste Datenpaket einer an ihn adressierten Multicast-Nachricht empfängt, übernimmt er die Daten. Das $(i+1)$-te Datenpaket einer Multicast-Nachricht wird von dem Empfänger nur dann übernommen, wenn er das i-te Datenpaket empfangen hat. Ein Empfänger, der das i-te Datenpaket einer Multicast-Nachricht erhalten hat, kann nicht davon ausgehen, daß ihn auch das $(i+1)$-te Datenpaket erreicht (Unzuverlässigkeit des Mediums). Aus diesem Grund darf er während des Empfangs einer Multicast-Nachricht seine Empfangsbereitschaft nicht verlieren. Er muß weiterhin bereit sein, eine an ihn adressierte Nachricht zu empfangen, d.h., ein Input-Port muß die laufende Buskommunikation zugunsten eines neu eintreffenden Unicasts oder beim Eintreffen des ersten Datenpakets einer neuen Multicast-Nachricht abbrechen.

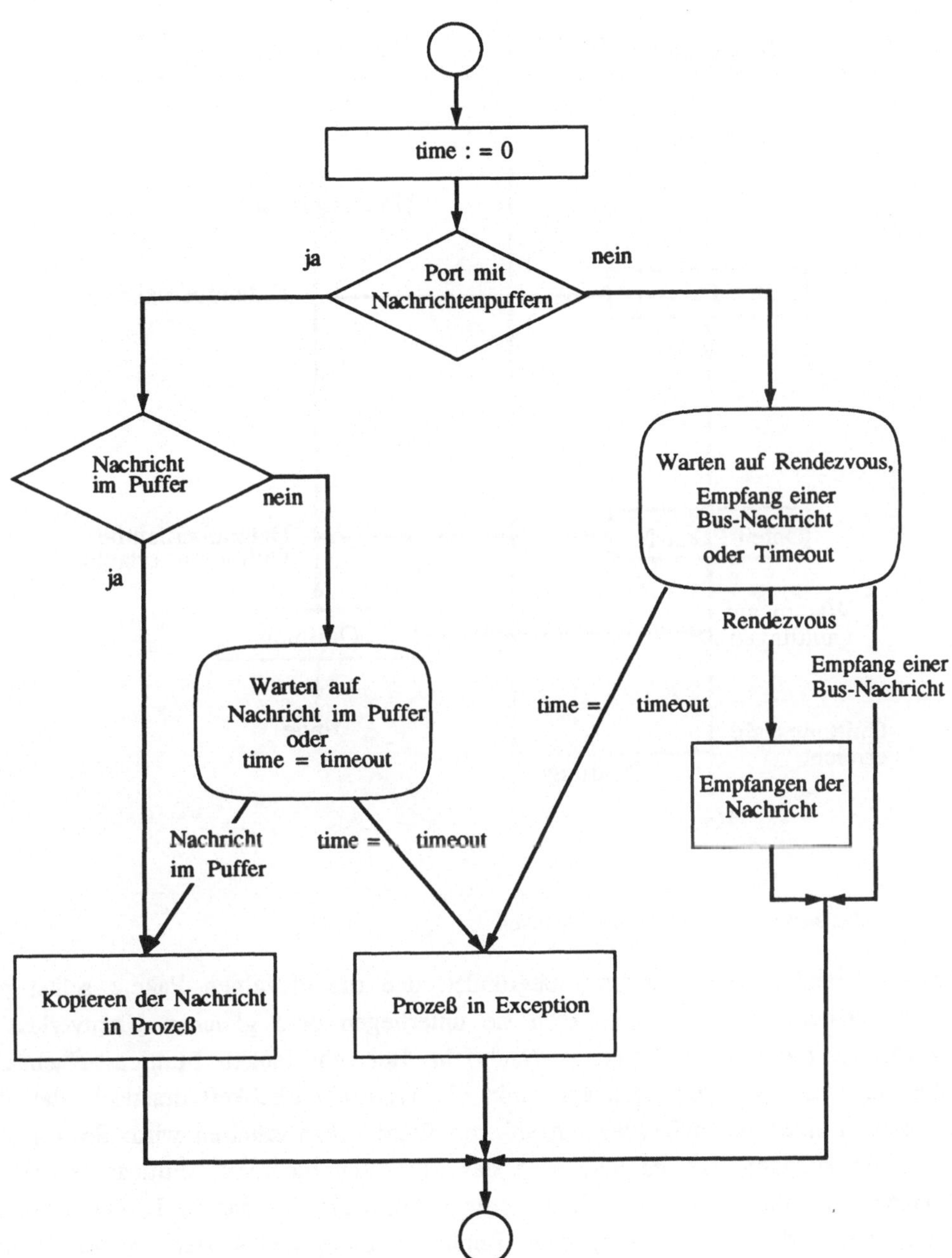

Abb. 5.9: Prinzipieller Ablauf der Receive-Operation

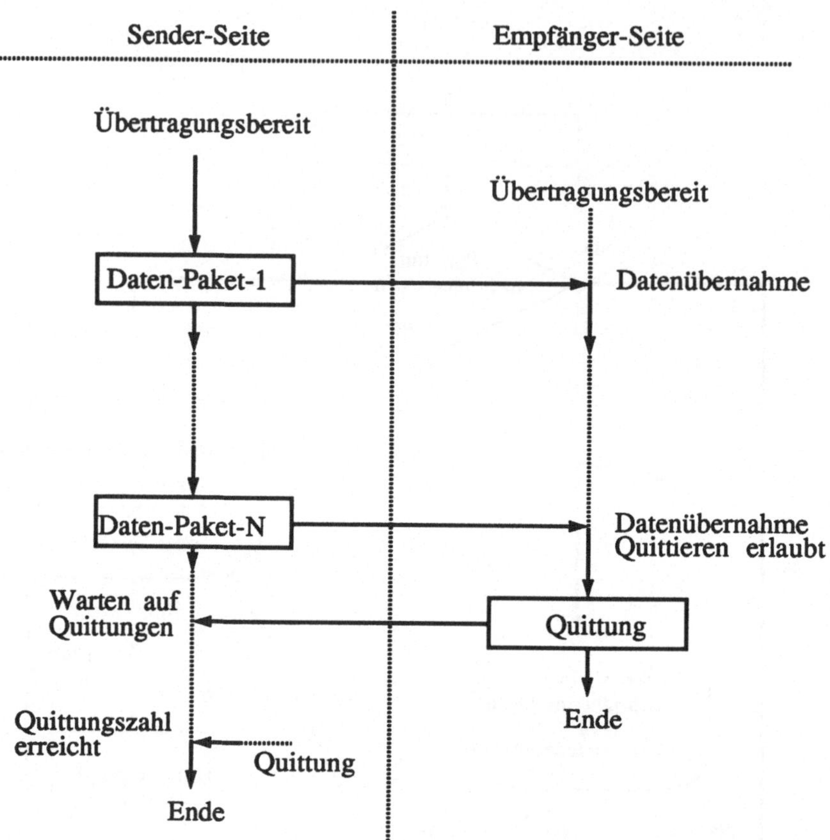

Abb. 5.10: Paketisierung von Multicast-Nachrichten

Dieses Vorgehen wird dadurch begründet, daß die einzelnen Pakete selbst per
Multicast versendet werden, d.h., auch sie unterliegen dem gleichen Unzuverlässig-
keitsfaktor wie die gesamte Multicast-Nachricht. Bei sehr langen Multicast-Nachrich-
ten, die aus vielen Paketen bestehen, sinkt die Wahrscheinlichkeit drastisch, daß die
Nachricht von einer ausreichenden Anzahl von Empfängern erhalten wird: Sowohl der
Verlust eines einzigen Paketes, wie auch das Eintreffen mehrerer Multicast-Nachrich-
ten können zum Verlust führen. Verbesserungsvorschläge für das in LADY benutzte
Verfahren sowie die damit verbundenen Implementierungsmehrkosten werden in den
Abschnitten 4.2 und 4.3 ausführlich diskutiert. Abschließend sei noch bemerkt, daß un-
terschiedliche Protokollvarianten in der Kommunikationsschicht keinen Einfluß auf die
Semantik des Multicast auf der LADY-Sprachebene haben, sondern lediglich die
Wahrscheinlichkeit der erfolgreichen Übertragung von Multicast-Nachrichten erhöhen.

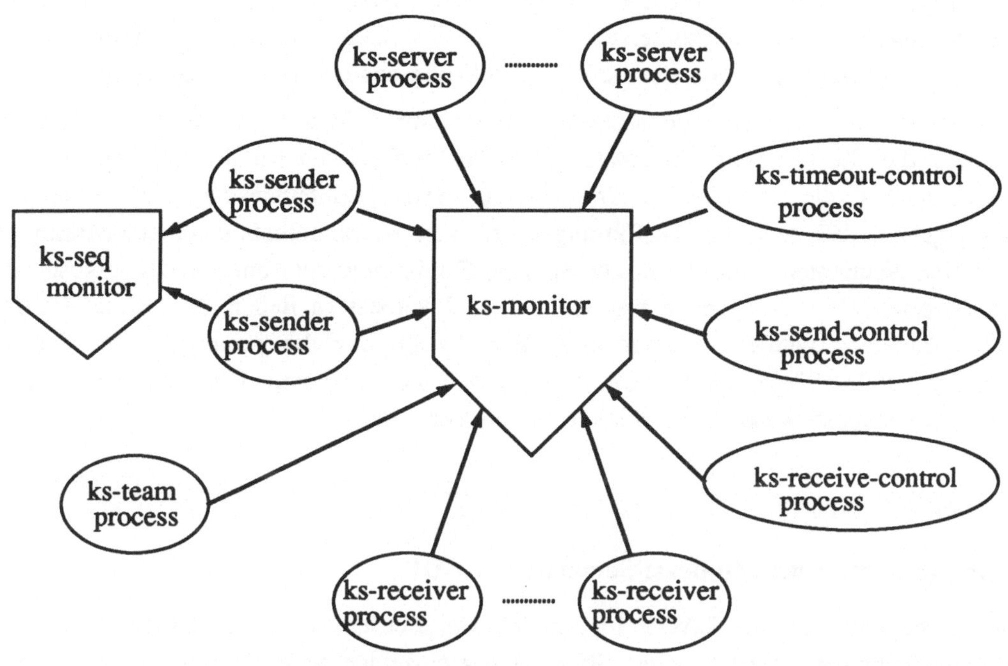

Abb. 5.11: Aufbau der Kommunikationsschicht

Der Aufbau der Kommunikationsschicht wird in Abbildung 5.11 wiedergegeben. Der zentrale Monitor synchronisiert die Zugriffe auf die Team-, Port- und Bus-Datenstrukturen, verwaltet diverse Auftragslisten und generiert neue Bus- und Gruppennamen. Die Verwaltung der gesamten Information in einem Monitor wurde aus Effizienzgründen vorgenommen. Auf diese Weise ist es beispielsweise möglich, das Abholen eines Auftrags mit der Erteilung des Zugriffsrechts auf den angesprochenen Port zu verbinden. Eine zunächst vorgenommene Aufspaltung des zentralen Monitors in mehrere einzelne Monitore führte aufgrund des häufigen Betretens und Verlassens von Monitoren zur Erhöhung der Ausführungszeiten für die einzelnen Operationen und wurde wieder rückgängig gemacht. Die Sender-, Receiver- und Server-Prozesse können in mehreren Exemplaren vorhanden sein. Die Server-Prozesse erhalten Aufträge an die Kommunikationsschicht und führen sie - soweit sie lokal durchführbar sind - sofort durch. Sende- und Empfangsaufträge werden an die Sender- und Receiver-Prozesse übergeben und von ihnen abgewickelt. Die Kontrollprozesse dienen der Überwachung von laufenden Aufträgen.

Beim Versenden einer Multicast-Nachricht mit dem Zuverlässigkeitsgrad Null werden drei Prozeßwechsel durchgeführt: Der LADY-Prozeß übergibt den Auftrag an einen Server-Prozeß. Dieser leitet ihn an einen Sender-Prozeß weiter, der nach dem Absenden der Nachricht wieder den LADY-Prozeß aktiviert. Bei einer aus einem einzigen Datenpaket bestehenden 1:1-Nachricht werden mindestens vier Prozeßwechsel notwendig. Ausgiebige, mit Hilfe des Test- und Meßprozessors (TMP, s. Abschnitt 7.1) durchgeführte Leistungsuntersuchungen der Kommunikationsschicht führten zu einer Reihe von Optimierungen, die die Kommunikationszeiten insgesamt halbierten.

Die an der Kommunikationsschicht durchgeführten Messungen machten weiterhin deutlich, daß die häufigen Prozeßwechsel sowie Ineffizienzen bei der Übersetzung von LADY nach C die wesentlichen Ursachen für Leistungseinbußen darstellen. Schätzungen ergaben, daß sich die Ausführungszeiten von Kommunikationsschichtoperationen bei deren Neuimplementierung in der Sprache C und einer rein unterbrechungsgesteuerten Programmabwicklung etwa um den Faktor 2 verbessern ließen. Auf diese Art der Implementierung wurde allerdings unter Berücksichtigung des prototyphaften Charakters des INCAS-Experimentalsystems zugunsten der größeren Übersichtlichkeit und damit verbundenen besseren Wartbarkeit bewußt verzichtet.

5.1.5 Diskussion der Multicast-Semantik in LADY

Der primäre Einsatz von LADY im Bereich von Betriebssystemen und die daraus resultierende Forderung nach hoher Effizienz der einzelnen Sprachkonstrukte beeinflußte wesentlich den Entwurf der Multicast-Kommunikation. Der k-zuverlässige Multicast wurde als geeigneter Kompromiß zwischen den beiden miteinander in Konflikt stehenden Zielen hoher Kommunikationsleistung und sicherer Übertragung angesehen. LADY stellt damit auf der Sprachebene Konstrukte zur Beschreibung, Verwaltung und Adressierung von Multicast-Gruppen zur Verfügung und ermöglicht das Erkennen von Multicast-Operationen, die aus der Sicht des Senders nicht erfolgreich waren. Die Realisierung von Multicast-Protokollen höherer Zuverlässigkeit muß der Anwender unter Ausnutzung der LADY-Basisfunktionen selber vornehmen.

Die Beschränkung des gleichzeitigen Anschlusses eines Ports an nur einen logischen Bus bzw. die gleichzeitige Zugehörigkeit eines Input-Ports zu nur einer Multicast-Gruppe stellt keinen grundsätzlichen Nachteil dar. Auch bei dieser Entscheidung standen effiziente Implementierungsmöglichkeiten im Vordergrund. Teams als die primären Objekte in LADY werden dann als Mitglieder einer Multicast-Gruppe betrachtet, wenn einer ihrer Ports Mitglied der Multicast-Gruppe ist. Auf diese Weise können Teams zu einem Zeitpunkt Mitglied mehrerer Multicast-Gruppen sein. Die obere Grenze gleichzeitiger Mitgliedschaften wird zum Übersetzungszeitpunkt durch die Anzahl der Ports eines Teams festgelegt.

Die Bildung von Multicast-Gruppen innerhalb des Bereichs logischer Busse wurde zur Unterstützung auf aktiver Redundanz beruhender Fehlertoleranzverfahren bereitgestellt (s. Kap. 2). Die erst später erfolgte Erweiterung von LADY um rekursive Systemdefinitionen erlauben eine elegantere Beschreibung solcher Strukturen. Wie in Bild

5.12 angedeutet wird, läßt sich eine Multicast-Gruppe auch als ein System mit lokalem logischen Bus darstellen. Eine an einen Port dieses Systems adressierte Nachricht könnte über den lokalen Bus an alle inneren Objekte dieses Systems weitergeleitet werden. Hierbei muß jedoch beachtet werden, daß die Anforderungen an die Laufzeitunterstützung steigen und die Semantik der internen Systemstrukturen erweitert werden muß (z.B. Verbindung rein lokaler Busse an Input-Ports der Schnittstelle). Diesbezügliche Überlegungen werden im Rahmen des INCAS-Projektes für eine in der Entwicklung befindliche neue Sprache [SWM89] z.Z. durchgeführt.

Bei der Nachbildung auftragsorientierter Multicast-Operationen auf der Basis des mitteilungsorientierten Kommunikationsmodells von LADY erwies sich die Behandlung nicht mehr benötigter Antwortbotschaften bei einem k-zuverlässigen Multicast mit einem im Verhältnis zu den potentiell erreichbaren Empfängern kleinen k als sehr aufwendig. Da das Basisbetriebssystem die Antworten dem ursprünglichen Auftrag nicht zuordnen kann, müssen die Antworten von den Auftraggebern explizit empfangen und als nicht mehr benötigt identifiziert werden. Als Abhilfe wurden u.a. Selektionsmöglichkeiten beim Nachrichtenempfang und über Tag-Felder steuerbare Löschoperationen (flush) im Puffer diskutiert, die jedoch letztendlich als wenig geeignet erachtet wurden. Das hier beschriebene Problem stellt eine inhärente Eigenschaft mitteilungsorientierter Kommunikationen dar und läßt sich am einfachsten durch die Einführung auftragsorientierter Kommunikationsformen beheben.

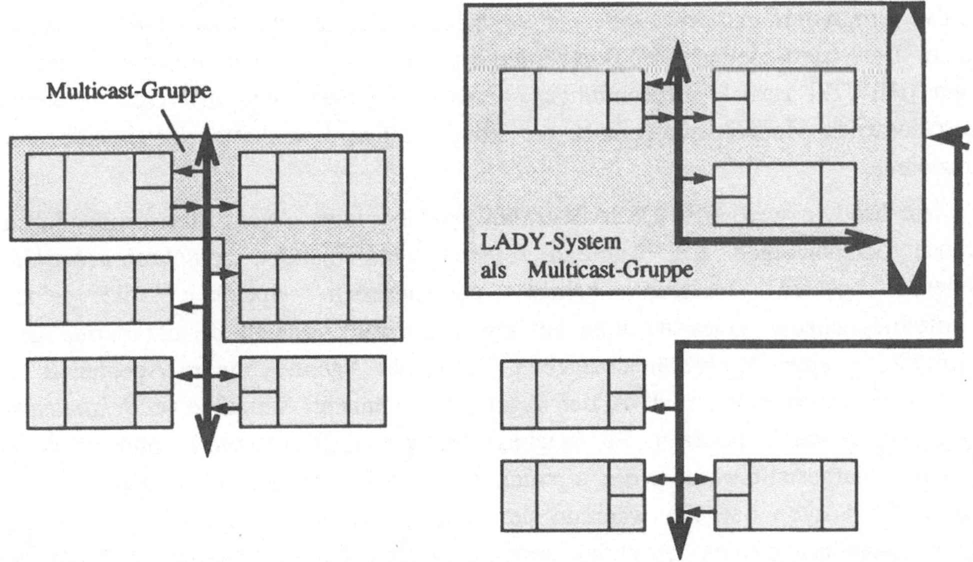

Abb. 5.12: Gruppenbildung mit Systemen im Vergleich zu Multicastgruppen innerhalb logischer Busse

Die Implementierung zuverlässiger Multicast-Protokolle auf der LADY-Sprachebene erfordert dort zusätzlich die Realisierung von Pufferbereichen der Protokollschicht (s. Abschnitt 2.1) sowie die explizite Verarbeitung von Kontroll- und Quittungsnachrichten, was die Ausführungszeiten von Multicast-Operationen gegenüber solchen, die direkt durch einen Betriebssystemkern und ein Laufzeitsystem unterstützt werden, wesentlich erhöht. Dieser Nachteil ließe sich durch die Hinzunahme einer zuverlässigen Multicast-Variante beseitigen. Sowohl bei der statischen wie auch der dynamischen Erzeugung logischer Busse könnte durch die Einführung eines Attributes RELIABLE der LADY-Kommunikationsschicht mitgeteilt werden, daß für den betreffenden Bus eine atomar-zuverlässige Semantik gewünscht wird. Diese Eigenschaft kann beispielsweise im Busnamen mittels eines Bits markiert werden, so daß die Protokollebene schnell zwischen beiden Varianten umschalten kann. Das neue Attribut verlangt keine weiteren Anpassungen der Kommunikationskonstrukte von LA-DY. Lediglich die *demandack-*, *disableack-* und *enableack*-Operationen würden bei zuverlässigen Bussen bedeutungslos. Die Wahl des Zuverlässigkeitsgrades bleibt weiterhin dem Benutzer überlassen.

5.2 CSSA

CSSA (Computing System for Societies of Agents) ist eine anwendungsorientierte interaktive Programmiersprache, mit der asynchron-parallele Prozesse definiert werden können. Das zugrundeliegende Berechnungsmodell geht auf das *Actor*-Konzept von Hewitt [HEW77] zurück: Berechnungen werden kooperativ von mehreren autonomen abgeschlossenen Modulen ausgeführt, die lediglich über Botschaften miteinander kommunizieren.

Diese Moduln werden in CSSA *Agenten* genannt. Jeder Agent führt sequentiell ablaufende Berechnungen aus, während Agenten untereinander *asynchron-nebenläufig* arbeiten. Agenten besitzen keinen gemeinsamen Speicher; die einzige "Zugriffsmöglichkeit" eines Agenten auf einen anderen Agenten besteht darin, diesen als Empfänger einer *Nachricht* anzugeben. Damit ein Agent A einem Agenten B eine Nachricht zusenden kann, muß A den Agenten B kennen: A muß eine *Bekanntschaft* (*acquaintance*) mit B besitzen. Ein solches Netz von CSSA-Agenten kann als gerichteter Graph dargestellt werden: die Agenten stellen dabei die Knoten und die Bekanntschaften die Kanten dar. Da während der Ausführung eines CSSA-Programms neue Agenten generiert werden, Agenten terminieren und Bekanntschaften gelöscht oder verschickt werden können, ist ein *Agentennetz dynamisch*. Agenten werden aus einem *Agentenschema* (*script*) durch einen Generator erzeugt. Scripts sind *Typdefinitionen* für Agenten und können über Script-Bekanntschaften eindeutig identifiziert werden. In einem Script werden Operationsdefinitionen zu Bündeln zusammengefaßt, die *Facetten* genannt werden. *Operationen* werden durch einen Operationsbezeichner, ein *Entry-Pattern* und einen Rumpf, der eine Folge von Anweisungen enthält, definiert. Operationsdefinitionen beschreiben Auswahl, Empfang und Verarbeitung von Nachrichten. Da für eine Operation mehrere Nachrichten zur Verarbeitung anstehen können, müssen die Eingänge von Operationsdefinitionen nicht nur Bindungsplätze zur Verfügung stellen, sondern auch Selektionskriterien für die Auswahl von Nachrichten angeben. Die Eingänge von Operationsdefinitionen sind daher durch den Operationsbezeichner selbst und durch ein Entry-Pattern definiert. Entry-Patterns beschreiben hierbei die Struktur der zulässigen Nachrichten und stellen Bindungsplätze etwa im Sinne formaler Parameterlisten bei Prozeduren bereit.

Nachrichten bestehen aus einem Operationsbezeichner und einer linearen Liste elementarer Datenobjekte. Beim Entry-Match werden Nachrichten durch Pattern-Match-Versuche gegen die Eingänge von Operationen ausgewählt. Nur bei einem erfolgreichen Entry-Match leitet eine Nachricht die Ausführung einer Operation ein. Seiteneffekte erfolgloser Match-Versuche werden rückgängig gemacht.

Ein Agent befindet sich immer nur in einer aktiven Facette und kann nur die Nachrichten verarbeiten, für die eine Operation in dieser Facette definiert ist. Facetten können durch lokale Deklarationen *hierarchisch geschachtelt* werden, wie auch nebeneinander auf gleichem Schachtelungsniveau existieren.

Die Nachrichten werden bei dem als Empfänger angegebenen Agenten in einem speziell verwalteten Puffer, der *Mailbox*, abgelegt. Der Ablaufzyklus eines Agenten sieht so aus, daß er nach seiner Generierung bzw. nach Beendigung einer Operation von der Mailbox solange Nachrichten anfordert, bis ein Entry-Match erfolgreich verläuft. In diesem Fall wird die Nachricht in der Mailbox gelöscht und der Agent führt die entsprechende Operation aus. Wird keine passende Nachricht gefunden, wird entweder eine in jeder Facette definierbare spezielle Operation, die *Idle Operation*, ausgeführt, falls diese vorhanden ist, oder auf das Eintreffen neuer Nachrichten gewartet. Für die Auswahlstrategie bei der Entnahme von Nachrichten aus der Mailbox gilt nur die Bedingung, daß sie *fair* sein muß. Für die Übertragungszeit der Nachrichten wird angenommen, daß sie endlich und positiv aber *unbestimmt* ist, d.h. insbesondere, daß sich Nachrichten überholen können.

Die in CSSA vorhandenen Kommunikationsmechanismen ermöglichen von einer völlig asynchronen bis hin zur synchronen Kommunikation einen flexibel programmierbaren Kopplungsgrad zwischen Sender und Empfänger. Die Ausführung der Anweisung

```
send <op-id> (<expression-list>) to <target-agent>
     [ reply to <port> ];
```

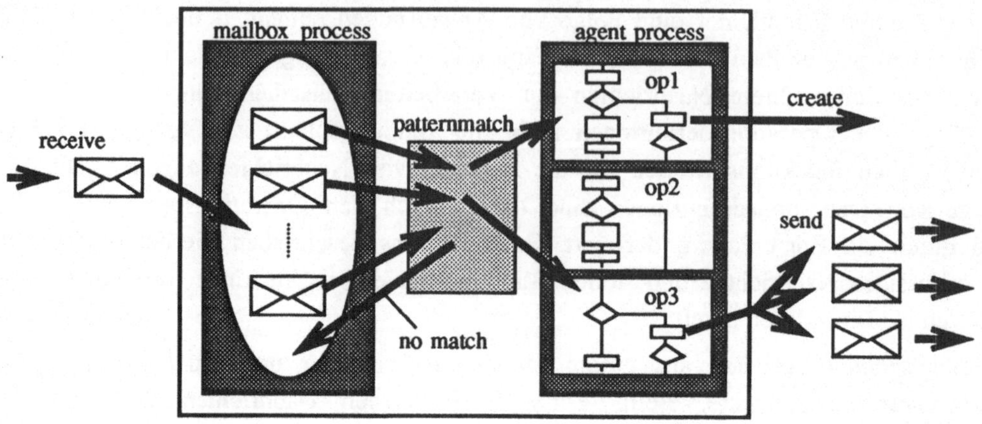

Abb. 5.13: Struktur eines CSSA-Agenten

leitet die Übermittlung einer Nachricht an einen Zielagenten ein; fehlt die Ausdrucks-
liste, wird nur der Operationsbezeichner <op-id> verschickt. Der optional angebbare
Reply-Teil der Sendeanweisung bewirkt, daß zusätzlich die Bekanntschaft des Sender-
Agenten und eine Portadresse mitverschickt werden, damit eine Antwort an den richti-
gen Agenten zurückgesandt und eine Zuordnung der Antworten zu den *send*-Anwei-
sungen ermöglicht wird. Eine derartige *send*-Anweisung verzögert den weiteren Ablauf
des ausführenden Agenten nicht, d.h., es können mehrere *send*-Anweisungen hintereinander ausgeführt werden, ohne daß auf mögliche Antworten vorher gewartet werden
muß. Dadurch wird erreicht, daß Aufträge zum frühestmöglichen Zeitpunkt vergeben
und die Ergebnisse erst zum spätestmöglichen Zeitpunkt empfangen werden können.
Das Konstrukt zum Empfangen von Antworten sieht so aus:

```
receive
    when <port> <pattern> [<assertion>] do <block>
    .....
    [ otherwise do <block> ]
end receive;
```

Wird in der Mailbox keine passende Antwort für diesen Port gefunden, wird mit der
nächsten Anweisung fortgefahren. Soll auf eine Antwort gewartet werden, so gibt es
hierfür ein Wait-Konstrukt.

Wurde eine Operation im Sinne einer Auftragsbeziehung aktiviert (Reply-Teil in
der SEND-Anweisung wurde angegeben), dann kann im Rahmen dieser Operation eine Antwort an den Auftraggeber zurückgesandt werden. Dies wird mit Hilfe der Anweisung:

reply <expression-list>;

erreicht. Bemerkenswert ist hierbei, daß der Empfänger keinen expliziten Zugriff auf die Bekanntschaft des Senders hat.

CSSA hat ein strenges Typkonzept. Standardtypen sind neben *int*, *real*, *bool* und *string* auch *agent* für Bekanntschaften, *script* für Agententypbeschreibungen und *oper* für Operationsnamen. Eigene Datentypen können durch Aufzählungstypen und den Typkonstruktoren *set*, *array* und *record* definiert werden. Konstruktoren können beliebig verschachtelt werden. Mengen können beliebig viele Elemente beinhalten; eine feste Obermenge wird nicht vorausgesetzt. Alle Datentypen können in Nachrichten verschickt werden.

Eine präzise Beschreibung der Sprache CSSA und eine Diskussion der zugrundeliegenden Konzepte sind in [FIR79, BMS82, BEM85, MAT88] zu finden.

5.2.1 Multicasts in CSSA

Die Multicast-Kommunikationsmöglichkeit wurde nachträglich in die Sprache aufgenommen und ließ sich einfach in das vorhandene Kommunikationsmodell integrieren: Anstelle eines einzelnen Zielagenten kann bei der Sendeanweisung eine Menge von Zielagenten angegeben werden. Da Mengen als Datentypen von der Sprache direkt unterstützt werden, genügt die Angabe eines Mengenbezeichners. Mengen vom Typ *set of agent* können während der Laufzeit verändert werden.

Agentenmengen als Zielbezeichner für eine Nachricht können als eine Liste von Zielagenten aufgefaßt werden. In dieser Form werden sie auch von den darunterliegenden Protokollen verarbeitet. Wie bereits in Abschnitt 3.4 erläutert, erschwert diese Adressierungsform die effiziente Unterstützung von Multicast-Operationen durch das Laufzeitsystem. Die Empfängerlisten können innerhalb eines Agenten völlig unsichtbar für das Laufzeitsystem modifiziert werden, so daß grundsätzlich bei jeder Sendeanweisung eine neue Multicast-Gruppe entsteht. Eine Verwaltung von Multicast-Gruppen durch das Laufzeitsystem entfällt damit in CSSA.

Die Kommunikationssemantik wurde vollständig von der 1:1-Kommunikation auf den Multicast übertragen: Die Nachrichtenlaufzeiten sind positiv und endlich, aber unbestimmt. Der Verlust von Nachrichten wird per definitionem nicht in Betracht gezogen: ein Multicast ist zuverlässig, jede Nachricht erreicht alle potentiellen Empfänger. Die Frage nach der Atomarität stellt sich nicht, da Nachrichten nicht verlorengehen können (oder anders formuliert: die Multicast-Kommunikation in CSSA ist inhärent atomar). Die Möglichkeit der Überholung von Nachrichten läßt eine bei allen Empfängern gleiche Ankunftsfolge nicht zu.

Die vielfältigen Selektionsmöglichkeiten beim Nachrichtenempfang gestatten eine effiziente Behandlung nicht mehr benötigter Antworten auf Multicast-Aufträge. Ports bieten sowohl eine Zuordnungsmöglichkeit von Aufträgen und Antworten als auch leistungsfähige Selektionskriterien. Da die Gültigkeitsdauer von Portnamen auf die Ausführungszeit eines einzigen Operationsaufrufs beschränkt ist, können nach Beendigung der Operation alle Nachrichten mit inzwischen ungültigen Portbezeichnern aus der Mailbox entfernt werden.

Die in CSSA realisierte Form des Multicast kann nicht den Vorteil nutzen, eine Multicast-Nachricht an eine unbekannte Zahl von Empfängern zu verschicken. Der sendende Agent muß mit jedem potentiellen Empfänger bekannt sein. Zur Vermeidung dieses Nachteils wurde vorgeschlagen, Agententypen (scripts) als Zieladresse für einen Multicast zuzulassen. Dabei soll die Multicast-Nachricht an alle die Agenten weitergeleitet werden, die von dem betreffenden Typ sind. Bei dieser Vorgehensweise werden die Multicast-Gruppen implizit durch die in einem CSSA-Programm vorhandenen Typen festgelegt. Die Zugehörigkeit zu Multicast-Gruppen kann zur Laufzeit nicht mehr geändert werden und ist auf typgleiche Agenten beschränkt.

Die Schwierigkeiten einer effizienten Implementierung der CSSA-Kommunikation [WYB82] und insbesondere des Multicasts wurden bei der Realisierung einer in LADY programmierten Laufzeit- und Betriebssystemunterstützung für CSSA deutlich [HAU85, STU87]. Die direkte Umsetzung einer CSSA-Multicast-Operation in einen physischen Multicast oder Broadcast und damit auch die Benutzung der logischen Busse von LADY werden durch Empfängerlisten als Adressen behindert. Als mildernde Maßnahme bietet sich lediglich an, für die Empfängerlisten eigene Multicast-Gruppen zu gründen. Da dieses Verfahren einigen Verwaltungsaufwand erzeugt, wird es nur dann erfolgreich sein, wenn die Empfängerlisten sich für viele aufeinanderfolgende Multicast-Operationen nicht ändern. Sich überlappende Multicast-Gruppen können mit LADY allerdings nicht direkt unterstützt werden.

Die Adressierung von Multicast-Gruppen mit Hilfe von Agententypen läßt sich mit logischen Bussen und Multicast-Gruppen von LADY direkt implementieren: Jedem Agententyp wird eine eigene Multicast-Gruppe zugeordnet. Alle Agenten werden mit einem logischen Bus verbunden. Da die über Agententypen definierten Multicast-Gruppen in CSSA disjunkt sind, bereitet auch die nicht zulässige Überlappung von Multicast-Gruppen innerhalb logischer Busse in LADY keine Schwierigkeiten.

5.3 StarMod

StarMod [LEB82, LEC85] ist eine höhere verteilte Programmiersprache, die auf Modula basiert. Wie in Modula stellen Module die elementaren Einheiten dar, aus denen ein Programm aufgebaut wird. Ein *Modul* besteht aus einer Menge von Deklarationen und Prozeduren. Durch ein Schlüsselwort als Präfix können Module mit einer speziellen semantischen Interpretation versehen werden. Mit dem Schlüsselwort *processor* wird beispielsweise ein logischer Prozessor bezeichnet, der alle Prozesse enthält, die auf einem einzigen Prozessor auszuführen sind. Ähnlich wie Teams in LADY stellen Prozessormodule *Verteilungseinheiten* dar, die nicht auf mehrere physische Prozessoren verteilt werden können.

Mit dem Präfix *network* versehene Module enthalten aus mehreren Prozeßmodulen bestehende verteilte Programme, die auf miteinander verbundenen physischen Prozessoren ohne gemeinsamen Speicher ausgeführt werden können. Zwischen den Prozessormodulen innerhalb eines Netzwerkmoduls ist kein gemeinsamer Speicher zulässig.

Ports beschreiben die Schnittstellen zwischen Sendern und Empfängern und enthalten Puffer für die Nachrichtenaufnahme. Jeder Prozeß innerhalb eines Prozessormoduls, in dem ein Portname deklariert ist, hat Zugriff zu diesem Port. Portdeklarationen ähneln denen von Prozedurdeklarationen:

port <identifier> (<formal-parameters>) : <result-type>;

Ports können einen Wert zurückliefern; der Typ dieses Wertes wird in der Portdeklaration spezifiziert. Ports, die Werte zurückliefern, werden als *funktionale* oder *synchrone* Ports bezeichnet. Ports, die keinen Wert zurückliefern, heißen *asynchrone* Ports.

Eine *Region*-Deklaration definiert eine Folge von Anweisungen, die beim Eintreffen von Nachrichten ausgeführt werden:

region
    <port-name$_1$> : **begin** <statement-list$_1$> **end**;

    .....

    <port-name$_n$> : **begin** <statement-list$_n$> **end**;
end region;

Im Bereich der Anweisungsliste sind die in der Portdeklaration aufgeführten formalen Parameter sichtbar und können inspiziert werden. Die formalen Parameter repräsentieren die Nachricht, die empfangen wurde. Neben der Vorverarbeitung der Nachricht besteht eine weitere Aufgabe der einem Port zugeordneten Anweisungsfolge darin, Rückgabewerte für funktionale Ports zu erzeugen. Nach Ausführung der Anweisungsfolge wird dem Prozeß, der an dem betreffenden Port angeschlossen ist, das Eintreffen einer Nachricht signalisiert.

Eine 1:n-Kommunikationsmöglichkeit wird in StarMod durch die Deklaration sogenannter Netzwerk-Ports innerhalb von Netzwerkmodulen geschaffen. Alle an einem Netzwerk-Port angeschlossenen Prozesse können die über diesen Port abgesandten Nachrichten empfangen. Die Deklaration funktionaler Netzwerk-Ports ist ebenfalls möglich. Dabei wird davon ausgegangen, daß eine Antwort von allen angesprochenen Empfängern eintrifft. Ein Netzwerk-Port mit einem Typ t als Rückgabewert liefert daher ein Feld des Typs t zurück. Die einzelnen Felder sind mit den Namen der Prozessormodule indiziert, die als implizit deklarierte Namenskonstanten verstanden werden können. So kann auf die Antwort eines Prozesses x im Antwortfeld mit dem Index x zugegriffen werden. Falls innerhalb einer vorgegebenen Zeitspanne nicht alle Antworten eintreffen, haben die entsprechenden Feldelemente einen undefinierten Wert.

Der Aufbau von Multicast-Gruppen in StarMod geschieht zum Ladezeitpunkt und ist statisch; die Kommunikationsstruktur kann zur Laufzeit nicht mehr verändert werden. Zum Ladezeitpunkt werden u.a. die Dimensionen der Felder für die Rückgabewerte und die Abbildung der Namenskonstanten für die Prozesse auf die Feldelemente festgelegt. Die Implementierung der Multicast-Kommunikation in StarMod wird in hohem Maße durch die Eigenschaften des vorhandenen Experimentalsystems beeinflußt. StarMod wurde auf einem Netzwerk bestehend aus acht DEC PDP/11-23 Mikroprozessoren implementiert, die mit einem broadcast-fähigen Medium verbunden sind. Antworten und Quittungen werden über ein spezielles Punkt-zu-Punkt-Protokoll, das eine virtuelle Verbindung (virtual circuit) aufbaut, abgewickelt. Eine Broadcast-Nachricht wird zunächst durch eine Request-Nachricht angekündigt. Erst wenn Quittungen für alle Requests eingetroffen sind, wird die eigentliche Broadcast-Nachricht abgesandt. Während der Bearbeitung von Broadcast-Nachrichten werden keine anderen Nachrichten verschickt. Dieses Vorgehen wird zum einen durch spezielle Eigenschaften des Punkt-zu-Punkt-Protokolls, zum anderen durch die nicht vorhandene Entdeckung von Kollisionen bedingt, was zu einem erheblichen Verlust an Übertragungsleistung führen kann. Die durch die Request-Nachrichten erreichte Vermeidung von Pufferüberläufen auf der Empfängerseite hat eine hohe Zuverlässigkeit der Übertragung zur Folge. Treffen bei auftragsorientierten Kommunikationen (funktionale Ports) die Antworten nicht innerhalb einer bestimmten Zeitspanne ein, wird die Broadcast-Nachricht wiederholt, indem sie als 1:1-Nachricht an den Port geschickt wird, der den Empfang noch nicht bestätigt hat.

In StarMod wurde der Multicast von vorneherein als fester Bestandteil des zugrundeliegenden Kommunikationsmodells angesehen. Prinzipiell wurde eine Semantik mit dem Zuverlässigkeitsgrad k implementiert, auch wenn der sendende Prozeß dies nicht ausdrücklich festlegen muß: Bei auftragsorientierten Kommunikationen kann er anhand der eingegangenen Antworten feststellen, wieviele Empfänger er erreicht hat, und dann entscheiden, ob er die Multicast-Operation als erfolgreich betrachtet oder nicht. Im Unterschied zu LADY weiß der Sender nicht, ob die Multicast-Nachricht evtl. doch alle Empfänger erreicht hat und die Antworten erst später eintreffen. Die vollkommen statische Beschreibung der Multicast-Strukturen erleichterte zwar die Implementierung, schränkt die Einsatzgebiete von StarMod jedoch ein.

Da die Multicast-Gruppen zum Ladezeitpunkt festgelegt werden, muß das Laufzeitsystem über gewisse dynamische Fähigkeiten verfügen, und daher kann vermutet werden, daß sich die nachträgliche Einführung dynamischer Gruppenbildungen mit relativ geringem Aufwand unterstützen ließe. Die hierzu erforderlichen Änderungen auf der Sprachebene sind weitaus schwieriger durchzuführen.

5.4 Eine Multicast-Erweiterung für LINDA

Im Gegensatz zu vielen anderen Ansätzen, die auf den bekannten Botschaftenmechanismen zum Datenaustausch zwischen Prozessen beruhen, bietet das LINDA [GEL85] zugrundeliegende Programmiermodell Prozessen die Möglichkeit zu kommunizieren oder sich zu synchronisieren, ohne Kenntnis voneinander zu haben. In Anlehnung an die in Kapitel 2.2 vorgestellten Kommunikationsmodelle kommunizieren alle Prozesse in LINDA - grob betrachtet - über eine einzige globale Mailbox: Prozesse holen sich dort Aufträge ab, bearbeiten sie und legen die Ergebnisse wieder zurück. Die Kommunikation über einen solchen zentralen Datenpool kann als eine spezielle Art des Botschaftenaustauschs betrachtet werden. Der wesentliche Unterschied liegt jedoch in der völligen Unabhängigkeit von Sender und Empfänger einer Botschaft. Nach dem Absenden wird die Botschaft vom System gepuffert, bis ein entsprechender Empfangswunsch vorliegt. Die Kommunikationspartner brauchen beim Austausch von Daten sogar noch nicht (Empfänger beim Senden) bzw. nicht mehr (Sender beim Empfangen) zu existieren. Die Adressierung des Empfängers bzw. die Selektion der Botschaft geschieht mit Hilfe eines Pattern-Match über dem Inhalt und der Struktur der Botschaft. Die einzige Synchronisation zwischen Prozessen besteht darin, daß ein Empfänger warten muß, bis die gewünschte Information von einem anderen Prozeß gesendet wurde.

Der zentrale Datenpool heißt in LINDA *Tupel-Raum*. *Tupel* bestehen aus einer Liste von Datenelementen beliebigen Typs, die mit den Komponenten einer Nachricht oder den Parametern einer Prozedur vergleichbar sind. Jedes Element eines Tupels ist entweder mit einem Wert belegt (aktueller Parameter) oder lediglich Platzhalter für einen Wert vorgegebenen Typs (formaler Parameter). Der lesende Zugriff auf Tupel geschieht über Schablonen, die die gleiche Struktur wie die Tupel haben. Das Pattern-Match-Verfahren zur Auswahl von Tupeln ähnelt dem von CSSA (s. Abschnitt 5.2), jedoch sind hier keine Assertions möglich.

Der Zugriff auf den Tupel-Raum kann durch 6 Operationen erfolgen, von denen hier nur die drei wichtigsten behandelt werden. Der Operator *out(t)* erzeugt ein Tupel *t* im Tupel-Raum, der Operator *in(s)* sucht nach einem zu der Schablone *s* passenden Tupel im Tupel-Raum, entfernt es und liefert es als Ergebnis zurück. Die *in*-Operation blockiert solange, bis ein passendes Tupel eintrifft. Die Operation *read(s)* arbeitet wie *in*, entfernt das Tupel jedoch nicht aus dem Tupel-Raum.

Der *read*-Operator realisiert bereits eine einfache Form der 1:n-Kommunikation: Durch das Verbleiben des Tupels im Tupel-Raum kann es von mehreren Prozessen gelesen werden. Eine derartige 1:n-Kommunikation wird jedoch vom System nicht direkt unterstützt. Falls ein Multicast in dem bisher beschriebenen Sinn beabsichtigt ist, haben Sender und Empfänger explizit dafür Sorge zu tragen, daß das Tupel nicht aus dem Tupel-Raum gelöscht wird, bevor alle "adressierten" Empfänger das Tupel gelesen haben, und daß nicht ein Empfänger das Tupel mehrfach liest. Da der Tupel-Raum die einzige Kommunikationsmöglichkeit zwischen Prozessen darstellt, könnten in LINDA formulierte Protokolle zur Abstimmung der Prozesse lediglich durch das Erzeugen und Lesen neuer Tupel Informationen austauschen. Hierbei ist aber zu befürchten, das sehr unübersichtliche Programmstrukturen entstehen und insbesondere der Effizienzvorteil des Multicast, d.h. das einmalige Ablegen und mehrfache Lesen des Tupels, verlorengeht.

In [AHB85] wird daher eine Erweiterung von LINDA vorgeschlagen, die eine leistungsfähige, systemunterstützte Multicast-Kommunikation offeriert, die auf den Basiskonzepten von LINDA aufbaut. Im folgenden wird nur auf die Eigenschaften des Ansatzes eingegangen, die in direktem Zusammenhang mit der Multicast-Kommunikation stehen. Obwohl die Basisoperationen *in* und *out* beibehalten wurden, wurde die Terminologie denen der botschaftsorientierten Kommunikationsmodelle angepaßt. Der Begriff des Tupels wurde durch *Nachricht* ersetzt, der zentrale Tupel-Raum wurde in *Kanäle* aufgespalten. Kanäle stellen einen Speicherbereich für Nachrichten dar, die alle die gleiche Struktur haben müssen. Die Notwendigkeit für einen Pattern-Match entfällt ganz oder braucht zumindest die Strukturgleichheit von Nachrichten nicht mehr zu berücksichtigen.

Nachrichten werden über Kanäle verschickt. Ein Prozeß kann mit Hilfe eines *Namens* auf einen Kanal Bezug nehmen. Bei der Generierung von Kanälen werden Namen erzeugt, die zur dynamischen Modifikation von Kommunikationsverbindungen auch Variablen zugewiesen und in Nachrichten verschickt werden können.

Nachrichten werden in einem Kanal abgelegt oder aus ihm ausgelesen mit den Anweisungen:

```
out(<name>,<act-par-list>)
in(<name>,<var-par-list>)
```

Dabei bezeichnet <name> den Kanal, auf den sich die Anweisungen beziehen. Es wird eine unbeschränkte Pufferkapazität des Kanals angenommen, so daß beliebig viele Nachrichten dort abgelegt werden können, bevor eine Nachricht ausgelesen wird (wie in LINDA entfernt die *in*-Operation die Nachricht aus dem Kanal). Um bestimmte Nachrichten aus dem Kanal auswählen zu können, wurde die *in*-Anweisung um eine selektive Variante erweitert, die der Select-Anweisung in Ada [USD81] entspricht.

An einen Kanal können sich beliebig viele Prozesse anschließen, so daß der Sender den Empfänger seiner Nachricht nicht zu kennen braucht. Eine Multicast-Nachricht wird mit Hilfe des Operators *out** verschickt, die aus der Sendersicht die gleiche Semantik wie *out* besitzt. Alle mit *out** verschickten Nachrichten werden jedoch durch die *in*-Operationen nicht aus dem Kanal entfernt und stehen den restlichen am Kanal angeschlossenen Prozessen weiterhin zur Verfügung. Es wird aber garantiert, daß die Nachrichten von jedem Prozeß nur einmal gelesen werden können.

Diese Form der Multicast-Semantik entspricht dem LINDA-Konzept in der Weise, daß Kanäle ähnlich wie der Tupel-Raum als eine Art "Schwarzes Brett" aufgefaßt werden, auf dem Informationen veröffentlicht werden können. Es bleibt dabei den Empfängern überlassen, davon Gebrauch zu machen oder nicht.

Selbst wenn alle an einen Kanal angeschlossenen Prozesse die Nachricht gelesen haben, wird die Nachricht nicht gelöscht und kann zu einem späteren Zeitpunkt von einem neu hinzukommenden Prozeß wieder gelesen werden. Um veraltete, nicht mehr gültige Nachrichten aus dem Kanal entfernen zu können, werden die Operationen

clear(<name>,<act-par-list>)
reset(<name>)

bereitgestellt. *Clear* entfernt alle vom aufrufenden Prozeß abgesetzten Nachrichten eines bestimmten Inhalts, während *reset* alle im Kanal abgelegten Nachrichten löscht.

Die *clear*-Operation versetzt den Sender in die Lage, eine bereits abgesendete Nachricht wieder zurückzuziehen, sofern sie noch nicht von allen Empfängern bearbeitet wurde. Obwohl der Sender nicht feststellen kann, wieviele Empfänger erreicht wurden, lassen sich im Zusammenhang mit auftragsorientierten Kommunikationsbeziehungen verschiedene Zuverlässigkeitsgrade realisieren. Nach Empfang einer ausreichenden Anzahl von Antworten wird der Kanal mit *clear* oder *reset* geleert. Danach eintreffende Antworten können durch die selektierende *in*-Operation vom Empfang ausgeschlossen werden.

Die mit einem "Schwarzen Brett" vergleichbare Semantik (*bulletin board semantics*) stellt eine Form der indirekten Adressierung dar und läßt im Gegensatz zu den bisherigen Adressierungsarten eine flexiblere Bestimmung der Multicast-Gruppen zu. Durch die Pufferung der Nachricht im Kanal werden auch Empfänger erreicht, die zum

Absendezeitpunkt evtl. noch gar nicht existierten. Durch das Zurückziehen einer Nachricht können u.U. überflüssige Berechnungen vermieden werden. Das Erreichen aller Empfänger kann von der Semantik nicht garantiert werden. Die hierfür notwendigen Maßnahmen (evtl. Versenden von Quittungen) sind auf der Sprachebene zu erbringen. Obwohl die Select-Anweisung hilft, veraltete Antworten nicht mehr berücksichtigen zu müssen, wird es aufgrund der fehlenden Verbindung zwischen Auftraggeber und -nehmer dem Laufzeitsystem erschwert, solche Antworten zu identifizieren und zu entfernen, damit sie nicht ewig im Puffer bleiben.

5.5   Multicast-Kommunikation in MEGLOS

Die MEGLOS-Programmierumgebung [GAK86] wurde mit dem Ziel entworfen, die nachrichtenbasierte Kommunikation von Anwenderprozessen in einem verteilten System zu unterstützen. Ähnlich wie LADY soll MEGLOS vorzugsweise in lokal verteilten Systemen und Mehrrechnersystemen eingesetzt werden, die über sehr schnelle und in den meisten Fällen broadcast-fähige physische Kommunikationsverbindungen zwischen den Prozessoren verfügen. MEGLOS wurde auf einem Experimentalsystem entwickelt, das aus 10 MC68000-Prozessoren besteht. Die schnelle Abwicklung der Interprozeßkommunikation sowie die Abschottung der Anwenderprozesse gegen transiente Kommunikationsfehler standen im Vordergrund, während die Behebung schwerer und meist seltener auftretender Fehler, wie etwa der Ausfall eines Prozessors, von der Anwendung selber durchzuführen ist.

Nachrichten werden in MEGLOS über drei verschiedene Arten von Kanälen versendet, die unterschiedliche Kommunikationsmuster zwischen den Prozessen widerspiegeln:

- *two-ended-channels* bieten eine zuverlässige bidirektionale Verbindung zwischen einem Paar kooperierender Prozesse. Sie erlauben die Synchronisation von Sender und Empfänger und die Übertragung von Nachrichten vom Adreßraum des Senders in den Adreßraum des Empfängers.

- An *multicast-channels* kann sich im Gegensatz zu den *two-ended-channels* eine beliebige Anzahl von Prozessen anschließen. Eine über einen Multicast-Kanal abgesandte Nachricht erreicht alle angeschlossenen Prozesse.

- An *unicast-channels* können sich ebenfalls mehrere Prozesse anschließen, jedoch muß bei jeder Sendeoperation ein Empfängerprozeß explizit genannt werden. In Fällen, in denen eine Gruppe von Prozessen untereinander häufig 1:1-Nachrichten austauscht, fassen *unicast-channels* mehrere *two-ended-channels* zusammen und tragen damit zu einer übersichtlicheren Verbindungsstruktur bei.

Sowohl auf der Sender- als auch auf der Empfängerseite können optional Puffer angegeben werden. Die Nachrichtenübertragung zwischen den Prozessen bzw. zwischen den Puffern erfolgt synchron: Der Empfang jeder Nachricht muß quittiert werden, bevor die nächste Nachricht gesendet wird. Für Multicast-Nachrichten werden Quittungen von allen Empfängern erwartet. Um die Belastung des Senders durch viele nahezu gleichzeitig eintreffende Bestätigungsnachrichten zu reduzieren, werden die Quittungen über eine logische Baumstruktur an den Sender zurückgeleitet.

Nachrichten, die von dem Leitungsprotokoll als fehlerhaft erkannt wurden, werden sofort vernichtet. Falls beim Sender der Nachricht die erwartete Anzahl von Quittungen nach Ablauf eines Zeitintervalls nicht eingetroffen ist, wird die Nachricht nochmals verschickt. In der betrachteten Implementierung wurde ein Timeout-Wert von einer Sekunde festgesetzt. Um bei Verlust von Quittungen Nachrichtenduplikate zu erkennen, wird das Alternating-Bit-Protokoll eingesetzt. Unabhängig davon, ob ein Pufferbereich auf der Empfangsseite gewünscht wurde, existiert dort ein intern verwalteter sogenannter Pending-Message-Puffer, der verhindern soll, daß jede Nachricht mehrfach versendet werden muß, wenn der Sender schneller als der oder die Empfänger ist. Ist nur der Pending-Message-Puffer frei, wird die Nachricht dort abgelegt und dies dem Sender bestätigt, zusammen mit der Aufforderung, vorerst keine Nachrichten mehr zu senden. Beim Leeren des Pending-Message-Puffers wird dies ebenfalls dem Sender übermittelt, so daß dieser die nächste Nachricht versenden kann.

Die Kommunikationsart wird in MEGLOS über den Anschluß an die verschiedenen Kommunikationskanaltypen gewählt. Zur Erzeugung eines Kommunikationskanals müssen sich die beteiligten Partner auf einen eindeutigen Namen einigen. Durch Ausführung einer *copen*-Operation wird ein Kanaldeskriptor zurückgeliefert, der für die nachfolgenden *write*- und *read*-Operationen benutzt werden kann. Zum Aufbau initialer Kommunikationsverbindungen müssen übereinstimmende Namen in den Prozessen bereits vereinbart sein. Daß es bei der gleichzeitigen Ausführung mehrerer verteilter Programme hierbei zu Namenskonflikten kommen kann, wurde erkannt, aber als kein größeres Problem angesehen und in der experimentellen Umgebung nicht gelöst. *Read*- oder *write*-Operationen liefern Fehlerbedingungen, wenn sich die Kommunikationspartner noch nicht an den Kanal angeschlossen haben. Bei Multicast-Kanälen wird die Angabe von Pufferbereichen erzwungen (*copen*-Operation liefert bei fehlenden Puffern eine Ausnahmebedingung), um Deadlocks bei sich überlappenden Multicast-Wellen zu vermeiden (s. Abschnitt 2.2).

Die Multicast-Kanäle und Unicast-Kanäle sind mit den logischen Bussen in LADY vergleichbar. Eine *sendsingle*-Operation in LADY über einen logischen Bus entspricht einer *write*-Operation über einen Unicast-Kanal. Im Gegensatz zu LADY ist jedoch der Zuverlässigkeitsgrad einer Multicast-Operation nicht wählbar. In MEGLOS wird versucht, innerhalb des durch den Sender vorgegebenen Timeout-Intervalls alle am Multicast-Kanal angeschlossenen Empfänger zu erreichen (all-reliable). Das erfolgreiche Beenden eines Multicasts nach dem Erreichen von k Empfängern ist nicht möglich. Der Multicast besitzt ebenfalls keine Atomaritätseigenschaft, d.h., beim Abbruch einer Multicast-Operation durch einen Timeout kann der Sender nicht in Erfahrung bringen, wieviele Prozesse die Nachricht erhalten haben und wieviele nicht.

Die Art des Aufbaus von Kommunikationsverbindungen und die Semantik des Multicasts erfordert eine globale Verwaltung von Multicast-Gruppen. Der Sender muß zu jedem Zeitpunkt wissen, wieviele Prozesse an einem Kanal angeschlossen sind. Diese Zahl kann auf der Anwendungsebene mit Hilfe der Operationen *chan-count* und *chan-count-wait* abgefragt werden. Die letzte Operation ermöglicht es einem Sender, solange zu warten, bis eine bestimmte Kommunikationsstruktur aufgebaut worden ist.

5.6   Eine Multicast-Schnittstelle für UNIX

In [HUG88] wird eine Multicast-Erweiterung für das UNIX-Betriebssystem vorgestellt, die auf *Sockets* des UNIX-Kerns basiert. Die Multicast-Schnittstelle wird von einer Schicht bereitgestellt, die zwischen dem UNIX-Kern und den Prozessen angesiedelt ist, die Multicast-Operationen benutzen. Eine Modifikation des UNIX-Kerns war nicht erforderlich. Die Multicast-Schicht besteht aus zwei Teilen:

1. Unterstützung der Multicast-Primitive, die in die betroffenen Prozesse mit aufgenommen werden muß.

2. Zwei UNIX-Systemprozesse (*demons*), die die Übertragung und Verteilung der Multicast-Nachrichten regeln.

Als Entwicklungs- und Testumgebung standen mehrere UNIX-Systeme zur Verfügung, die über ein Ethernet miteinander verbunden waren. Logische Multicasts werden auf den physischen Broadcast des Ethernets abgebildet. Da der Broadcast in UNIX eine privilegierte Operation darstellt, werden Multicast-Nachrichten zuerst zu einem Senderprozeß (*MCX demon*) geschickt, der dann die eigentliche Übertragung vornimmt. Auf allen Rechnern existiert ein spezieller Multicast-Empfangsprozeß (*MCR demon*), der für alle eintreffenden Multicast-Nachrichten überprüft, ob auf seinem Rechner Mitglieder der betreffenden Multicast-Gruppe vorhanden sind, sowie gegebenenfalls die Multicast-Nachrichten an Gruppenmitglieder weiterleitet.

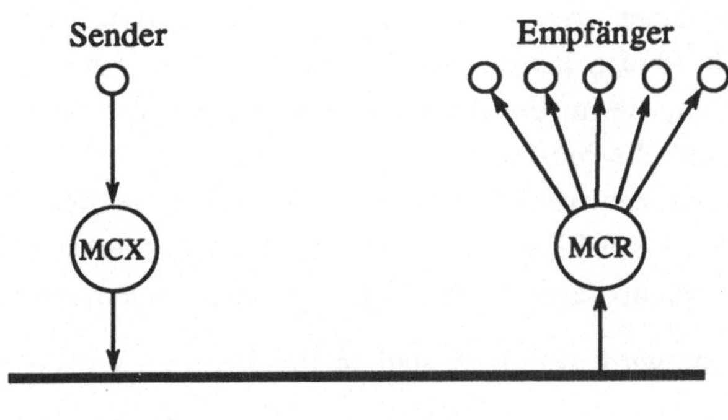

Abb. 5.14: Prinzip der Multicast-Übertragung in UNIX

Das Prinzip einer Multicast-Übertragung ist in Abbildung 5.14 dargestellt. Diese Vorgehensweise ist identisch mit der Multicast-Implementierung in LADY. Auch dort wurde ein spezieller Empfangsprozeß auf der Systemebene wegen der Ausnutzung der Broadcast-Fähigkeit des Mediums notwendig. Die Multicast-Kommunikation wird durch acht elementare Funktionen realisiert, die sich in die Klassen

- Kommunikationsunterstützung (*send, receive, join, leave*)

- Namens- und Adreßverwaltung (*newid, create, remove, getid*)

einteilen lassen. Multicasts haben den Zuverlässigkeitsgrad Null, das heißt, daß nicht einmal das Erreichen eines einzigen Empfängers garantiert wird. Der eine Sendeanweisung ausführende Prozeß wird lediglich darüber informiert, ob das Absenden der Nachricht erfolgreich abgewickelt werden konnte.

In der Sendeanweisung werden ein Zielbezeichner und ein Zeiger auf die Nachricht als aktuelle Parameter übergeben. Der Zielbezeichner kann eine Unicast- oder Multicast-Adresse sein. Beide Übertragungsformen brauchen nicht unterschieden werden, da es sich um eine mitteilungsorientierte Kommunikation handelt, bei der nicht auf Bestätigungsnachrichten gewartet werden muß.

Die *receive*-Anweisung besitzt folgende vier Parameter:

returncode := **receive**(identifier, **var** messagelist, filter, timelimit)

Identifier bezeichnet eine Unicast- oder Multicast-Adresse, mit deren Hilfe die zu empfangenden Nachrichten ausgewählt werden können. Falls z.B. eine spezielle Multicast-Adresse angegeben wurde, werden nur die Nachrichten berücksichtigt, die an diese Gruppe gerichtet waren. Nach der erfolgreichen Durchführung einer Empfangsoperation wird im zweiten Parameter ein Zeiger auf die Liste der empfangenen Nachrichten zurückgeliefert. Multicast-Nachrichten werden vom System gepuffert, so daß man mit einer *receive*-Anweisung alle zwischenzeitlich eingetroffenen Nachrichten abgeholt werden können. Im dritten Parameter kann der Name einer Funktion angegeben werden, die im Empfängerprozeß definiert sein muß und das Filtern von Nachrichten ermöglicht. Es handelt sich hier um einen *Upcall-Mechanismus* [CLA85]: bevor nach Aufruf der *receive*-Anweisung die Kontrolle wieder zurückgegeben wird, wird die Filterfunktion beim Eintreffen jeder Nachricht aktiviert. Die Filterfunktion kann die Nachricht inspizieren und eine der folgenden Entscheidungen treffen:

- Die Nachricht wird akzeptiert und in die Nachrichtenliste *messagelist* eingereiht.

- Die Nachricht wurde nicht akzeptiert und kann vernichtet werden.

- Es werden weitere Nachrichten erwartet und die Kontrolle verbleibt bei der *receive*-Operation.

- Die Kontrolle wird an den aufrufenden Prozeß zurückgegeben.

Im letzten Parameter kann ein Timeout-Wert angegeben werden, so daß nach Ablauf des spezifizierten Zeitintervalls die Empfangsanweisung abgebrochen wird.

Über die *join*-Anweisung wird dem Multicast-Prozeß mitgeteilt, daß der Aufrufer sich in die als Parameter angegebene Multicast-Gruppe eingereiht hat. An die betreffende Gruppe gerichtete Multicast-Nachrichten werden ab diesem Zeitpunkt an den neu hinzugekommenen Prozeß weitergeleitet. Die *join*-Operation ist nur lokal wirksam, eine Multicast-Gruppe kann mit Hilfe der *leave*-Anweisung verlassen werden.

Multicast-Gruppen werden durch das Erzeugen einer Multicast-Adresse gegründet. Der Aufruf von *newid* liefert einen eindeutigen Gruppennamen zurück, der durch die Konkatenation der Rechneradresse mit dem Datum und der aktuellen Zeit gewonnen wird. Die restlichen Operationen (*create*, *remove* und *getid*) dienen der Verknüpfung textueller Bezeichnungen mit Multicast-Adressen und sind hier nicht von Interesse.

Die vorgestellte Multicast-Schnittstelle für UNIX stellt den geringsten Zuverlässigkeitsgrad bereit. Aus der Beschreibung in [HUG88] geht nicht hervor, ob die Wahrscheinlichkeit einer erfolgreichen Übertragung durch irgendwelche Maßnahmen erhöht wird. Da von den Empfängern keine Quittungen erwartet werden, böten sich als einzige Maßnahme ohnehin nur Saturationsverfahren an. Falls jede Multicast-Nachricht nur einmal übertragen wird, entfällt auch das Erkennen von Duplikaten. Da bei einer zunehmenden Anzahl von Rechnern die Nachrichtenverlustrate aufgrund von Pufferüberläufen drastisch ansteigen kann, ist die Praktikabilität dieses Ansatzes zweifelhaft.

Die Filterfunktionen versetzen den Anwender jedoch in die Lage, zuverlässigere Protokolle selber zu entwickeln. Es geht aus den Beschreibungen nicht klar hervor, ob innerhalb der Filterprozeduren Sende- und Empfangsanweisungen ausgeführt werden können. Falls dies nicht möglich ist (was sehr wahrscheinlich ist), sind sie zur Realisierung anwendungsspezifischer Protokollvarianten wenig geeignet.

5.7 Der V-Kernel und das VMTP-Protokoll

Der V-Kernel [CHE84, CHZ85, CHE86a] stellt einen Betriebssystemkern für verteilte Systeme dar, der Prozesse, die Interprozeßkommunikation und die Speicherverwaltung unterstützt. Auf jedem Rechnerknoten eines verteilten Systems existiert ein Exemplar des V-Kernels, alle zusammen bilden das V-System, das Rechnergrenzen gegenüber der Anwendung transparent erscheinen läßt. Das VMTP-Protokoll (*versatile message transaction protocol*) [CHE86b] ist aus dem ursprünglichen V-Kernel-Protokoll hervorgegangen und verfügt über einige interessante Neuerungen, die im wesentlichen die Namens- und Adreßproblematik in verteilten Systemen betreffen.

Beide Protokolle bieten 1:n-Kommunikationsmöglichkeiten an, die in das Gesamtkonzept integriert sind. Prozeßgruppen werden als eine logische Einheit angesehen, auf der Operationen ausgeführt werden können. Prozeßgruppen werden aus einem oder mehreren Prozessen gebildet, die auf unterschiedlichen Rechnern lokalisiert sein können. Die Gruppenverwaltung wird durch spezielle Kernoperationen unterstützt, und die meisten Kernfunktionen, die üblicherweise für einzelne Prozesse vorhanden sind, wurden so erweitert, daß sie auch auf Prozeßgruppen angewendet werden können [CHZ85].

Multicast-Gruppen werden mit der Operation *creategroup* erzeugt, die den Prozeß, dessen Adresse als Parameter übergeben wurde, zum ersten Mitglied der Gruppe macht. Eine Gruppe wird als nicht mehr existent betrachtet, wenn der letzte Prozeß die Gruppe verläßt. Die *creategroup*-Operation besitzt einen zweiten Parameter, mit dem der Typ der Gruppe bestimmt werden kann. Einer *globalen* Gruppe können Prozesse aus dem gesamten System beitreten, während alle Mitglieder einer *lokalen* Gruppe sich auf dem gleichen Rechner wie das erste Gruppenmitglied befinden müssen. Weiterhin kann die Gruppenmitgliedschaft auf Prozesse beschränkt werden, die alle unter der gleichen Benutzerkennung ablaufen.

Die Operation *joingroup(groupid, pid)* nimmt den Prozeß mit der Kennung *pid* in die Gruppe *groupid* auf. Die Prozesse können Mitglieder mehrerer Gruppen sein. Mit Hilfe von *leavegroup(groupid, pid)* wird der Prozeß *pid* aus der Gruppe *groupid* wieder entfernt. Das Fragen des Gruppenzustandes wird durch *querygroup* ermöglicht.

Die bereits erwähnte Ausdehnung prozeßspezifischer Operationen auf Prozeßgruppen kann durch Angabe eines Gruppennamens erreicht werden. Wird beispielsweise in *joingroup* als zweiter Parameter anstelle der Prozeßkennung ein Gruppenname angegeben, werden alle in dieser Gruppe enthaltenen Prozesse der durch den ersten Parameter spezifizierten Gruppe hinzugefügt. Die dynamische Erzeugung von Gruppennamen wurde bereits in Abschnitt 3.4 erläutert.

Dem V-Kernel liegt ein auftragsorientiertes Kommunikationsmodell zugrunde, das Multicast-Übertragungen mit dem Zuverlässigkeitsgrad Eins unterstützt. Der Sender einer Nachricht wird solange blockiert, bis er eine Antwortnachricht erhalten hat. Da die Nachrichtenübertragung nicht zuverlässig ist und die Nachricht verlorengehen kann, wiederholt der Sender seinen Auftrag in vorgebbaren Zeitabständen. Falls der Adressat der Botschaft den Auftrag erhalten hat und ein Duplikat erkennt, antwortet er dem Auftraggeber mit einer sogenannten Reply-Pending-Nachricht. Sie informiert den Sender darüber, daß der Auftrag bearbeitet wird und weitere Wiederholungen nicht mehr nötig sind.

Das Verbreitungsgebiet einer Multicast-Nachricht (*scope*) kann durch einen Parameter der Sendeanweisung bestimmt werden (*distance*). Diese Eigenschaft läßt sich dann sinnvoll einsetzen, wenn das Kommunikationssystem aus mehreren broadcast-fähigen Teilnetzen besteht. Über den Distanz-Parameter kann gesteuert werden, bis in welche Teilnetze die Multicast-Nachricht weitergeleitet wird. Welche Werte der Distanz-Parameter annimmt, hängt von der jeweiligen Einsatzumgebung ab und muß individuell festgelegt werden. Diese Beschränkung des Ausbreitungsbereichs eines Multicast-Auftrags ermöglicht es beispielsweise, Suchvorgänge auf die nähere Umgebung zu konzentrieren. Beim Erzeugen eines neuen Prozesses innerhalb eines verteilten Programms könnte nur in dem betreffenden Teilnetz nach einem freien Rechnerknoten gesucht werden, um die Kommunikation nicht über mehrere Teilnetze hinweg führen zu müssen.

Bei Multicast-Operationen wird der Sender nach dem Erhalt der ersten Antwort freigegeben, er kann dann entscheiden, ob er an weiteren Ergebnissen interessiert ist und sie mit weiteren *receive*-Anweisungen empfangen. Eine einzelne Auftragsbeziehung wird im V-Kernel als *Nachrichtentransaktion* bezeichnet. Alle zu einer Nachrichtentransaktion gehörenden Pakete und Kontrollnachrichten werden mit einer eindeutigen Transaktionskennung versehen. Da mit dem Beginn einer neuen Auftragsbeziehung alte Transaktionskennungen ihre Gültigkeit verlieren, können Antworten auf alte Transaktionen erkannt und vernichtet werden.

Zur Erkennung von Duplikaten merkt sich der Auftragnehmer die Transaktionskennungen aller Auftraggeber. Die Transaktionskennungen stellen einfache Folgenummern dar, die für jede Auftragsbeziehung von allen beteiligten Partnern verwaltet werden. Das stetige Anwachsen der zu verwaltenden Transaktionskennungen wird durch die Einführung sogenannter T-stabiler Kennungen umgangen. T-stabile Kennungen werden von den Auftraggebern vergeben und verlieren ihre Gültigkeit nach Ablauf der Zeit T nach der letzten gesendeten Nachricht. Durch die Abstimmung des Zeitintervalls T mit den Zeiten für Nachrichtenübertragungen und Timeouts zum Abbrechen von Auftragsbeziehungen und der Wiederholungsfrequenz von Aufträgen kann die Anzahl der zu einem Zeitpunkt aktiven Transaktionskennungen und der damit verbundene Verwaltungsaufwand klein gehalten werden. Die Größe des Namensraums wird ebenfalls reduziert, da ungültige Kennungen nach Ablauf der Zeit T wieder benutzt werden können. Die Details dieses Verfahrens sind in [CHE86a, CHE86b] beschrieben.

Trifft beim Auftragnehmer ein Duplikat ein, nachdem er bereits die Antwort gesendet hat, wird die Antwort noch einmal wiederholt. Antworten werden so lange gespeichert, bis entweder ein neuer Auftrag empfangen wird oder die Transaktionskennung ihre Gültigkeit verliert. Aus Effizienzgründen kann die Speicherung der Antwort unterdrückt werden, wenn Transaktionen als *idempotent* markiert werden. Eine Transaktion wird *idempotent* genannt, wenn die mehrfache Ausführung eines Auftrags den gleichen Effekt wie die einmalige Ausführung hat (z.B. das Lesen der Uhrzeit).

Bei der Abwicklung von Aufträgen, die in viele Pakete unterteilt werden müssen, wurden zwei Mechanismen zur Vermeidung von Pufferüberläufen auf der Empfängerseite realisiert. Pakete werden in *Paketgruppen* aufgeteilt (max. 32 Pakete pro Gruppe), wobei die Pakete einer Gruppe hintereinander gesendet werden, zwischen den Gruppen jedoch Pausen eingelegt werden, um den Empfängern die Gelegenheit zur Verarbeitung der Pakete zu geben. Die Senderate der Pakete innerhalb einer Gruppe kann bei Bedarf ebenfalls geregelt werden. Bei der *selektiven Wiederholung* einer Paketgruppe (*selective retransmission*) werden verlorengegangene Pakete in einer zufällig ausgewählten Reihenfolge verschickt. Dieser Vorgehensweise liegt die Überlegung zugrunde, daß im Fall zu schneller Sender beim Verlust von Paketen häufig eine Systematik festzustellen ist: Verfügt der Empfänger z.B. über drei Puffer, dann geht bei vier Paketen meist das vierte verloren. Eine Wiederholung der Paketgruppe in linearer Folge hätte mit hoher Wahrscheinlichkeit die gleiche Wirkung. Durch die geänderte Paketfolge wird im obigen Beispiel bei der Wiederholung das vierte Paket vielleicht an zweiter Stelle verschickt und erreicht so sein Ziel.

5.8 Das ISIS-System

Das ISIS-System [BSE83] zielt auf die Bereitstellung einer Umgebung zur Konstruktion verteilter Systeme. Ähnlich wie im V-Kernel werden Prozeßgruppen als zentrale Einheiten angesehen, die mit einer Reihe von Operationen manipuliert werden können. Im Gegensatz dazu bietet das ISIS-System jedoch eine wesentlich höhere Schnittstelle an, die die Realisierung hochgradig fehlertoleranter Anwendungen vereinfachen soll.

Bei der Konzipierung des ISIS-Systems wurde davon ausgegangen, daß die Schwierigkeiten verteilter Systeme (Nichtdeterminismus, Synchronisation, Fehlererkennung) ihren wesentlichen Ursprung darin haben, daß Nachrichten, die Ereignisse anzeigen, in beliebiger, unkontrollierter Folge bei ihren Empfängern eintreffen. Dadurch wird es einer Prozeßgruppe erschwert, eine konsistente Sicht der Gruppe zu behalten und ihre Aktionen untereinander zu koordinieren. Als Lösung wird das Prinzip der *virtuellen Synchronität* vorgeschlagen, Ordnungsrelationen über alle Nachrichten zu definieren und die Empfangsreihenfolge von Nachrichten relativ zueinander zu gewährleisten. Da eine rein synchrone Nachrichtenübertragung (besonders im Fall von Multicasts) der maximalen Parallelität entgegenwirkt, werden Kommunikationen aus der Sicht der Sender asynchron abgewickelt. Die virtuelle Synchronität stellt sicher, daß jede Ereignisfolge, die von jedem Prozeß beobachtet wird, äquivalent zu einer Folge ist, die dann eingetreten wäre, wenn alle Prozesse in einer Umgebung abliefen, die nur synchrone Kommunikationen zuläßt.

Zu diesem Zweck wurden mehrere elementare Broadcast-Funktionen entwickelt, deren Anzahl von zunächst drei auf fünf angestiegen ist. Alle Formen des Broadcasts sind atomar; sie unterscheiden sich in den ordnungserhaltenden Eigenschaften. Da eine totale Ordnung der Nachrichten (siehe Kapitel 3.3 und 4.1) einen nicht zu vernachlässigenden Implementierungsaufwand (sowie Verlängerung der Ausführungszeit) mit sich bringt, wurden mehrere Broadcast-Primitive bereitgestellt, um auf unterschiedliche Anforderungen der Anwendung in geeigneter Weise, das heißt mit dem geringsten Effizienzverlust, reagieren zu können. Die einzelnen Broadcast-Primitive werden nachfolgend kurz erläutert, wobei eine ausführliche Diskussion nicht beabsichtigt ist (siehe hierzu [BIJ84, BJR85, BIJ86, BIJ87a, BIJ87b]). An dieser Stelle soll lediglich ein Eindruck von den Basisfunktionen vermittelt werden, die dem ISIS-System zugrundeliegen.

1. Gruppen-Broadcast (*group broadcast* - GBCAST): Eine Broadcast-Nachricht, die mittels GBCAST verschickt wird, wird relativ zu allen anderen Broadcasts geordnet.

2. Atomarer Broadcast (*atomic broadcast* - ABCAST): Diesem Broadcast-Typ wird eine Marke als Parameter übergeben. Die Nachrichten werden relativ zu GBCAST-Nachrichten und ABCAST-Nachrichten, die die gleiche Marke besitzen, geordnet.

3. Minimaler Broadcast (*minimal broadcast* - MBCAST): MBCAST-Nachrichten werden lediglich relativ zu GBCAST-Nachrichten geordnet.

4. Kausaler Broadcast (*causal broadcast* - CBCAST): Diese Broadcast-Variante bewahrt die potentielle Kausalität. (In Anlehnung an [LAM78] wird ein Broadcast b als potentiell kausal vor einem Broadcast b' bezeichnet, falls b von einem Prozeß vor b' initiiert wurde, b von einem Prozeß empfangen wurde, bevor dieser b' initiiert hat und ferner b und b' unter der transitiven Hülle dieser beiden Regeln zueinander in Bezug stehen).

5. Kausaler atomarer Broadcast (*causal atomic* broadcast - CABCAST): Dieser Broadcast-Typ verhält sich wie ABCAST: alle CABCAST-Nachrichten sind relativ zu den GBCASTs sowie relativ untereinander geordnet, wenn sie die gleiche Kennung haben. Zusätzlich wird die Ordnung potentiell kausaler Broadcasts beibehalten.

Zur Adressierung von Multicast-Gruppen können Namen dynamisch zur Laufzeit erzeugt werden; Prozesse können Multicast-Gruppen während der Laufzeit beitreten und sie wieder verlassen.

Unter Ausnutzung der bis jetzt vorgestellten Basisfunktionen lassen sich höhere Kommunikationsformen aufbauen, wie beispielsweise ein *geordneter Gruppen-Remote-Procedure-Call* (*ordered group RPC*, [BIN84]). Da die Broadcast-Primitive keine auftragsorientierte Kommunikation unterstützen, muß die Verbindung zwischen Auftragnehmer und Auftraggeber explizit hergestellt werden. Ein Klient, der mehrere Server mit einer Multicast-Nachricht ansprechen will, erzeugt eine Auftragskennung und fügt sie der zu versendenden Nachricht hinzu. Die Empfänger verpacken das Ergebnis in einer neuen Nachricht, senden sie zusammen mit der Kennung dem Auftraggeber zurück. Dies wird ebenfalls mittels einer Broadcast-Funktion durchgeführt, da die ordnungserhaltenden Eigenschaften benötigt werden. Ein spezielles RPC-Modul sammelt soviele Antworten, wie der Auftraggeber gewünscht hat, wobei die Kennungen miteinander verglichen werden. Die Kennung ist mit der Transaktionskennung im V-Kernel vergleichbar. Aufgrund der Ordnungs- und Fehlererkennungseigenschaften des GBCASTs kann erreicht werden, daß der wartende Auftraggeber eine Fehlermeldung erhält, falls einer der Zielprozesse ausgefallen ist. Dies wird auch garantiert, wenn der Auftraggeber nicht Mitglied der Gruppe ist, zu der der ausgefallene Prozeß gehörte. Als Resultat braucht der Auftraggeber im Fehlerfall nicht zu warten, bis eine lokale Timeout-Bedingung eintritt, sondern er kann seine Auftragsbeziehung sofort abbrechen.

Das kleine Beispiel sollte verdeutlichen, daß die verschiedenen Broadcast-Varianten in der Tat als Grundfunktionen anzusehen sind. Das gesamte ISIS-System besteht aus einer Reihe von Werkzeugen, die die Synchronisation (Semaphore, Monitore, Deadlock-Erkennung), Rekonfiguration (Konfigurationsmanager, Migrationsunterstützung), Fehlererkennung (process watcher), Recovery-Manager (Checkpointing-Tool,

Recovery-Blocks, Stable-Storage) und Transaktionen (TID-Manager, Versionsspeicher, Blockierung) unterstützen. Die Vielfalt der Kommunikationsprimitive sowie ihre nicht sofort einsehbaren Einsatzbereiche erschweren den Umgang mit ihnen außerordentlich und machen sie nicht geeignet als alleinige Schnittstelle zur Anwendungsprogrammierung. Darüber hinaus werden Leistungen angeboten, die nicht immer benötigt werden, sich aber in den Implementierungskosten bemerkbar machen. Ein k-zuverlässiger Multicast beispielsweise ohne jede ordnungserhaltende Eigenschaft läßt sich im ISIS-System nicht realisieren. Implementierungsmöglichkeiten für die verschiedenen Broadcast-Varianten wurden in Abschnitt 4.7 erläutert.

6. Hardware-Unterstützung

Die wichtigste Voraussetzung für die effiziente Realisierung eines logischen Multicasts stellt die Broadcast-Fähigkeit des Kommunikationsmediums dar. Wie bereits erwähnt, versteht man darunter die Fähigkeit eines Kommunikationssystems, mit einer einzigen physischen Nachricht mehrere Empfänger zu erreichen. Hierzu wird die Nachricht auf ein Übertragungsmedium geschickt, auf das alle potentiellen Empfänger Zugriff haben. Alle angeschlossenen Stationen hören gewissermaßen das Medium ab und übernehmen eine Nachricht, wenn sie entweder an sie selbst adressiert ist (Unicast) oder wenn es sich um eine Broadcast-Nachricht handelt. Für Broadcast-Nachrichten ist eine feste Zieladresse (z.B. 0) reserviert.

Unter den verschiedenen Verbindungstopologien besitzen Ringe und Busse eine inhärente Broadcast-Fähigkeit: bei Bussen kann eine Broadcast-Nachricht von allen angeschlossenen Stationen übernommen werden, in Ringen wird die Broadcast-Nachricht an jeder Station vorbeigeleitet. Auf der Hardware-Ebene kann man das Erkennen von Broadcast-Nachrichten als eine Form der inhaltlichen Adressierung verstehen. Zumindest der Adreßteil jeder Nachricht wird von jeder Station "gelesen", damit sie entscheiden kann, ob die Nachricht für sie bestimmt ist oder nicht. Die Broadcast-Fähigkeit ist unabhängig von dem jeweiligen Zugangskontrollverfahren wie beispielsweise Bus-Arbitration, Multiple-Access (CSMA), Tokenbus, Tokenring oder Slotted-Ring.

In broadcast-fähigen Kommunikationssystemen wird ein logischer Multicast auf den physischen Broadcast abgebildet, da ein physischer Multicast nicht zur Verfügung steht, aber der Vorteil einer einzigen Nachrichten-Übertragung genutzt werden soll. Nachrichten enthalten neben der physischen Broadcast-Adresse noch eine logische Multicast-Adresse. Nach dem Empfang der Nachricht wird auf der Multicast-Protokollebene entschieden, ob die Nachricht an evtl. einen oder mehrere vorhandene Empfängerprozesse übergeben oder, falls kein Empfänger vorhanden ist, vernichtet wird. Im letzten Fall entstehen Kosten auf den Rechnern, an die der logische Multicast gar nicht gerichtet war. Bei häufiger Multicast-Kommunikation kann dies zu erheblichen Störungen von Rechnern führen, die an der Kommunikation eigentlich überhaupt nicht beteiligt sind.

Dieser Nachteil kann durch die Einführung von Multicast-Adressen behoben werden. Zusätzlich zu den fest vorgebbaren individuellen Stationsadressen und möglicherweise der Broadcast-Adresse wird eine softwaremäßig kontrollierbare Multicast-Adresse benötigt. Um den logischen Multicast effizient umsetzen zu können, muß analog zur logischen Ebene ebenfalls eine Verwaltung der physischen Multicast-Gruppen durchgeführt werden. Falls nur eine Multicast-Adresse pro Station unterstützt wird, reicht dies für eine direkte Abbildung logischer Multicasts auf physische nicht aus. Es muß davon ausgegangen werden, daß auf der logischen Ebene keine Restriktionen bezüglich Anzahl und Überlappung von Multicast-Gruppen existieren. Selbst wenn disjunkte Multicast-Gruppen angenommen werden, könnten bei der Abbildung des logischen Prozeßnetzes auf das Rechnernetz (mapping) Überlappungen auftreten (z.B. falls die Menge der Prozesse die Anzahl der Rechnerknoten übersteigt oder wegen spezieller Anforderungen eine bestimmte Zuordnung von Prozessen zu Rechnerknoten unvermeidbar ist). Die gleichzeitige Unterstützung mehrerer Multicast-Adressen durch die Hardware bringt eine erhebliche Verbesserung und erlaubt bei einer ausreichenden Anzahl die Gleichsetzung logischer und physischer Multicast-Gruppen.

6.1 Existierende Hardware-Unterstützung für Multicasts

Schon Anfang der 70'er Jahre wurde für den Ring des *Distributed Computing System* [FAL72] ein Schnittstellenbaustein entwickelt, der mit Hilfe eines assoziativen Speichers (gen. *name table*) mehrere Multicast-Adressen erkennen kann. Die Bezeichnung "Namenstabelle" rührt von dem dort verwendeten Betriebssystemkonzept her, das die Eintragung von Prozeßnamen in den Assoziativspeicher vorsah. Damit konnten Prozeßnamen und Gruppennamen direkt zur physischen Adressierung genutzt werden [CPR78]. Der Irvine-Ring ist der Vorgänger des ARPA Local Net Interface (LNI), das gegen Ende der 70'er Jahre am MIT weiterentwickelt und als Version V.2 LNI kommerziell vertrieben wurde.

Ein weiteres ebenfalls an einer amerikanischen Universität entwickeltes experimentelles Parallelrechnersystem unterstützt hardware-mäßig Multicast-Adressen. Das 1979 konzipierte und in den nachfolgenden Jahren implementierte *ZMOB-System* der Universität Maryland [WKM85] erlaubt Individualadressen, Broadcast-Adressen und sogenannte *Patterns* zur Multicast-Adressierung. Ein Pattern umfaßt 12 Bits, die in den Kopf einer Multicast-Nachricht eingetragen werden. Auf der Empfängerseite werden zur Auswahl der Nachricht zwei 12-Bit-Register herangezogen. Das erste Register fungiert als Maske, die die für den Pattern-Match relevanten Bits des zweiten Registers spezifiziert, das das Pattern des Empfängers enthält. Durch geschickte Zuteilung von Adreßmustern kann ein Rechner Mitglied mehrerer physischer Multicast-Gruppen sein, womit der gleiche Effekt wie bei mehreren Multicast-Adressen erreicht wird. Während der Nutzung des Systems stellte sich jedoch heraus, daß 12 Bits in den meisten Anwendungsfällen zur Beschreibung geeigneter Muster nicht ausreichten. Wegen dieses Mangels wurde die Multicast-Adressierung selten benutzt.

In frühen Versionen des *Cambridge-Ringes* [NEH82] wurden auch Broadcast-Nachrichten unterstützt, die von allen angeschlossenen Stationen empfangen wurden. Die in dem Slotted-Ring-Verfahren begründete Aufteilung von Nachrichten in viele Minipakete brachte jedoch Schwierigkeiten bei der Behandlung der im Paketformat vorgesehenen Response-Bits mit sich, so daß in neueren Versionen des Rings auf die Broadcast-Fähigkeit verzichtet wurde.

Als letzter Vertreter von Ringstrukturen dient der *IBM-Token-Ring* [JAM83], der Individual- und Gruppenadressen unterstützt. Beide Adressen haben eine Länge von 48 Bits, wobei das höchstwertigste Bit festlegt, um welche Art von Adresse es sich handelt. Multicast-Übertragungen in Ringen sind nur dann möglich, wenn der Sender die Multicast-Nachricht wieder vom Ring holt (source removal). Würde dies der Empfänger tun (destination removal), könnte die Nachricht andere Gruppenmitglieder nicht mehr erreichen.

Das *Ethernet* [MEB76] als Beispiel für eine Busstruktur läßt ebenfalls Individual- und Gruppenadressen zu. Ähnlich wie beim IBM-Token-Ring bestimmt das höchstwertigste Bit der 48-Bit-Zieladresse, um welchen Adreßtyp es sich handelt. Die Anzahl der gleichzeitig unterstützten Multicast-Adressen durch die Empfänger hängt von den dort verwendeten Schnittstellenbausteinen ab. So erlaubt die DEUNA-Schnittstelle [DEU83] bis zu zehn dynamisch modifizierbare Gruppenadressen, der Intel 82586-LAN-Koprozessor sogar bis zu 64 Adressen. Der Koprozessor bildet die Gruppenadressen mittels einer Hash-Funktion auf eine 64 Bit große Hash-Tabelle ab. Sollte dort das entsprechende Bit gesetzt sein, wird die Nachricht an den Rechner weitergeleitet. Dabei kann es vorkommen, daß mehrere unterschiedliche Multicast-Adressen auf das gleiche Bit abgebildet werden, so daß in jedem Fall software-mäßig überprüft werden muß, ob die Multicast-Nachricht wirklich für den betreffenden Knoten bestimmt war.

Das als Kommunikationssystem des experimentellen Mehrrechnersystems im IN-CAS-Projekt eingesetzte *ARCNET* [SMC84] sieht die Adresse 0 als Broadcast-Adresse an. Das ARCNET benutzt als Zugangsverfahren ein Token-Bus-Protokoll.

Das *Metanet* [AGU84] stellt eine Erweiterung des bereits existierenden Inter-Network-Protokolls (IP) des amerikanischen Verteidigungsministeriums dar, das u.a. mit dem Ziel entworfen wurde, Multicast-Kommunikationen zwischen Netzwerken zu ermöglichen. Neben einer Multicast- oder Individualadresse können im Nachrichtenkopf bis zu 8 weitere Netzadressen spezifiziert werden. Wenn eine solche Nachricht von einem IP-Gateway empfangen wird und eine der Netzadressen ein Netz bezeichnet, an das dieses Gateway angeschlossen ist, wird die Nachricht vom Gateway in das benachbarte Netz weitergeleitet [HUG88].

6.2 Verbesserungsmöglichkeiten der Hardware-Unterstützung

Wie bereits in Kapitel 2 erwähnt, treten beim heutigen Stand der Kommunikationstechnologie Übertragungsfehler durch Störungen auf dem Medium mit äußerst geringer Wahrscheinlichkeit auf. Häufiger gehen Daten durch mangelnde Pufferkapazitäten der Empfangsrechner verloren [CHE84, PAL88]. Bei Multicast-Operationen entsteht ein erhöhtes Nachrichtenaufkommen, das sowohl beim Sender als auch beim Empfänger zum Überlauf der Pufferbereiche führen kann. Insbesondere bei größeren Multicast-Gruppen, in denen der Empfang der Multicast-Nachricht von allen Empfängern mit einer 1:1-Nachricht bestätigt wird, kann es leicht vorkommen, daß der Sender die Quittungen nicht schnell genug verarbeiten kann und so die Puffer überlaufen. Die Empfänger können überlastet werden, wenn aufgrund mehrerer Sender oder der Zerteilung langer Multicast-Nachrichten in einzelne Pakete die Verarbeitungsgeschwindigkeit des Prozessors nicht mehr zum rechtzeitigen Leeren der Puffer ausreicht.

In diesem Kapitel werden unter Puffern diejenigen Speicherbereiche verstanden, die direkt von den Schnittstellenbausteinen (Interfaces, Controller, DMA-Bausteine) hardware-mäßig verwaltet werden. Überläufe dieser Puffer können natürlich auch bei Unicasts auftreten. Bei vielen Kommunikationssystemen wird dieser Fall von der Hardware erkannt und dem Sender mitgeteilt: Vollduplex-Verbindungen mit Hand-Shake-Leitungen, Bussysteme zur Verbindung von Mikrorechnerbausteinen mit Bestätigungsleitungen (acknowledge lines), Bestätigungsbits bei Ringen (z.B. 2 Response-Bits beim Cambridge-Ring). Auch für das Ethernet wurden Quittungen für 1:1-Nachrichten vorgeschlagen [TOT77]. Die unterschiedlichen Mechanismen informieren den Sender über den Erfolg oder Mißerfolg einer Sendeoperation und ermöglichen ihm eine geeignete Reaktion, wie etwa einen erneuten Versuch oder die Weitermeldung des Mißerfolgs an den auftraggebenden Prozeß.

Vergleichbare hardware-gestützte Quittungsverfahren sind für Multicast-Übertragungen so gut wie nicht bekannt. Eine Ausnahme stellen Spezialsysteme wie z.B. das System PROCONTROL P14 von BBC [GKZ85] dar, die für einen eng begrenzten Einsatzbereich entworfen wurden und hier nicht weiter betrachtet werden sollen (im genannten System wird ein Bestätigungssignal für eine Multicast-Operation aus individuellen, über spezielle Kontrolleitungen abgesetzte Quittungssignale mittels einer verdrahteten UND-Verknüpfung gewonnen).

Während beispielsweise im ARCNET bei 1:1-Übertragungen der angesprochene Empfänger ein Quittungssignal erzeugt, entfällt dies bei Multicast-Übertragungen: erscheint auf dem Bus eine Nachricht mit der Adresse 0, wird sie lediglich von allen Empfängern übernommen. Beim Multicast würden die Quittungssignale sich überlagern und sich u.U. gegenseitig stören. Im günstigsten Fall würde der Sender nur die Information erhalten, daß mindestens ein Rechner die Nachricht bekommen hat. Die Identifikation einzelner Rechner wäre nicht möglich.

Das Versenden individueller Quittungen in bus-orientierten Systemen oder eine variable Anzahl von Quittungsbits in den Nachrichtenformaten von Ringen sind für hardware-gestützte Verfahren wenig geeignet. Negative Bestätigungsmechanismen stellen hier eine vielversprechende Alternative dar. Wie bereits in Kapitel 4 erwähnt, kann man positive und negative Quittungsverfahren nach dem DeMorgan'schen Gesetz als dual zueinander auffassen, wobei negative Bestätigungen den Vorteil bieten, daß der Sender bereits bei einer einzigen negativen Quittung weiß, daß die Multicast-Nachricht nicht alle Empfänger erreicht hat. Übertragen auf die Kommunikations-Hardware ließen sich negative Quittungen mit Signalen oder Bits erreichen, die dann gesetzt werden, wenn die Multicast-Nachricht von mindestens einem Empfänger wegen mangelnder Pufferkapazitäten nicht übernommen werden konnte. Bei parallelen Bussystemen könnte die Bestätigungsleitung genutzt werden, um negative Quittungen zu übertragen, bei ethernet-ähnlichen Kommunikationsmedien könnte bei Multicast-Operationen nach der Nachrichtenübertragung eine kurze Pause zum nächsten Sendevorgang eingelegt werden, um auf eventuelle negative Quittungen zu warten, und bei Ringen könnte ein gesetztes Quittungsbit den Mißerfolg eines Multicast anzeigen.

Die oben beschriebenen Mechanismen informieren den Sender über den Mißerfolg eines Multicast und gestatten ihm - ähnlich wie bei 1:1-Kommunikationen - eine sofortige Reaktion. Da der Sender jedoch nicht weiß, welche Empfänger die Nachricht erhalten oder nicht erhalten haben, müssen bei einem erneuten Multicast-Versuch auf der Empfängerseite Duplikate erkannt werden. Dieser Nachteil läßt sich mit einer weiteren Verbesserung des Verfahrens beheben: als hardware-mäßige Unterstützung eines atomaren Multicasts oder Broadcasts in parallelen Bussen oder dem Ethernet vergleichbaren Systemen setzt die Schnittstellen-Hardware ein negatives Quittungssignal, sobald sie erkennt, daß die Nachricht wegen mangelnder Pufferkapazität nicht übernommen werden kann. Dies kann die Hardware äußerst schnell feststellen, in der Regel sofort nach dem Lesen der Empfängeradresse. Das den Verlust mindestens einer Nachricht anzeigende Signal erreicht alle anderen Empfänger und insbesondere den Sender, der die Nachrichtenübertragung daraufhin sofort abbricht. Die Empfänger unterbrechen den Empfangsvorgang ebenfalls und geben die hierfür belegten Puffer wieder frei. Selbst bei sehr kurzen Multicast-Nachrichten, die bereits vollständig empfangen wurden, könnte eine kurze Zeitspanne lang auf ein evtl. eintreffendes Löschsignal gewartet werden. Multicast-Operationen wären damit atomar, d.h., Multicast-Nachrichten erreichen alle Empfänger oder keinen.

Technisch läßt sich das negative Quittungssignal wieder durch Ausnutzen der Bestätigungsleitungen oder beim Ethernet durch ein Burst-Signal realisieren. In Ringen bleibt nichts anderes übrig, als bei Multicast-Nachrichten eine zweite Tokenrunde einzuführen. Nach der ersten Runde erfährt der Sender über das Quittungsbit, ob alle Empfänger erreicht wurden und gibt dann in der zweiten Runde bekannt, ob die empfangene

Nachricht gültig ist oder gelöscht werden muß. Diese Variante entspricht einem Zwei-Phasen-Commit-Protokoll.

Der durch die Hardware realisierte atomare Multicast bietet eine Reihe von Vorteilen:

- Die Belastung des Mediums wird reduziert, da längere Multicast-Nachrichten sofort nach Erkennen des Mißerfolgs abgebrochen werden (bei CSMA/CD-ähnlichen Zugangsverfahren).

- Die Protokollschicht wird nicht durch mehrfaches Empfangen der gleichen Nachricht (bei Wiederholungen und Saturationsverfahren) belastet und braucht keine Duplikate zu erkennen.

- Es erfolgt eine hardware-mäßige Kontrolle des Nachrichtenflusses: Überfüllte Puffer "bremsen" Multicast-Nachrichten.

Um auch weiterhin k-zuverlässige Multicasts zu ermöglichen, für die es, wie weiter oben erörtert, zahlreiche Anwendungen gibt, könnte der Sender den Modus der Multicast-Übertragung vorgeben. Dies läßt sich analog zur Steuerung der Quittungsnachrichten in LADY-Bussen regeln (s. Kapitel 5.1), wo ein bestimmtes Bit in der Multicast-Nachricht bestimmt, ob der Empfänger Quittungen erzeugen soll oder nicht.

Da eine Multicast-Operation durch einen einzigen überlasteten Empfänger mißlingen kann, könnten mehrere Sender, die gleichzeitig Multicast-Nachrichten absetzen wollen, die 1:1-Kommunikation behindern. Es würde u.U. mehrfach versucht, die an einem Empfänger gescheiterte Multicast-Nachricht abzusetzen, während die 1:1-Nachricht, die an einen Empfänger mit verfügbaren Puffern gerichtet ist, nicht bearbeitet wird. Dies läßt sich beispielsweise durch eine zyklische Verwaltung der Kommunikationsauftragsliste umgehen. Nach Mißlingen einer Multicast-Operation wird die nächste anstehende 1:1-Nachricht verschickt, bevor der Multicast wiederholt wird. Darüber hinaus könnte nach jedem Multicast eine wählbare Zeitspanne gewartet werden, bevor er wiederholt wird (Unicasts werden weiter bearbeitet).

Die beiden zuletzt vorgeschlagenen Verfahren zur Hardware-Unterstützung von Multicasts, negative Quittungen und atomare Multicasts, lassen sich nur in broadcast-fähigen Kommunikationssystemen einsetzen. Verbindungsnetze, die aus broadcast-fähigen Teilnetzen bestehen, sind hierfür nicht geeignet, es sei denn über spezielle Gateway-Bausteine könnten für diese Zwecke die einzelnen Teilnetze kurzzeitig zu einem einzigen Broadcast-Netz zusammengeschaltet werden. Es muß ebenfalls berücksichtigt werden, daß auch auf der logischen Ebene Nachrichten verlorengehen können, wenn die Empfängerprozesse keine ausreichenden lokalen Pufferbereiche besitzen. Dies kann durch die Hardware nicht abgefangen werden. Geht man weiterhin davon aus, daß mit dem Absenden einer Nachricht die Ausführung einer bestimmten Aktion beabsichtigt ist, dann können weder die Hardware noch die Transportprotokolle die Ausführung dieser Aktion garantieren. Die zuverlässige Übertragung von Nachrichten reicht alleine zur Realisierung fehlertoleranter Systeme nicht aus. Sie erlaubt es aber durch die bestmögliche Vermeidung von Übertragungsfehlern, diese als Ursache für Systemstörungen auszuschließen oder zumindest den Auftraggeber zu einem frühestmöglichen Zeitpunkt über ein Fehlverhalten zu informieren.

Besonders attraktiv wird der hardware-unterstützte atomare Multicast, wenn mit expliziten Pufferreservierungen oder Paketisierungsverfahren gearbeitet wird. Durch das erste Paket oder eine Reservierungsnachricht (s. Kapitel 4.4) wird ein Pufferbereich für eine bestimmte Zeitspanne reserviert. Die erfolgreiche Reservierung wird dem Auftraggeber mittels Unicasts gemeldet. Werden danach die folgenden Pakete oder die eigentliche Multicast-Nachricht atomar verschickt, dann kann der Sender bei Erfolg mit hoher Wahrscheinlichkeit davon ausgehen, daß die Nachricht nicht nur den Rechner, sondern auch den Prozeß erreicht hat: Die Hardware garantiert den Empfang der Nachricht bei den Empfängern und die reservierten Puffer garantieren den Empfang der Nachrichten durch den Prozeß. Als einzige Fehlerquelle bleibt noch der Ausfall des Rechners zwischen dem physischen Empfang der Nachricht und deren Weiterleitung in den Puffer des Empfangsprozesses. Dieser Fall kann jedoch auf das Ausfallen des Rechners kurz nach dem Empfang der Nachricht vor deren Bearbeitung zurückgeführt werden. Auch hier würde eine spezielle protokollgesteuerte Quittungsnachricht zwar den Empfang des Auftrages, aber nicht dessen korrekte Ausführung garantieren.

Der vollständige Ausfall eines Rechnerknotens oder besser eines Schnittstellenbausteins kann durch die oben beschriebenen atomaren Hardware-Multicasts nicht entdeckt werden. Derartige Fehlfunktionen in einem Rechnersystem müssen durch andere Mechanismen identifiziert werden wie beispielsweise das periodische Verschicken sogenannter *I-am-alive*-Nachrichten. Der atomare Hardware-Multicast verhält sich dann wie ein Best-Effort-Verfahren, das das Erreichen aller operationalen Empfänger garantiert.

7. Vergleichende Leistungsbewertung ausgewählter Multicast-Protokolle

Leistungsmessungen und Verhaltensbeobachtungen von Multicast-Protokollen unter verschiedenen Arbeitslasten wurden sowohl auf dem Mehrrechner-Experimentalsystem des INCAS-Projektes wie mit Hilfe eines Simulators durchgeführt. Aufgrund der schwierigen Implementierungs- und Testsituation auf dem Experimentalsystem wurde dort nur das LADY-Multicast-Protokoll unter Zuhilfenahme eines selbstentwickelten Test- und Meßsystems [WYH88] untersucht. Zur vergleichenden Bewertung anderer Protokolle wurde das Simulationssystem INCSIM eingesetzt, das auf einem Großrechner in der Programmiersprache SIMULA implementiert ist. Die Nachteile einer Simulation, wie etwa die Abhängigkeit der Ergebnisse von den bei der Modellbildung verwendeten Abstraktionsgraden und hohen Rechenzeiten, werden aufgehoben durch die Vorteile der Reproduzierbarkeit von Simulationsläufen, der einfachen Installation verschiedener Protokollvarianten sowie der Möglichkeit, den Einfluß vieler und spezieller Systemparameter zu berücksichtigen.

Dieses Kapitel ist in drei Abschnitte unterteilt: auf die Beschreibung der Messungen im Experimentalsystem folgt ein Überblick über den Simulator, bevor die für die Simulationen benutzten Arbeitslasten charakterisiert sowie die Simulationsergebnisse vorgestellt werden.

7.1 Messungen im INCAS-Experimentalsystem

Die Durchführung von Messungen ist seit jeher ein wichtiger Bestandteil der Hard- und Softwareentwicklung. Neben dem reinen Ermitteln von Leistungsdaten dienen Messungen auch der Beobachtung und Analyse des Verhaltens von Rechensystemen.

Unter dem *Messen eines Systems* versteht man das Sammeln von Informationen über die Aktivität des Systems während seiner Betriebsphase [FSZ83]. In verteilten Systemen müssen die Meßdaten lokal auf jedem Knoten gesammelt sowie später an einer zentralen Stelle miteinander korreliert und gemeinsam bewertet werden, um eine globale Sicht des Systems zu ermöglichen. Das durch asynchron-parallele Prozesse und unvorhersagbare Kommunikationszeiten bedingte nicht-deterministische und damit nicht-reproduzierbare Verhalten sowie das Fehlen eines globalen Zustandes, globaler Zeit und zentraler Kontrolle erschweren das Messen und Beobachten verteilter Systeme im Gegensatz zu sequentiellen Systemen erheblich.

7.1.1 Die Meßumgebung

Im Rahmen einer umfassenden Test- und Meßmethodik für verteilte Systeme [HAB87, WYH88, HAW88, HAB88, HWB88, HAW89] wurde ein hybrider Meßmonitor entwickelt. Der Kern des Ansatzes besteht in einem speziell entworfenen *Meßprozessor* (test and measurement processor - *TMP*), der Bestandteil eines jeden Knotens in einem verteilten System ist. Das TMP-Konzept vereint die Vorteile reiner software- oder hardware-basierter Meßsysteme in einem hybriden System und vermeidet die Nachteile. Der Softwareanteil zur Extraktion relevanter Meßdaten wurde auf ein Minimum reduziert und besteht nur noch in der Anzeige bestimmter interner Zustände (Prozeßwechsel, Versenden einer Nachricht etc.) durch eine Speicherinstruktion. Dabei werden Adreß- und Datenteile der Instruktion zur Kennzeichnung des Ereignisses ausgenutzt: Der Adreßteil bezeichnet einen speziellen Ereignistyp (z.B. Prozeßwechsel), während der Datenteil als Parameter dient (z.B. die Prozeßnummer).

Nach Ausführung der Speicherinstruktion werden die Adresse und die Daten auf dem Systembus sichtbar und von dem TMP erkannt. Die TMP-Hardware puffert Adreß- und Datenteil in einem FIFO-Speicher und fügt eine Zeitmarke mit einer Genauigkeit von einer Mikrosekunde hinzu. Die auf jedem TMP installierte lokale Meß- und Auswertungssoftware zählt die Häufigkeit jedes Ereignisses und erstellt einfache Statistiken wie beispielsweise Ausführungs-, Blockier- und Wartezeiten der einzelnen Prozesse. Mit Hilfe vom Übersetzer erzeugter Struktur- und Typinformationen werden aus den binär kodierten Ereignissen wieder die Namen und Bezeichnungen des Quellprogramms zurückgewonnen, und es kann eine anwendungsorientierte Darstellung der Ergebnisse erreicht werden. Das Grundprinzip der Meßmethodik ist in Abbildung 7.1 dargestellt.

Als zentralen Bestandteil enthält der TMP eine *Ereignisverarbeitungseinheit* (event processing unit - *EPU*), die die Ereignisse anhand des ihnen vorgegebenen Adreßbereichs erkennt. Gegenüber dem Systembus verhält sich die EPU wie ein normaler Speicher, auch die Erzeugung von Quittungssignalen ist möglich. Jedes Ereignis ist maskierbar, d.h., es kann hardware-mäßig entschieden werden, ob ein Ereignis in den FIFO-Speicher übernommen wird oder nicht. Die Masken können durch die lokale TMP-Software modifiziert werden. Die niederwertigsten 8 Bit des Adreßteils sowie der Datenteil werden in einem FIFO-Puffer abgelegt und mit einer Zeitmarke versehen, die von einer TMP-lokalen Hardware-Uhr mit einer maximalen Auflösung von einer Mikrosekunde erzeugt wird. Der FIFO-Puffer besitzt eine Tiefe von 16 Einträgen und schützt vor dem Verlust schnell hintereinander eintreffender Ereignisse. Die Tiefe von 16 Einträgen hat sich bis jetzt als vollkommen ausreichend erwiesen. Ansonsten verfügt der TMP über einen eigenen 68000-Prozessor, 1 MB RAM-Speicher, 128 KB ROM-Speicher für die lokale Auswertungssoftware, 2 serielle Schnittstellen zum Anschluß eines Terminals und eines Druckers sowie einer Schnittstelle zum ARCNET. Beim Eintrag eines Ereignisses in den FIFO-Speicher wird eine Unterbrechung ausgelöst, die die Auswertungssoftware veranlaßt, dieses Ereignis zu lesen und zu verarbeiten. Nach der Bearbeitung kann das Ereignis einschließlich der Zeitmarke in einen software-mäßig im RAM-Bereich realisierten Puffer übertragen werden, der ein Fassungsvermögen von über 65000 Ereignissen besitzt.

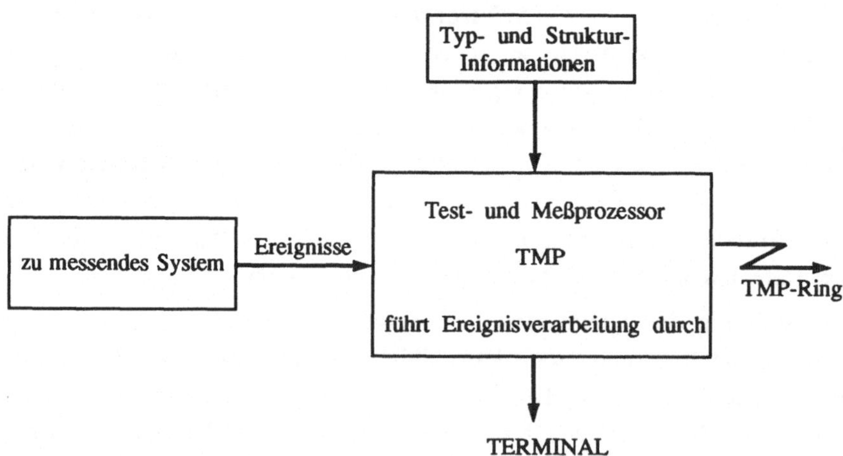

Abb. 7.1: Prinzip der TMP-basierten Meßmethodik

Über ein an der seriellen Schnittstelle angeschlossenes Terminal lassen sich die TMP-Parameter modifizieren, Zwischenergebnisse der Messungen und der Inhalt des Software-Trace-Puffers anzeigen sowie die Auswertungssoftware steuern. Typische Aktionen stellen in diesem Zusammenhang das Maskieren bestimmter Ereignisse, das Einstellen der Uhrgenauigkeit, das Festlegen von Triggerpunkten zum Starten und Beenden von Messungen sowie das Durchsuchen des Trace-Puffers nach speziellen Ereignisfolgen dar. Die Leistungen der Auswertungssoftware und der interaktiven Bedienschnittstelle sind in [ROH88] im Detail beschrieben.

Die einzelnen TMP's werden über ein eigenes Kommunikationssystem mit einer zentralen graphischen Darstellungs- und Auswertungsstation verbunden (s. Abbildung 7.2). Von der zentralen Station können die TMP's mit den gleichen Kommandos wie über ihre lokale Schnittstelle gesteuert werden. Ferner können die TMP's mit benutzereigenen Auswerteprogrammen geladen werden.

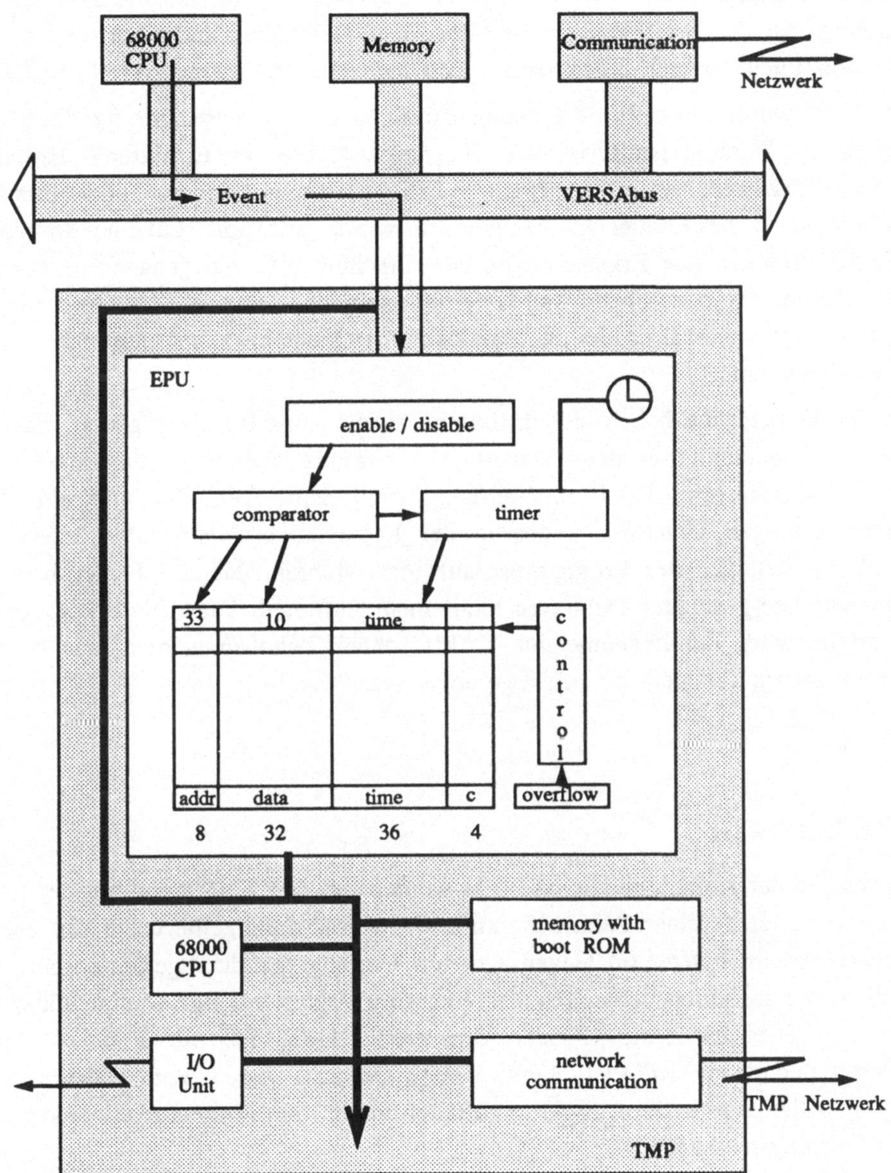

Abb. 7.2: Aufbau des Meßsystems

Die Darstellung der Meßdaten orientiert sich wahlweise an der logischen Struktur von LADY-Programmen oder an der Struktur des Rechnersystems. Die ungeheuere Menge anfallender Meßdaten (etwa 700 bis 900 Ereignisse in der Sekunde pro Knoten) wird verdichtet und in eine graphische, leicht verständliche Anzeige umgesetzt. So kann man sich mit Hilfe von Parallelitätskurven und Lastgraphen über die Auslastung des gesamten Systems, einzelner Rechner sowie die Aktivität von Prozessen, Teams und Teamnetzen in Echtzeit während der Programmausführung informieren. Genauere Ausführungen zu den vielfältigen Selektions- und Darstellungsmöglichkeiten der zentralen Station findet man neben den bereits oben angegebenen Referenzen in [ABE89].

Der TMP wurde sowohl zur Fehlersuche als auch zur Verbesserung der Ausführungszeiten der Kommunikationsschicht eingesetzt. Neben der Ermittlung der Häufigkeit von Prozeßwechseln, Monitorein- und -austritten, Sende- und Empfangsoperationen sowie bestimmter Codesequenzen wurde auch die Off-line-Analyse des Trace-Puffers genutzt. Die Ergebnisse gaben Aufschluß über die genauen internen Abläufe der Kommunikationsschicht und lieferten zahlreiche Hinweise für Optimierungen, so daß das Laufzeitverhalten der Kommunikationsschicht etwa um den Faktor 2 verbessert werden konnte.

Bei der Fehlersuche haben sich insbesondere die vom Benutzer generierbaren Ereignisse in Verbindung mit dem Trace-Puffer bewährt. Gerade in unterbrechungsgesteuerten Anwendungen (die Hardware-Schnittstelle zum ARCNET und ein Zeitgeberbaustein erzeugen Unterbrechungen in der Kommunikationsschicht) können selbst kleinste Veränderungen des Programmablaufs dazu führen, daß die Fehler beim Einsatz rein software-gestützter Debugger nicht mehr auftreten. Tatsächlich konnten einige Fehlerfälle unter Zuhilfenahme der TMP's schnell behoben werden, nachdem dies mit herkömmlichen Testmethoden nicht gelungen war.

7.1.2 Meßergebnisse

Die Messungen der Kommunikationsschicht wurden mit den TMP's und auf der LADY-Sprachebene mit Hilfe einer Zeitmeßfunktion des Kerns durchgeführt, die den Hardware-Zeitgeberbaustein nutzte. Im Gegensatz zum Umfang der durchgeführten Simulationen mußten die Leistungsmessungen des Experimentalsystems auf wenige Fälle reduziert werden. Dies hat seine Ursache zum einen darin, daß nur 3 bis 4 Rechner einsatzbereit und davon lediglich 2 mit TMP's bestückt waren, zum anderen die als Prototyp realisierte zentrale Auswertungsstation mehr die Programmanimation unterstützt als Leistungsmessungen.

Die erste prototyphafte Implementierung der logischen Busse in LADY wurde gegen Ende 1985 fertiggestellt. Es handelte sich dabei um eine Erweiterung [WEI85] der Kommunikationsschicht für die statische LADY-Version, die für das Experimentalsystem des DISTOS-Projektes [NRS86] entwickelt worden war, das aus acht 16-Bit-Mikroprozessoren des Typs TI990 bestand. Die in dieser Kommunikationsschicht bereits vorhandenen Datenstrukturen (z.B. Portkontrollblöcke) wurden durch zusätzliche, die logischen Busse unterstützende Elemente ergänzt. Da der LADY-Compiler die neuen Multicast-Operationen noch nicht akzeptierte, wurden sie als Kommunikationsschicht-Operationen bereitgestellt. Multicast-Gruppen konnten nur zur Laufzeit gebildet werden, die statische Beschreibung war nicht möglich.

Die Übertragungsleistung dieser ersten Implementierung war außerordentlich gering. Die gemessenen Werte lagen bei durchschnittlich knapp über 100ms für die Übertragung einer einzigen Multicast-Nachricht zu einem Prozeß, der auf einem anderen Rechnerknoten ausgeführt wurde; in Einzelfällen wurden sogar weit über 200ms gemessen. Das Übertragungsprotokoll entsprach in seinen Grundzügen dem der neuen LADY-Kommunikationsschicht, die in Kapitel 5.1.4 beschrieben wurde: direkte Multicast-Übertragung ohne Wiederholungen, wahlweise mit Quittungen von jedem Empfänger. Aufgrund fehlender Meßmöglichkeiten (spezielle Softwaremonitore wurden nicht eingebaut) können über die Ursache für die langen Ausführungszeiten von Multicast-Operationen keine genauen Aussagen gemacht werden. Es gilt jedoch als hochwahrscheinlich, daß ein wesentlicher Teil der Bearbeitungszeit auf der Empfängerseite für das Durchlaufen der Portlisten verwendet wurde, was zur Ermittlung aller potentiellen Empfänger nötig war. Die Portlisten stellen innerhalb der Kommunikationsschicht globale Daten dar, so daß der Zugriff auf sie über Monitore synchronisiert wurde. Häufige und unnötig lange Sperrungen von Portdatenstrukturen führten dazu, daß das Durchlaufen der Portliste oft unterbrochen wurde und daher lange Wartezeiten entstanden, so daß die Empfangsoperationen für Multicast-Nachrichten sehr stark verzögert wurden.

Für die erste Kommunikationsschicht stand die Minimierung der Sperrzeiten für Portdatenstrukturen nicht im Vordergrund, sie wirkte sich auf die 1:1-Kommunikation nicht so sehr aus wie auf Multicasts. Die neuen Erfahrungen wurden beim Entwurf der zweiten Kommunikationsschicht berücksichtigt, und führten zu einer völligen Neuimplementierung der LADY-Laufzeitumgebung sowie einem speziell auf die Buskommunikation zugeschnittenen, optimierten Zugriff auf die Portdatenstrukturen.

In der alten Kommunikationsschicht lag die Erfolgsquote von Multicast-Übertragungen bei 10-50%, das heißt, es ging fast jede, zumindest jedoch jede zweite Nachricht verloren. Dieses außerordentlich schlechte Ergebnis hängt direkt mit den langen Ausführungszeiten für Multicast-Operationen zusammen. Die Schnittstelle zum Arcnet (COM-Schnittstelle) war so konfiguriert, daß je zwei hardware-mäßig verwaltete Sende- und Empfangspuffer zur Verfügung standen. Wurden mehrere über Nachrichten miteinander kommunizierende Prozesse gleichzeitig ausgeführt, dann war die Wahrscheinlichkeit sehr hoch, daß innerhalb der 100-200ms für eine Multicast-Übertragung mehrere Prozesse eine Nachricht abschickten, die Puffer auf der Empfängerseite aber noch nicht geleert waren. Bei Unicasts kam es hierbei zu keinem Nachrichtenverlust, da das erfolgreiche Ablegen der Nachricht in einem Empfängerpuffer dem sendenden Rechner quittiert wurde. Fehlte diese Quittung, wurde der Unicast so lange wiederholt, bis er erfolgreich war. Im Gegensatz dazu konnte ein Nachrichtenverlust bei einer Multicast-Übertragung nicht festgestellt werden. Durch die häufige Wiederholung der 1:1-Nachrichten war im Fall mehrerer Prozesse, die über 1:1-Nachrichten kommunizierten, die Chance für eine Multicast-Nachricht äußerst gering, die kurze Zeitspanne zu "treffen", in denen ein Empfangspuffer frei war. Diese Abhängigkeiten erklären die starken Schwankungen bei der Verlustrate von Nachrichten (50-90%). Ein weiterer Grund hierfür bestand in der zum Meßzeitpunkt noch unbekannten und erst später festgestellten Tatsache, daß in Abhängigkeit der verwendeten Boot-Technik die Cache-Speicher der Rechner nicht eingeschaltet wurden und sich damit die Arbeitsgeschwindigkeit der Prozessoren um bis zu 100% verschlechterte.

Bei der Realisierung der neuen Kommunikationsschicht [BUH86] stand die Minimierung der Ausführungszeiten von Kommunikationen in Vordergrund. Wie bereits erwähnt, wurden zur Optimierung dieser Kommunikationsschicht genaue Messungen (zunächst mit Softwaremonitoren, später unter Einsatz des Test- und Meßprozessors) vorgenommen. Die endgültigen, mit dem TMP gemessenen Ausführungszeiten liegen bei 8.9ms für Unicasts, 4.2ms für Multicasts ohne Quittungen und 12.1ms für Multicasts mit mindestens einer Quittung. Diese Werte wurden in einer Reihe von Experimenten ermittelt, in denen insgesamt mehrere 100000 Nachrichten verschickt wurden.

Für den Empfang einer Nachricht sind etwa 9.5ms anzusetzen. Dieser Wert schwankt sehr stark (zwischen 7 und 11ms), da er von der Position des Ports in der Portliste und Sperrungen von Portdatenstrukturen abhängt. Bei einem 1-zuverlässigen Multicast - also mit aktivierten Quittungen - betrug die Erfolgsquote 100%, das heißt, alle Nachrichten erreichten ihr Ziel (selbst bei mehreren 10000 übertragenen Nachrichten ging nicht eine einzige Nachricht verloren). Bei einem 0-zuverlässigen Multicast (demandack(0), es werden keine Quittungen verschickt) betrug die Erfolgsquote lediglich 26%. Als Grund hierfür ist anzugeben, daß der Sender nicht auf Quittungsnachrichten zu warten braucht und sich damit die Sendefrequenz etwa verdreifacht. Auf der Empfängerseite können die Puffer nicht schnell genug geleert werden, so daß nur etwa jede vierte Nachricht ihr Ziel erreicht. Verlangsamt man die Sendefrequenz durch das Einlegen einer Pause zwischen aufeinanderfolgenden Sendeoperationen (20ms im Experiment), dann steigt die Erfolgsquote wieder auf 100% an.

Bis jetzt wurden Nachrichtenlängen von 100 Bytes (netto, der Steuerinformationen enthaltende Nachrichtenkopf muß noch hinzu gerechnet werden) zugrundegelegt. Wird die Nachrichtenlänge auf 450 Bytes erhöht, so daß sie einschließlich des Kopfteils knapp unterhalb der maximalen Paketgröße des Mediums liegt (508 Bytes), dann wurden für die positiv bestätigten und verzögerten Übertragungen wieder 100%ige Erfolgsquoten gemessen, während bei der 0-zuverlässigen Übertragung 38% aller Nachrichten ihr Ziel erreichte. Diese Steigerung steht in Zusammenhang mit der längeren Ausführungszeit von Multicasts (längere Kopierzeiten für die Nachricht und längere Übertragungszeiten durch das Medium), die zu einer geringeren Sendefrequenz führte und somit den Empfängern einen Zeitgewinn für die Leerung der Puffer gab. Die Abhängigkeit der Erfolgsquote von den Nachrichtenlängen zeigt die Sensibilität des Protokolls in Bezug auf Überlastsituationen bei den Empfangsrechnern.

Bei der Erhöhung der Nachrichtenlänge auf 550 Bytes mußte die Nachricht in zwei Pakete aufgeteilt werden. Wieder wurden 100% der Nachrichten übertragen im Fall der positiven Bestätigung und der 20ms-Verzögerung, während beim Abschalten der Quittungen nur 10% der Botschaften an ihr Ziel gelangten. Die Abnahme der Erfolgsquote gegenüber den vorangegangenen Experimenten läßt sich durch die Erhöhung der Sendefrequenz erklären. Zur erfolgreichen Übertragung einer Nachricht ist jetzt der Empfang zweier Pakete erforderlich, was nur in 10% aller Fälle gelang. Nach der Erhöhung der Nachrichtenlänge auf 1200 Bytes, das heißt, es mußten insgesamt drei Pakete pro Nachricht verschickt werden, sank die Erfolgsquote auf 0% ab: die drei Pakete wurden in einem zeitlichen Abstand von etwa 1ms verschickt, so daß es dem Empfangsrechner unmöglich war, die Puffer schnell genug zu leeren. Bei drei Paketen und zwei Empfangspuffern ging daher bei jeder Nachricht mindestens ein Paket verloren. Ähnliche Ergebnisse (Erfolgsquote unter 10%) wurden ermittelt, wenn aus einem oder zwei Paketen bestehende Nachrichten von mehreren Sendern an einen Empfänger verschickt wurden. Die Erfolgsquote war bei Ein-Paket-Nachrichten am höchsten, da mit dem Ablegen eines Paketes im Empfangspuffer die Nachricht bereits vollständig übertragen war, während bei steigender Paketzahl die Wahrscheinlichkeit drastisch sinkt, alle Pakete einer Nachricht "durchzubekommen".

Alle Meßergebnisse werden noch einmal in der folgenden Tabelle zusammengefaßt:

Zuverlässig-keitsgrad	Nachrichtenlänge in Bytes			
	100	450	550	1200
0-zuverl.	26%	38%	10%	0%
1-zuverl.	100%	100%	100%	0%
20ms delay	100%	100%	100%	0%

Tab. 7.1: Erfolgsquote von Multicast-Übertragungen in Abhängigkeit von der Nachrichtenlänge

Diese Ergebnisse zeigen auch, welchen Einfluß im Experimentalsystem die Nachrichtenlänge auf die Ausführungszeiten von Kommunikationen hat. Beim Unicast beträgt die Ausführungszeit für eine 100-Byte-Nachricht knapp 10ms (8.9ms galten für die Übertragung eines 4-Byte-Wertes) und für eine 450-Byte-Nachricht 12.8ms. Die gleiche Zunahme um etwa 3ms bis 4ms ist auch bei Multicast-Nachrichten festzustellen. Die Gründe hierfür liegen in längeren Kopierzeiten der Nachricht zwischen Prozeß und COM-Puffer und längeren Übertragungszeiten, die bei der geringen Übertragungsbandbreite des Arcnets schon bei diesen kleinen Nachrichtengrößen eine Rolle spielen.

Die durchgeführten Experimente sind in Bezug auf die Auslastung des Kommunikationsmediums und der Protokolle als eine Worst-Case-Situation anzusehen: die Nachrichten werden ohne Pause in schnellstmöglicher Folge versendet. Bei einem moderaten Nachrichtenaufkommen, wie dies in mehreren Anwendungen der Fall war, und kurzen Nachrichten, die als ein Paket übertragen werden können, kann mit einer Erfolgsquote von fast 100% gerechnet werden. Eine Erhöhung der Multicast-Frequenz, die ebenfalls durch eine steigende Zahl von Prozessen entstehen kann, nimmt die Gefahr der Nachrichtenverluste durch Überlastung der Empfänger zu. Dies wird durch die im nächsten Abschnitt beschriebenen Simulationen bestätigt, in denen sich die Möglichkeit bot, eine beliebig große Anzahl von Prozessen zu simulieren.

7.2   Das Simulationssystem INCSIM

Zu dem Zeitpunkt, als die Entscheidung für die Entwicklung des Simulationssystems INCSIM [WYB87a, WYB87b] getroffen wurde, standen als primärer Anwendungsbereich des Simulators die Untersuchung verschiedener Multicast-Protokollvarianten im Vordergrund. Nahezu gleichzeitig begannen jedoch im Rahmen des INCAS-Projekts auch Überlegungen zur Konzeption einer Test- und Meßumgebung für verteilte Systeme [HAW86]. Recht schnell wurde auch hier erkannt, daß zur Bestimmung geeigneter Leistungskenngrößen für die Bewertung verteilter Programme sowie zur Ermittlung geeigneter Testdaten für Darstellungs- und Animationsverfahren ein Simulationssystem vielfältige Hilfen bereitstellen kann. Dieses zweite Einsatzgebiet des Simulators erforderte eine detailliertere Nachbildung der Betriebssystem- und Laufzeitumgebung eines verteilten Rechnersystems als zunächst beabsichtigt war.

Das Simulationssystem INCSIM (INCAS Simulation System) besteht aus 4 Hauptkomponenten, wie in Abbildung 7.3 angedeutet. Das "Herz" des Simulators stellt die Nachbildung der Hardware und der systemnahen Software dar. Hier können drei weitere Einheiten unterschieden werden: ein einfacher Betriebssystemkern, die Knotenhardware und das Übertragungsmedium.

Der *Betriebssystemkern* unterstützt Prozesse, Monitore, Condition-Variablen und Kommunikationsfunktionen, wie etwa das Senden einer Nachricht zu einem anderen Knoten. Die aktuelle Version realisiert eine Round-Robin-Scheduling-Strategie, die jedoch gegen andere Strategien ausgetauscht werden kann.

Die simulierte Knotenhardware besteht aus einem *Hauptprozessor*, einem optionalen *Kommunikationsprozessor* und einem *Schnittstellenprozessor* zum Verbindungsnetzwerk. Der letzte Prozessor implementiert Zugangs- und Übertragungsprotokolle zum physischen Übertragungsmedium und besitzt eine beschränkte Pufferkapazität. Der Kommunikationsprozessor diente im wesentlichen dem Zweck, an der Schnittstelle zum Kommunikationsmedium die Grenze zwischen Hardware und Software flexibel gestalten zu können. Obwohl der Kommunikationsprozessor von seiner Funktionalität her betrachtet äquivalent zum Hauptprozessor ist, lassen sich seine Rechengeschwindigkeit und sein Funktionsumfang individuell regeln. Auf diese Weise reichen die Einsatzmöglichkeiten des Kommunikationsprozessors von einer ganz speziellen Hardwarekomponente bis hin zu einem universell programmierbaren Prozessor. Haupt- und Kommunikationsprozessor auf jedem Knoten können miteinander über einen speziellen Kernaufruf kommunizieren. Alle drei Prozessoren jedes Knotens können parallel zueinander ablaufen, so daß z.B. vom Hauptprozessor ein Anwendungsprozeß ausgeführt wird, während der Kommunikationsprozessor eine gerade empfangene Nachricht verarbeitet und eine zweite Nachricht von dem Schnittstellenprozessor zu einem anderen Knoten abgesendet wird.

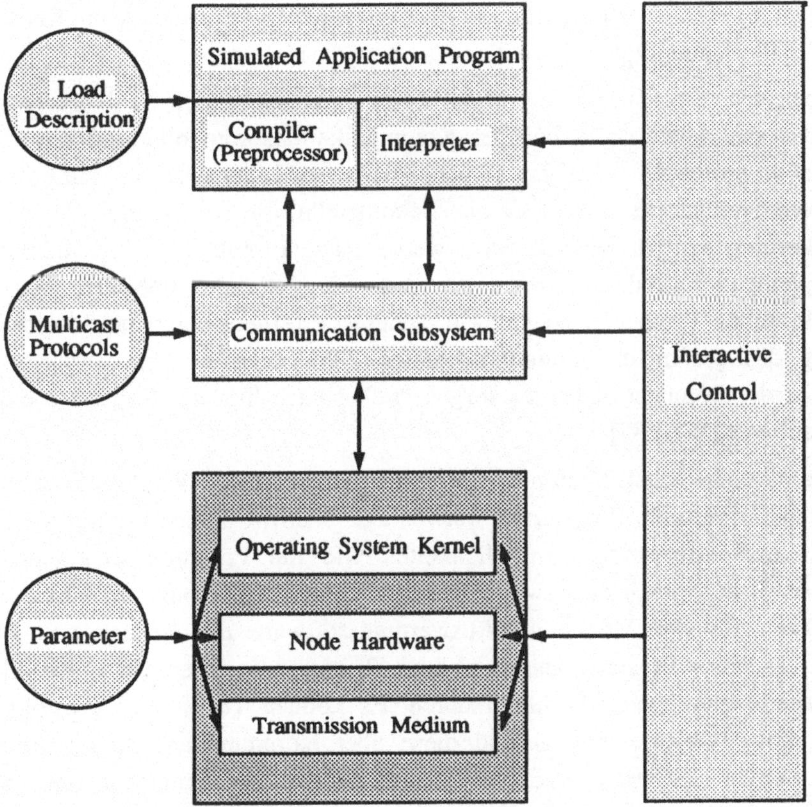

Abb. 7.3: Architektur des Simulationssystems INCSIM

Als Übertragungsmedium wurde ein Ring nachgebildet. Das Übertragungsprotokoll entspricht dem des Arcnets [SMC84], welches im INCAS-Experimentalsystem eingesetzt wird. Das Medium stellt innerhalb des Simulators eine weitgehend eigenständige Einheit dar, so daß es ohne weiteres möglich ist, den Tokenbus entweder durch kompliziertere Verbindungstopologien oder eine einfache Tabelle, die die direkten Verbindungen zwischen den einzelnen Prozessoren beschreibt, zu ersetzen.

Der Empfang einer Nachricht sowie spezielle Ausnahmebedingungen übermittelt der Schnittstellenprozessor in Form eines Unterbrechungssignals dem Kommunikationsprozessor oder, falls dieser nicht vorhanden ist, dem Hauptprozessor. Das Weiterleiten der Unterbrechung an den dafür zuständigen Prozeß, das Blockieren des gerade arbeitenden Prozesses und die Überwachung von Timeouts werden durch den Kern durchgeführt.

Die Struktur des zu simulierenden Rechnersystems sowie das Verhalten der einzelnen Komponenten des Simulatorkerns kann durch über 30 Parameter gesteuert werden. Dazu gehören u.a. die Anzahl der Knoten, die Übertragungsbandbreite des Verbindungsnetzwerks, verschiedene Pufferkapazitäten, Zeitdauer von Kernoperationen sowie die Festlegung von Zeitscheibenlängen und Timeouts.

Die über die elementaren Kernfunktionen hinausgehenden Anforderungen, wie beispielsweise die Abwicklung höherer Kommunikationsprotokolle und die Unterstützung spezieller protokoll- oder gar sprachspezifischer Eigenschaften, muß unter Nutzung der vom Simulatorkern angebotenen Schnittstelle, die der einer realen Umgebung sehr nahe kommt, explizit programmiert werden. Die Protokolle selbst müssen in SIMULA implementiert und zusammen mit dem Simulatorkern übersetzt werden. Das Auswechseln eines Protokolls gegen ein anderes erfordert somit auch eine erneute Übersetzung des gesamten Simulationssystems. Für geeignete Parametrisierungsmöglichkeiten hat der Benutzer selbst zu sorgen, wobei auch hier der Simulator eine Reihe von Hilfen anbietet [WAL87].

Um realitätsnahe Lastsituationen nachbilden zu können, wurden Beschreibungsmöglichkeiten für verteilte Programme notwendig. INCSIM unterstützt die gleichen Beschreibungs- und Strukturierungsmöglichkeiten wie die Programmiersprache LADY, was im wesentlichen durch den zweiten Einsatzbereich des Simulators - Erzeugen von Ereignisströmen für die Meß- und Auswertungssoftware des Testsystems - zu begründen ist. Mehrere Prozesse lassen sich zu Teams zusammenfassen, die über eine Port-Schnittstelle miteinander kommunizieren. Es können Team- und Prozeßtypen definiert, von ihnen Objekte erzeugt und diese über Kommunikationspfade miteinander verbunden werden. Derartige logische Teamnetze werden dann auf das simulierte physische Netz abgebildet, indem die Teams einzelnen Knoten zugewiesen werden.

In Abbildung 7.4 wird das Zusammenspiel der INCSIM-Komponenten während der Simulation dargestellt. Die Strukturen und Abläufe innerhalb der Simulation sind nahezu vollständig identisch mit denen des realen Experimentalsystems. Das unabhängig von der Topologie des physischen Rechnersystems beschriebene logische Teamnetz wird auf die einzelnen Knoten abgebildet. Die Teams auf den einzelnen Knoten kommunizieren knotenlokal oder knotenübergreifend mit Hilfe der simulierten Systemsoftware und des simulierten Übertragungsnetzes.

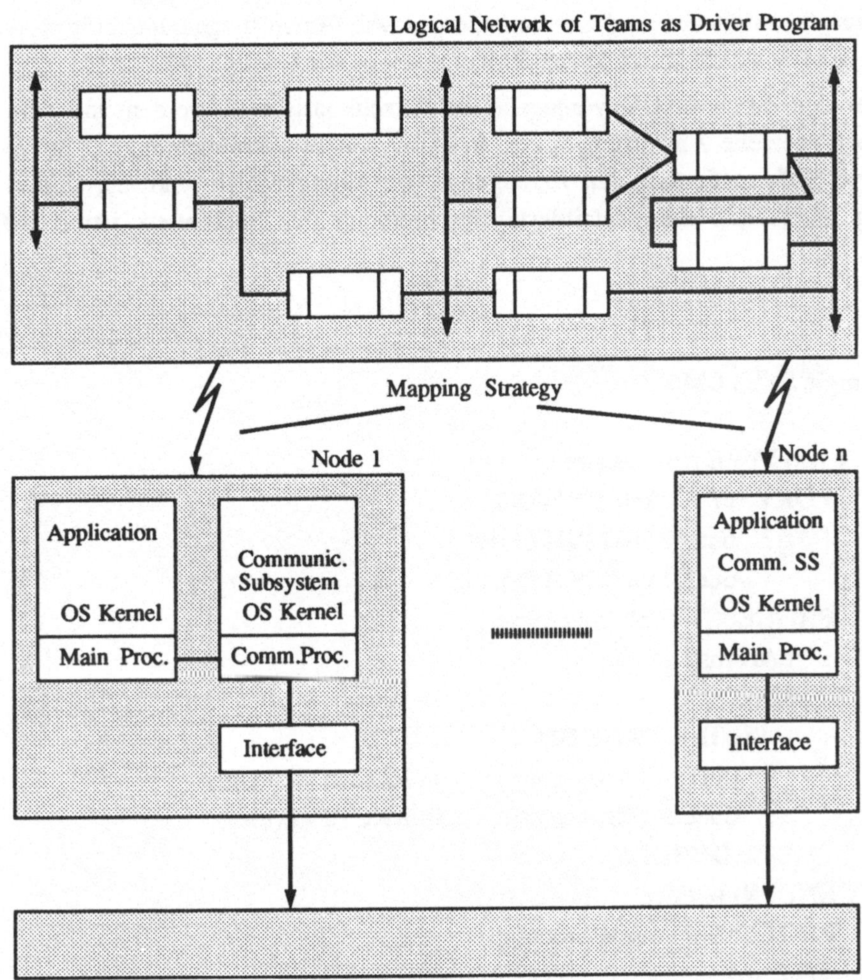

Abb. 7.4: Interaktion der Komponenten des Simulators

Neben diesen vordefinierten Prozeß- und Teamtypen lassen sich auch reale Algorithmen implementieren. Das INCSIM-System enthält einen kleinen Interpreter, der alle Laufzeitfunktionen des LADY-Systems aufrufen kann und darüber hinaus die Deklaration von Variablen und Feldern, Zuweisungen, Ausdrücke sowie einfache Kontrollstrukturen (*while*, *repeat*, *if-then-else*) zuläßt. INCSIM ermöglicht so die simulierte Ausführung vollständiger LADY-Programme mit der Einschränkung, daß für den sequentiellen Code der Prozesse nicht der vollständige LADY-Sprachumfang verfügbar ist. Der Interpreter unterstützt eine interaktive Programmierung der Prozesse mit einer Reihe von Test- und Debug-Möglichkeiten. Während der Durchführung einer Simulation kann der Benutzer Breakpoints in den Prozessen setzen, sich die Inhalte von Variablen anschauen und sie verändern sowie Anweisungen hinzufügen oder löschen. Insgesamt stehen hierzu knapp 50 Kommandos zur Verfügung.

Außer den durch LADY vorgegebenen Sprachkonstrukten werden von dem Interpreter noch spezielle Anweisungen zur Ausgabe von Protokollmeldungen, zur Ausgabe statistischer Informationen, zur Erzeugung von Zufallszahlen und zur Simulationssteuerung unterstützt. Eine detaillierte Beschreibung des Interpreters ist in [KÖH88] zu finden.

```
example SYSTEM;

   TEAMTYPE masterteam;
      PORT  in    : INPUTPORT,
            out1  : OUTPUTPORT,
            out2  : OUTPUTPORT;
      PROCESSTYPE masterprocess;
         VAR msg : STD;
         BEGIN
            WHILE TRUE DO
               out1.SEND(msg,40);        in.RECEIVE(msg);
               out2.SEND(msg,40);        in.RECEIVE(msg);
            ENDWHILE;
         ENDPROCESS;
         PROCESS p : masterprocess;
   ENDTEAM;


   TEAM       master : masterteam,
              slave1 : serverteam,
              slave2 : serverteam;
   CONNECT    master.out1   TO   slave1.in,
              master.out2   TO   slave2.in,
              slave1.out    TO   master.in,
              slave2.out    TO   master.in;
```

> **INSTANCE** master **ON** 1,
>   slave1 **ON** 1,
>   slave2 **ON** 2;
>
> **ENDSYSTEM;**

Beispiel 7.1: Ein einfaches Lastprogramm

In Beispiel 7.1 wird ein einfaches Beispiel für ein simuliertes verteiltes Anwendungsprogramm gegeben. Es wird ein Teamtyp *masterteam* definiert. Er besteht aus dem Prozeßtyp *masterprocess*, der in einer Schleife Nachrichten des vordefinierten Typs STD der Länge von 40 Bytes über 2 Output-Ports sendet und 2 Nachrichten über einen Input-Port empfängt. Von dem Prozeßtyp *masterprocess* wird das Prozeßobjekt *p* erzeugt. Insgesamt werden 3 Teamobjekte generiert: *master* vom Typ masterteam und *slave1*, *slave2* vom vordefinierten Teamtyp *serverteam* (s. Beispiel 7.1). Ein solches *serverteam* empfängt eine Nachricht und sendet sie nach einer bestimmten Zeitverzögerung wieder über einen Output-Port zurück. Mit Hilfe des CONNECT-Statements werden die einzelnen Ports miteinander verbunden; die INSTANCE-Anweisung weist die Teamobjekte einzelnen Knoten zu. Die Ausführung dieser Anweisungen erzeugt die in Bild 7.5 dargestellte Struktur.

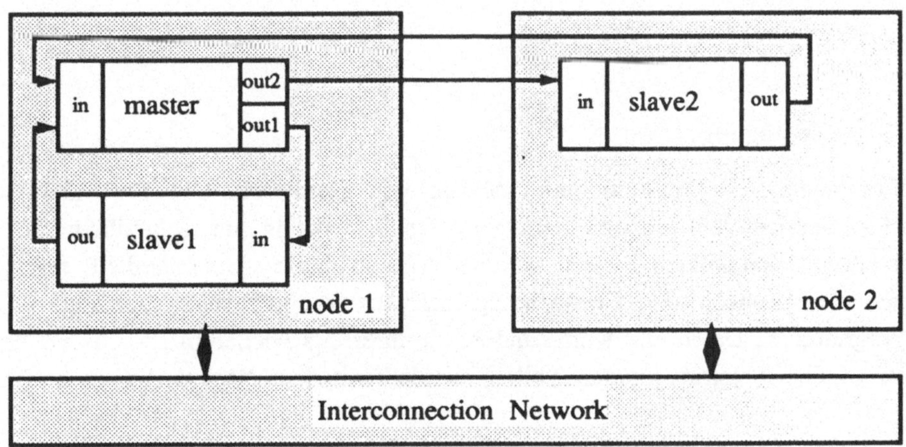

Abb. 7.5: Graphische Darstellung des Lastprogramms

Die vierte Hauptkomponente des Simulationssystems INCSIM bildet die interaktive Simulationssteuerung. Es werden eine Fülle interaktiver Kommandos angeboten, die folgendermaßen klassifiziert werden können: Kommandos zur *Simulationssteuerung*, zur Abfrage von *Statusinformationen* des aktuellen Simulationslaufs, zur Abfrage von *Umgebungsinformationen* und zur *Aktivierung* und *Deaktivierung* von *Protokollmeldungen* und statistischer *Auswertungsfunktionen*.

Interaktive Steuer- und Kontrollmöglichkeiten während der Durchführung von Simulationen sind äußerst hilfreich sowohl bei der Entwicklung des Simulationssystems selbst wie auch bei der Entwicklung von Lastprofilen und den zu simulierenden Anwendungen. Während der Simulation auftretende Fehler oder ein völlig unerwartetes Verhalten des Modells kann leichter analysiert werden, indem man die simulierte Zeit schrittweise weiterschaltet und die Ausführung der Simulationsereignisse genau überwacht. Beim Test von Protokollen können spezielle kritische Situationen und Bedingungen auf einfache Weise generiert werden. Der Ausfall eines Prozesses kann beispielsweise durch das Anhalten dieses Prozesses simuliert werden, der Ausfall eines Knotens durch Anhalten des Schnittstellen- oder Kommunikationsprozessors. Weiterhin läßt sich sehr schnell feststellen, wie das Simulationssystem auf die Variation von Steuerparametern reagiert. Bei einer reinen Batch-Simulation läßt sich anhand der komprimierten statistischen Daten der Simulationsverlauf nur sehr ungenau rekonstruieren oder interpretieren. Falls genaue Aussagen über den Simulationsverlauf notwendig werden, bleibt häufig nur das Studium umfangreicher Simulationsprotokolle.

7.3 Simulationsergebnisse

7.3.1 Lasterzeugung

Ein Computersystem kann als eine Menge von Hardware- und Softwareressourcen betrachtet werden, die von den Benutzern des Systems in unterschiedlicher Weise zu verschiedenen Zeitpunkten benutzt werden. Alle an das System innerhalb einer vorgegebenen Zeitspanne - des Beobachtungsintervalls - übergebenen Aufträge in Form von Programmen, Daten und Kommandos, die ihrerseits wiederum spezifische Anforderungen an die Systemressourcen stellen, werden mit dem Begriff *Arbeitslast* bezeichnet.

Bei jeder Beobachtung oder Messung eines Systems ist die Arbeitslast anzugeben, unter der die Ergebnisse gewonnen wurden, um die Auswirkungen von Systemmodifikationen auf das Leistungsverhalten bewerten zu können, da sonst nicht unterschieden werden kann, ob die neuen Meßergebnisse auf die andere Arbeitslast oder die Systemmodifikation zurückzuführen sind.

Die während der Beobachtung oder Messung eines Systems zugrundegelegten Arbeitslasten lassen sich in drei Kategorien einteilen:

1. *Reale* oder *natürliche* Arbeitslasten: Sie bestehen aus allen realen Programmen und Daten, die ein System während eines Beobachtungsintervalls verarbeitet. Diese Last ist zumindest potentiell diejenige, die am billigsten zu implementieren und am repräsentativsten ist. Schwierigkeiten treten auf bei der Auswahl der Anzahl und der Länge der Programme und Daten. Bei der theoretisch beliebig großen zur Verfügung stehenden Menge von Ressourcen müssen nach Möglichkeit solche Anwendungen ausgewählt werden, die das ganze Spektrum an zu beobachtenden Effekten ausreichend abdecken. Dabei stehen Länge und Anzahl der Anwendungen in einem engen Verhältnis zueinander.

2. *Synthetische* Arbeitslasten: Sie werden aus einer Teilmenge der Grundkomponenten realer Lasten gebildet, wie etwa ausgewählte Programme oder interaktive Kommandos, oder aus einer Mischung der Komponenten realer Lasten, wie beispielsweise spezielle lasterzeugende Programme, Folgen von Systemaufrufen etc.

3. *Künstliche* Arbeitslasten: Sie werden ohne die Nutzung von Komponenten realer Arbeitslasten realisiert. Künstliche Arbeitslasten können unterteilt werden in *ausführbare* und *nicht ausführbare* Lastbeschreibungen. Zu den ersten gehören sog. *instruction mixes* und Tracc-Daten, zu der letzten Klasse analytische Modelle und Wahrscheinlichkeitsverteilungen.

Im Simulator konnten reale Lasten nicht eingesetzt werden, da hierzu eine vollständige Nachbildung eines Mehrrechnersystems notwendig gewesen wäre. Um reale Lasten soweit wie möglich annähern zu können, wurden drei unterschiedliche verteilte Programme in der vom Simulator unterstützten Teilmenge von LADY realisiert, die typische Prozeßkonstellationen und Kommunikationsmuster modellieren (s. weiter unten).

Aus der Sicht eines Kommunikationssubsystems bedeutet Arbeitslast die Anforderungshäufigkeit bestimmter an der Schnittstelle bereitgestellter Dienste innerhalb eines vorgegebenen Zeitintervalles. Bei jeder Art der künstlichen Lasterzeugung muß daher sichergestellt sein, daß deren Anforderungsprofile denen realer Lasten weitgehend entsprechen. Bei einfachen Modellen eignen sich daher Wahrscheinlichkeitsverteilungen recht gut zur Generierung von Anforderungsprofilen. Nimmt jedoch die Komplexität des Modells zu, und hier ist damit insbesondere eine Zunahme der Anzahl der wechselseitigen Abhängigkeiten der anzustoßenden Dienste zu verstehen, so reichen einfache Zufallszahlengeneratoren nicht mehr aus. Die in dem INCAS-Projekt gesammelten Erfahrungen mit der Ausführung verteilter Programme auf dem Experimentalsystem zeigten, daß das Verhalten und die Ausführungsgeschwindigkeit der Programme in hohem Maße von verschiedenen Interaktionsmustern zwischen einzelnen Komponenten des verteilten Programms und der Abbildung des logischen auf das physische Netz abhängen.

Im Gegensatz zu sequentiellen Rechnersystemen existieren bis heute noch keine gesicherten Aussagen darüber, ob es bestimmte charakteristische Verhaltensweisen verteilter Programme gibt oder wie diese aussehen könnten. Da sich jedoch in den meisten verteilten Anwendungen zumindest typische Kommunikationsmuster wie etwa Auftraggeber-Auftragnehmerbeziehungen oder Pipelines identifizieren lassen, wurden in das INCSIM-System vier vordefinierte Prozeß- und Teamtypen integriert: *Server*, *Client*, *Producer* und *Consumer*. Sie dienen als einfache Bausteine für Arbeitslasten, die aus einer großen Anzahl miteinander kommunizierender Prozesse bestehen. Das Verhalten dieser vordefinierten Prozesse kann durch eine Reihe von Parametern gesteuert werden.

In Abbildung 7.6 wird die grundsätzliche Arbeitsweise angedeutet. Jedem Prozeß wird ein Verhaltensmuster aufgeprägt, das sich nach außen in der Anzahl der zu verschickenden Nachrichten sowie der Adressierung seiner Kommunikationspartner ausdrückt. Exemplarisch ist in Abbildung 7.6 der "Lebenslauf" eines Prozesses graphisch dargestellt.

Das Leben eines Prozesses ist in n Lebenszyklen unterteilt. In jedem Lebenszyklus sendet der Prozeß mit der Wahrscheinlichkeit p Nachrichten an seine Partner. Nach einer möglichen Anlaufverzögerung ist die Sendewahrscheinlichkeit im ersten Zyklus 1 und im letzten 0, d.h., der Prozeß terminiert. Die Sendewahrscheinlichkeit kann über Parameter gesteuert werden. In Abbildung 7.6 bedeutet Kurve

    n: lineare Abnahme der Sendewahrscheinlichkeit

    R: nach einigen anfänglichen Nachrichten geht die Sendewahrscheinlichkeit gegen 0. Es werden dann nur noch Nachrichten empfangen.

    S: die Sendewahrscheinlichkeit ist fast während der gesamten Lebensdauer gleich 1 und geht erst vor dem "Tod" des Prozesses gegen 0.

Während es in sequentiellen Systemen bereits seit langem allgemein akzeptierte, durch statistische Untersuchungen gewonnene Ergebnisse für Ankunftsfolgen und Bearbeitungszeiten für Aufträge gibt, die sich durch Wahrscheinlichkeitsverteilungen gut approximieren lassen, fehlen derartige Werte für verteilte und parallele Systeme vollkommen. Es ist nicht bekannt, wieviele Nachrichten welcher Länge in welchen Abständen versendet werden oder wie das Verhältnis von Unicasts oder Multicasts zueinander aussieht. Aus diesem Grunde wurden mehrere Arbeitslasten entwickelt, die unterschiedliche Kommunikationsmuster besaßen, um zu untersuchen, wie sich dies auf die Ergebnisse auswirkt.

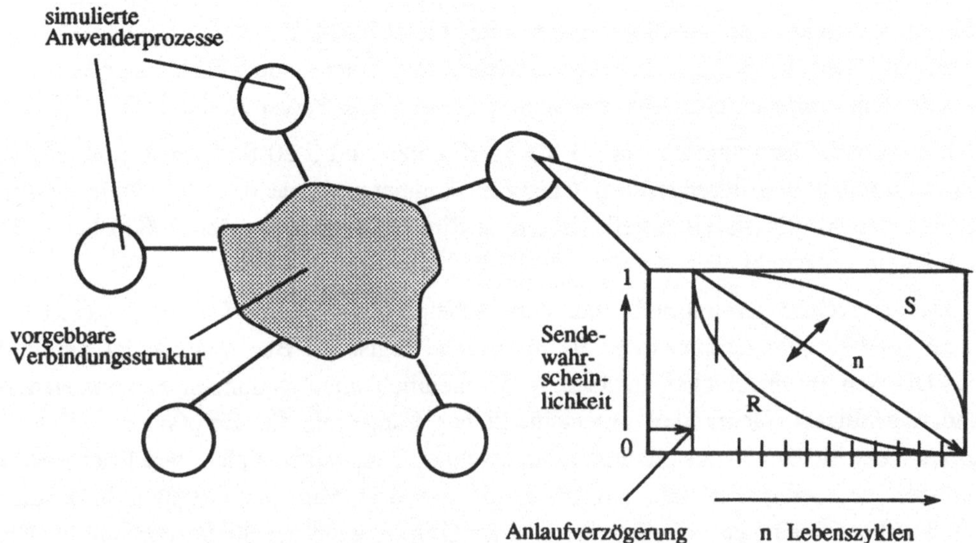

Abb. 7.6: Modellierte Lebenszyklen eines Prozesses

Als erstes wurde das Verhalten eines verteilten Programms, das zur Lösung von *Zahlenrätseln* [SMU85] entwickelt worden war, simuliert. Das Programm benutzte ein Constraint-Propagation-Verfahren, bei dem die einzelnen Prozesse beim Eintreffen einer Nachricht aufgrund ihrer lokalen Informationen versuchten, die Lösungsmenge einzuschränken, und wenn dies gelang, die reduzierte Lösungsmenge per Multicast an alle anderen Prozesse zu verteilen. Naturgemäß fanden die einzelnen Prozesse zu Beginn der Berechnung sehr viele Einschränkungen, später jedoch immer weniger. Zur Feststellung der *Terminierung* wurde der in [MAT87] beschriebene Algorithmus angewendet, so daß es sich um eine Mischung aus synthetischer und künstlicher Last handelt. Nebenbei bemerkt führte die Simulation des Terminierungsverfahrens zu den gleichen Ergebnissen wie die mit dem Experimentalsystem vorgenommenen Untersuchungen. An der Berechnung waren fünf Prozesse beteiligt, die fast ausschließlich über Multicasts miteinander kommunizierten und eine gesamt-zuverlässige Semantik der Guarantee-To-Deliver-Klasse forderten, die auf der Sprachebene zusätzlich bereitgestellt wurde: Sendeaufträge werden solange wiederholt, bis sie erfolgreich waren; Duplikate werden erkannt.

Weiterhin wurde ein *Client-Server-System* realisiert, in dem Auftraggeber- und Auftragnehmerprozesse über einen logischen Bus miteinander kommunizieren. Die Anzahl der Klienten und Server kann unterschiedlich sein. Ein Klient schickt einen Multicast-Auftrag an die Server, der eine Portadresse und ein Anforderungsattribut enthält.

Der Auftrag wird von allen Servern empfangen und diejenigen Server, die das Anforderungsattribut erfüllen können, senden dem Auftraggeber eine Bestätigung. Dieser quittiert die erste eintreffende Bestätigung seinerseits mit einer Multicast-Nachricht, worauf der Server eine 1:1-Verbindung zu dem Klienten aufbaut und innerhalb eines vorgegebenen Rahmens eine zufällig ausgewählte Anzahl von Unicasts mit dem Klienten austauscht. Danach wird die Auftragsbeziehung abgebrochen und nach einer Weile versucht der Klient wieder, eine Auftragsbeziehung mit einem Server zu initiieren.

Die Simulationen wurden mit 10 bis 30 Klienten und 5-20 Servern in unterschiedlichen Konstellationen durchgeführt. Über die Parameter wurde das Verhältnis zwischen Unicasts und Multicasts eingestellt. In jedem Simulationslauf wurden 20000 bis 150000 Nachrichten verschickt.

Das einfachste Lastmodell, das den Arbeitsnamen *Busload* erhielt, besteht aus Sender- und Empfängerprozessen, die über einen logischen Bus miteinander verbunden sind. Die Sender verschicken in über Wahrscheinlichkeitsverteilungen gewonnenen Abständen Multicast-Nachrichten unterschiedlicher Länge an die Empfänger. Auch hier wurden verschiedene Konstellationen untersucht. Den weiter unten beschriebenen Ergebnissen liegt eine Variation zugrunde, die aus drei Multicast-Gruppen bestand, die disjunkt über 30 Knoten verteilt waren. Jeder Gruppe gehörten 30 Sender und 30 Empfänger an. Dieses Lastsystem erzeugte eine hohe Anzahl von Multicast-Nachrichten (100000-500000), die innerhalb der einzelnen Gruppen parallel zueinander abgewickelt wurden.

Jedes dieser drei künstlichen Lastsysteme kann über 10-15 Parameter (z.T. Wahrscheinlichkeitsverteilungen) gesteuert werden. Dazu gehören die Anzahl der verschickten Nachrichten, die Nachrichtenlängen, Sende-und Empfangsfrequenz, Anzahl der Inputportpuffer, Timeoutwerte, Anzahl der erwarteten Quittungen sowie simulierte Warte- und Rechenzeiten.

7.3.2 Ergebnisse

Da der Simulator eine ähnliche Schnittstelle wie ein reales System besitzt, wurden die Multicast-Protokolle wirklichkeitsnah implementiert, so daß der Implementierungsaufwand fast dem in einer realen Umgebung entsprach. Die Protokolle mußten in der Lage sein, mehrere Sende- und Empfängerprozesse sowie Multicast-Gruppen gleichzeitig zu bedienen. Die multicast-spezifischen Anteile der Kommunikationsschicht betrugen etwa 30-40% bei den ringbasierten Verfahren, was 300-400 Programmzeilen Simula-Code pro Protokoll entspricht (die gesamte Kommunikationsschicht umfaßt rund 1000 Programmzeilen, die jedoch von den Protokollvarianten mitgenutzt werden konnten).

Die Parameter zur Steuerung der Knotenhardware wurden an die Werte des IN-CAS-Experimental-Systems angepaßt. Das gleiche Prinzip wurde für die Parameter angewendet, die die Software kontrollierten, wie beispielsweise die Länge der Zeitscheiben, Zeitdauer für Prozeßwechsel, Monitorein- und austritte, Verarbeitung von Unterbrechungssignalen, Eintritte in den Betriebssystemkern, Ausführung von Kommunikationsanweisungen. Die Bearbeitungszeiten für interne Operationen der Multicast-Protokolle wurden zunächst geschätzt und später, als die Meßergebnisse der realen Kommunikationsschicht vorlagen, diesen angeglichen. Die Schätzungen wichen von den realen Zeiten um 20-50% in beiden Richtungen ab, insgesamt betrachtet war die simulierte Kommunikationsschicht um knapp 35% langsamer als die reale.

Auf der Lastbeschreibungsebene konnten die Ausführungszeiten der LADY-Anweisungen sowie die im Rahmen des Lebenszyklusmodells angebotenen Wahrscheinlichkeitsverteilungen über den Interpreter beeinflußt werden.

Nach der Angleichung der Simulationsparameter an die Meßergebnisse des Experimentalsystems zeigte das Simulationssystem das gleiche Verhalten wie das reale System. Die im Abschnitt 7.1.2 beschriebenen Messungen konnten mit dem Simulator vollständig nachvollzogen werden, die Ergebnisse stimmten im Trend nahezu überein und zeigten in den absoluten Werten Abweichungen unter 25%. Bereits vor der Fertigstellung der Kommunikationsschicht wurden mit den geschätzten Werten für die Steuerparameter Verhaltensweisen des LADY-Multicast-Protokolls vorausgesagt, die sich nachher bestätigten. Dazu gehörten die Erfolgsquoten von Multicast-Nachrichten unter verschiedenen Lastsituationen sowie das Problem der Überlastung der Empfängerpuffer bei mehreren Sendern.

Da der Simulator, wie bereits oben erwähnt, die gleichen Ereignisse wie das reale System erzeugt, konnten die Ereignisrate und die Zusammensetzung verschiedener Ereignistypen miteinander verglichen werden. Auch hier zeigte sich eine nahezu völlige Übereinstimmung im Falle des für die Validierung benutzten Protokolls. Die für die Simulationen eingesetzten Protokolle erzeugen eine etwas höhere Eventrate, da sie modularer aufgebaut sind, um unterschiedliche Protokollvarianten leichter implementieren zu können. Für alle Kommunikationsschicht-Funktionen sind daher ein bis zwei Monitoreintritte und Prozeßwechsel zusätzlich zu berechnen.

Aufgrund der Vielzahl der Parameter auf allen drei Ebenen des Simulationssystems (Lastbeschreibung, Multicast-Protokolle, Knotenhardware und Medium) mußten die Untersuchungen auf wenige Parameter beschränkt werden. Zu ihnen gehörten die Anzahl der Rechnerknoten, die hardwaremäßig verwalteten Puffer der Schnittstellen zum Medium, die Inputport-Puffer, die Verlustrate von Nachrichten auf dem Medium sowie protokollspezifische Parameter, wie Anzahl der Quittungen und Anzahl der Tokenbehälter bei den ring-basierten Verfahren.

Viele Parameter beeinflußten die Simulationsergebnisse in gleicher oder sehr ähnlicher Weise. Wie bereits in den vorangegangenen Kapiteln erläutert, besteht das

Hauptproblem bei der Realisierung zuverlässiger Multicasts in der Überlastung der Empfänger und den damit verbundenen Nachrichtenverlusten mangels ausreichender Pufferkapazitäten. Alle Parameter, die in irgendeiner Form die Belastung der Empfänger steuern, führen daher nahezu zwangsläufig auf ein ähnliches Verhalten der Protokolle. Um aussagekräftige Ergebnisse zu erhalten, müssen die Protokolle in Grenzsituationen, wie sehr geringe oder sehr hohe Last, gebracht werden, was aus der Sicht der Empfänger eine kleine oder große Anzahl eintreffender Nachrichten bedeutet. Die Veränderung der Anzahl der Rechnerknoten bzw. Senderprozesse, der Sendefrequenz, der Übertragungsbandbreite, der Prozessorgeschwindigkeit und der Pufferanzahl auf der Hardware- und Anwenderebene wirkten sich direkt auf die Häufigkeit von Nachrichtenverlusten aus. Eine Hinzunahme von Multicast-Sendern ist für die Empfänger gleichbedeutend mit einer höheren Empfangsrate und einer größeren Wahrscheinlichkeit sog. Bursts, in denen innerhalb sehr kurzer Zeit übermäßig viele Nachrichten eintreffen. Je weniger Puffer vorhanden sind, desto mehr steigt die Verlustrate auch bei seltenen Burst-Situationen an. Eine Beschleunigung der Nachrichtenübertragung bewirkt kürzere Ausführungszeiten für Multicasts und kommt einer höheren Sendefrequenz gleich. Generell ist zu bemerken, daß die Simulationen unter allen Arbeitslasten sehr sensibel auf die Veränderungen von Parametern wie Pufferanzahl, Übertragungsbandbreite des Mediums, Nachrichtenlänge, Gruppengröße, Rechnergeschwindigkeit etc. reagierten.

Die Simulationen wurden in über 200 Versuchsreihen durchgeführt, wobei alle drei Lastsysteme berücksichtigt wurden. In den meisten Fällen ergaben sich im Trend die gleichen Resultate, wenn auch die Steuerparameter unterschiedliche Werte hatten. Am deutlichsten traten die Ergebnisse beim Einsatz der Busload- und Client/Server-Arbeitslasten hervor; beim Terminierungsverfahren erschwerte die anfängliche Burst-Situation die Bewertung der Ergebnisse, da sich dadurch mehrere Effekte überlagerten.

Pro Versuchsreihe wurden bis zu 8 Kurven erzeugt, die die Auswertung und Interpretation der Ergebnisse unterstützten: Neben den Ausführungs- und Rechenzeiten wurden zusätzlich die Parallelität (Verhältnis der Summe der CPU-Zeiten einzelner Knoten zur gesamten Bearbeitungszeit für eine Aufgabe), die Belastung des Mediums, Warte- und Blockierzeiten, simulierter CPU-Zeitverbrauch für Kommunikation und Anwendung, die Anzahl der verschickten Nachrichten getrennt für Multicasts, Quittungen, Unicasts u.v.a. vom Simulator ausgegeben.

Die ermittelten Rechenzeiten hängen von vielen Simulationsparametern, wie etwa dem Verhältnis zwischen simulierten Berechnungszeiten und Sendefrequenzen, ab und haben so nur relative Bedeutung zum Vergleich der Verfahren. Daher wurden die absoluten Zahlen in eine Prozentskala konvertiert, wobei die höchsten Werte einer Versuchsreihe den 100%-Wert darstellen.

Das Ziel der Simulation bestand in einer vergleichenden Bewertung von Multicast-Verfahren, die unterschiedlichen Zuverlässigkeitsklassen angehören. Eine detaillierte

Untersuchung jedes Protokolles unter Berücksichtigung protokoll-spezifischer Parameter war nicht beabsichtigt und hätte den Rahmen dieser Arbeit gesprengt. Bei den Simulationsläufen wurde untersucht, wieviele Aufträge eines Lastsystems innerhalb einer bestimmten Zeit verarbeitet werden konnten bzw. wie lange das simulierte System zur Bearbeitung einer künstlichen Last benötigte. Insgesamt wurden 17 Multicast-Protokolle implementiert, von denen 12 Varianten im weiteren Verlauf dieses Abschnitts diskutiert werden. Bei den nicht berücksichtigten Verfahren handelt es sich um kleinere Modifikationen, die, wie sich bei den Untersuchungen herausstellte, keine neuen Erkenntnisse oder Verbesserungen lieferten.

Die den betrachteten Protokollen zugrundeliegenden Grundprinzipien wurden bereits eingehend besprochen, so daß vor der Präsentation der Simulationsergebnisse und den daraus zu ziehenden Schlußfolgerungen die verschiedenen Verfahren mit einem Namen versehen und kurz zusammengefaßt werden (Nachrichten- und Zeitkomplexität werden mit NK bzw. ZK abgekürzt und für Worst-Case-Fälle angegeben, wobei Nachrichtenverluste nicht berücksichtigt wurden):

SIMPLE:
k-zuverlässiges Protokoll mit Quittungen und ohne Wiederholungen (NK: 1+n; ZK: 2)

RETRANS:
wie SIMPLE, jedoch mit max. t Wiederholungen in wählbaren Zeitabständen z (NK: 1+n+t; ZK: 2+t)

SINGLE:
Simulation von Multicast- bzw. Broadcast durch Versenden von n 1:1-Nachrichten; wird zum Vergleich benutzt (NK: n; ZK: n)

SAT5:
Saturationsverfahren mit 5 Multicast-Nachrichten in wählbaren Zeitintervallen z (NK: 5; ZK: 5)

SAT10:
wie SAT5, jedoch mit 10 Multicast-Nachrichten (NK: 10; ZK: 10)

BITVEC:
k-zuverlässiges Protokoll, das unter Verwendung einer Bitleiste nur von den Prozessoren eine Quittung erwartet, auf denen Mitglieder der Multicast-Gruppe existieren (s. Abb.4.3); alle Quittungen eines Knotens werden zusammengefaßt; mit t Wiederholungen in wählbaren Zeitabständen z (NK: 1+n; ZK: 2)

MULTI:
wie SIMPLE, jedoch wurde die Multicast-Fähigkeit des Mediums angenommen, so daß die Knoten nicht für sie bestimmte Multicast-Nachrichten nicht bearbeiten mußten (NK: 1+n+t; ZK: 2+t)

MULBIT:
Kombination von BITVEC und MULTI; potentiell weniger Empfangsereignisse und weniger Quittungen, hängt aber von der Ver-

teilung der Gruppenmitglieder auf die Rechner ab (NK: 1+n+t; ZK: 2+t)

ATOMAR: atomar-zuverlässiges Protokoll mit max t Wiederholungen der ersten Phase in wählbaren Zeitabständen z; zweite Phase wird analog zur ersten abgewickelt (NK: 2+2n+t; ZK: 2+2+t)

SYNDEC: total-ordnungserhaltendes, ring-basiertes, dezentrales Protokoll der Guarantee-To-Deliver-Klasse mit im Ring enthaltenen Sendern (s. Abschn. 4.4.2.2, Abb. 4.5); Zeit- und Nachrichtenkomplexität nehmen bei simultanen Multicast-Operationen stark ab (NK: 2n+2; ZK: 2n+2)

SYNBUF: wie SYNDEC, jedoch Ersetzen der Bestätigungsrunde durch eine Reservierungsrunde, so daß bei deren Erfolg ausreichende Pufferkapazitäten garantiert werden konnten (NK: 2n+2; ZK: 2n+2)

SYNTRAL: total ordnungserhaltendes, ring-basiertes, über einen zentralen Moderator gesteuertes Protokoll (s. Abschn. 4.4.2.1, Abb. 4.4); ebenfalls Reduktion der Zeit- und Nachrichtenkomplexität bei hohem gleichzeitigen Nachrichtenaufkommen (NK: 2n+2; ZK: 2n+2)

Bei den Simulationen sowie den Implementierungen der Protokolle wurden dauerhafte Prozessorausfälle und damit verbundene notwendige Rekonfigurationen sowie dynamische Gruppenveränderungen nicht berücksichtigt. Im folgenden werden die Ergebnisse der Simulationen anhand repräsentativer Experimente zusammengefaßt.

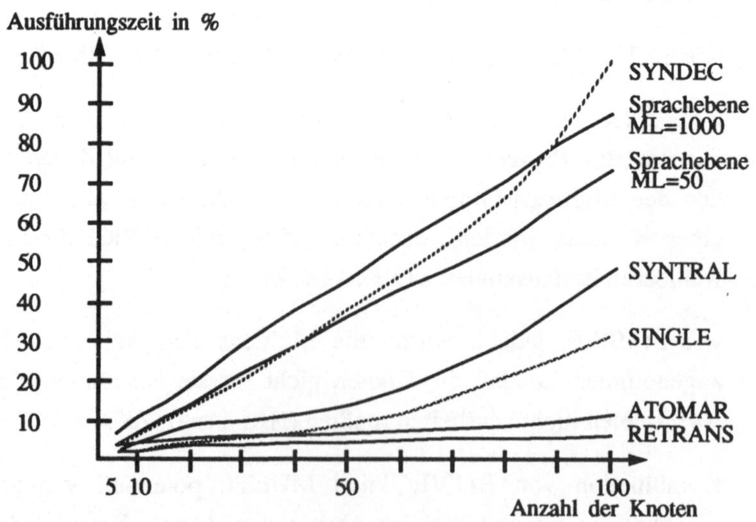

Abb. 7.7: Ausführungszeiten verschiedener Multicast-Protokolle

In Abb. 7.7 werden zunächst einmal die Ausführungszeiten von Vertretern der verschiedenen Protokollklassen bei einer steigenden Anzahl von Rechnerknoten bzw. einer Vergrößerung der Gruppe verglichen. Ein einzelner Sender verschickt hintereinander mehrere, je nach Protokollvariante mindestens gesamt-zuverlässige Multicast-Nachrichten. Zum Vergleich wurde ein kleines LADY-Programm mit aufgenommen (in Abb. 7.7 mit *Sprachebene* bezeichnet), das keinen Gebrauch von der Multicast-Möglichkeit macht und die Botschaften sequentiell absendet. Dieser Versuch wurde mit unterschiedlichen Nachrichtenlängen durchgeführt (ML=1000 entspricht einer 1000-Byte-Nachricht, ML=50 dementsprechend einer 50-Byte-Nachricht) und zeigt, wie dies die Ausführungszeiten beeinflußt. Ähnliches gilt für das SINGLE-Protokoll, das ebenfalls 1:1-Botschaften einsetzt, diese jedoch direkt in der Kommunikationsschicht abschickt, ohne nach jeder Nachricht auf die Sprachebene zurückzukehren; daher schneidet SINGLE besser ab als die LADY-Version. Alle anderen Verfahren benutzen die Broadcast-Fähigkeit des Mediums, so daß sie weitgehend unabhängig von der Nachrichtenlänge sind. Die Differenz der Werte für SINGLE und die ring-basierten Algorithmen wird maßgeblich durch die Nachrichtenlängen bestimmt.

Das SYNDEC-Verfahren befindet sich in diesem Experiment immer in der Worst-Case-Situation: Nach erfolgreicher Bestätigung eines Auftrags wird das Token weitergereicht, worauf vom Sender kurz danach (meist bereits während das Token noch beim direkten Nachfolger ist) der nächste Auftrag eintrifft und gewartet werden muß, bis das Token den ganzen Ring durchlaufen hat. Beim SYNTRAL-Protokoll dagegen bleibt das Token beim Moderator, bis ein neuer Sendeauftrag ansteht, so daß immer der günstigste Fall vorliegt.

RETRANS liefert mit Abstand die besten Ergebnisse, obwohl beim Sender viele Kollisionen entstehen, die jedoch zu keinen größeren Problemen führen, da nur ein Sender existiert und die Quittungen über 1:1-Nachrichten solange verschickt werden, bis sie im Empfängerpuffer abgelegt wurden. ATOMAR ist aufgrund der doppelten Zeitkomplexität etwas langsamer als RETRANS.

SAT5 und SAT10 verhalten sich ähnlich wie RETRANS, da sie eine geringe Zeitkomplexität besitzen. Bei kurzen Multicast-Nachrichten sind sie bei größeren Knotenzahlen sogar besser als RETRANS, weil dort die Verarbeitung der Quittungen aufwendiger wird. Beide Protokolle wurden nicht mit in die Graphik aufgenommen, um eine bessere Übersicht zu wahren. MULTI, BITVEC und MULBIT zeigen keine Unterschiede zu RETRANS; deren Optimierungen können sich in diesem Experiment nicht auswirken.

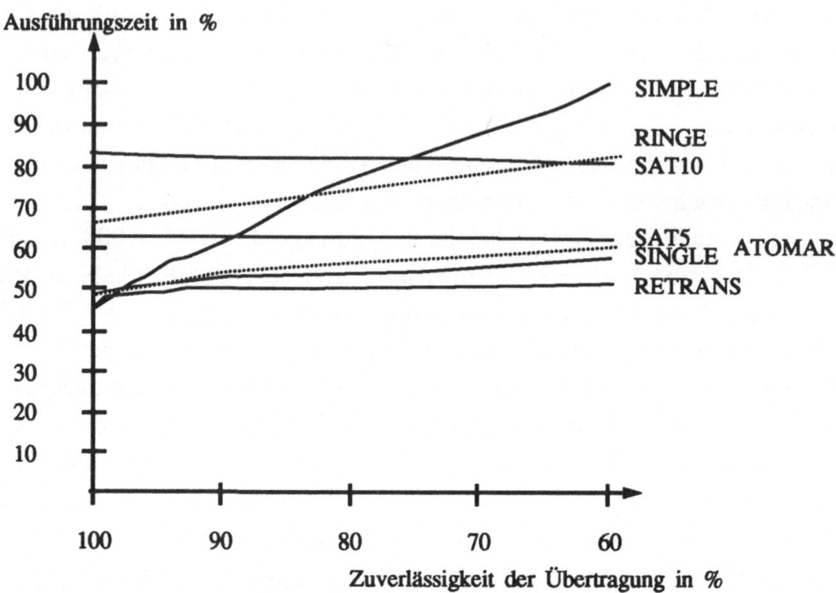

Abb. 7.8: Ausführungszeiten in Abhängigkeit von Nachrichtenverlusten

Der in Abb. 7.8 dargestellten Versuchsreihe lag der Terminierungsalgorithmus als Arbeitslast zugrunde, d.h., es waren nur fünf Prozesse beteiligt, die fast ausnahmslos über Multicasts miteinander Daten austauschen und eine gesamt-zuverlässige Kommunikation mit der Guarantee-To-Deliver-Eigenschaft forderten. Der Simulator wurde so gesteuert, daß bis zu 40% aller Botschaften verlorengingen, was durch die Protokolle abzufangen war (bis hin zur Anwenderebene). RETRANS erreichte auch hier das beste Resultat; durch die Wiederholungen, die im Abstand von 40ms Simulationszeit (zum Vergleich: 18ms für eine erfolgreiche Multicast-Übertragung mit Quittungen im Simulationsmodell) durchgeführt wurden, lief nur selten der Timeout auf der Anwendeerebene ab, so daß von dort ein erneuter Sendeversuch unternommen werden mußte. Genau das gegenteilige Verhalten zeigt das SIMPLE-Protokoll: aufgrund der fehlenden Wiederholungen mußte nahezu jede Nachricht mehrfach von der Anwendungsebene verschickt werden, so daß häufig auf den Ablauf des Timeouts gewartet werden mußte. Der Anstieg der Kurve für SIMPLE hängt von diesen Timeout-Werten ab (hier wurden 500ms angenommen).

SAT5 und SAT10 bleiben erwartungsgemäß fast konstant, bei vielen Nachrichtenverlusten werden sogar etwas kürzere Berechnungszeiten für die Arbeitslast erreicht. Dieser zunächst überraschende Effekt wird durch die hohe Nachrichtenverlustrate verursacht: es erreichen immer weniger Nachrichten die Knoten, was zu einer geringeren Belastung und somit wieder zu mehr Rechenzeit für die Anwendung führt, so daß die Aufgabe schneller bearbeitet werden kann.

Die ring-basierten Verfahren zeigten keine wesentlichen Unterschiede und wurden daher mit der Bezeichnung RINGE zusammengefaßt. Die gleichzeitige Bearbeitung von Multicast-Aufträgen wurde zwar besonders in der Anfangsphase der künstlich generierten Arbeitslast ausgenutzt (siehe Beschreibung des Lastprogramms), der Effekt wird aber sehr stark gemindert durch das zunehmende Nachfordern fehlender Botschaften.

Abb. 7.9 bezieht sich auf das gleiche Experiment. Zur Berechnung der Auslastung des Mediums werden die Bytes, die während des für die Bearbeitung der Last benötigten Zeitintervalls verschickt wurden, in Relation zur maximalen Übertragungsleistung gesetzt. Eine Auslastung von 30% gibt beispielsweise an, daß während der gesamten Berechnungszeit 30% der Bandbreite des Mediums genutzt wurden. Aufgrund der Abhängigkeit von der Berechnungszeit kann an der Auslastung abgelesen werden, ob die Protokolle zu einem höheren Nachrichtenaufkommen geführt haben oder ob längere Berechnungs- oder Wartezeiten als wesentliche Ursache für die Zunahme der Berechnungszeiten verantwortlich waren.

SAT5 und SAT10 zeigen wieder erwartungsgemäß keine signifikanten Veränderungen. SINGLE steigt etwas an, da mehr Unicasts verschickt werden. RETRANS und ATOMAR müssen öfter Wiederholungen durchführen. SIMPLE belastet das Medium relativ zur Berechnungszeit weniger, da hauptsächlich längere Wartezeiten entstehen (durch die Timeouts auf der Anwenderebene). Auffällig ist das Verhalten der Ring-Protokolle: sie belasten das Medium stärker als SAT10 und SINGLE bei zunehmender Verlustrate. Der Grund hierfür liegt darin, daß fehlende Nachrichten als Unicasts nachgefordert werden. Gehen beispielsweise alle Botschaften eines Multicasts verloren, werden sie während der ersten Tokenrunde noch einmal alle einzeln wiederholt. Berücksichtigt man die Tokenrunden (2), die Anforderungsnachrichten (n) und die wiederholten Multicast-Botschaften (n), dann ergeben sich insgesamt 2n+n+n = 4n Nachrichten, während die Zeitkomplexität nicht so stark ansteigt (um eine weitere Token-Runde), da das Token simultan zu den Nachforderungen kreist (bei den Werten wurde der Verlust von Nachforderungen nicht in Betracht gezogen).

In Abb. 7.10 werden die Auswirkungen unterschiedlicher Zuverlässigkeitsgrade auf die Rechenzeiten dargestellt. Als Arbeitslast dient das Busload-System mit 90 Sender- und Empfängerprozessen, die in drei Gruppen auf 30 Knoten verteilt sind. Die Ringe, ATOMAR und die Saturationsverfahren werden aufgrund ihrer unterschiedlichen Kommunikationssemantik (mindestens atomar-zuverlässig) nicht miteinbezogen.

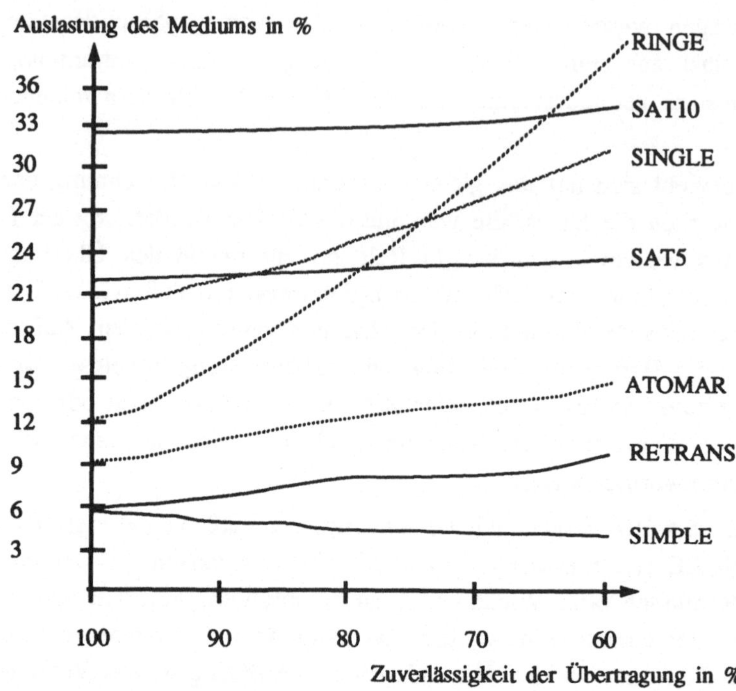

Abb. 7.9: Auslastung des Übertragungsmediums

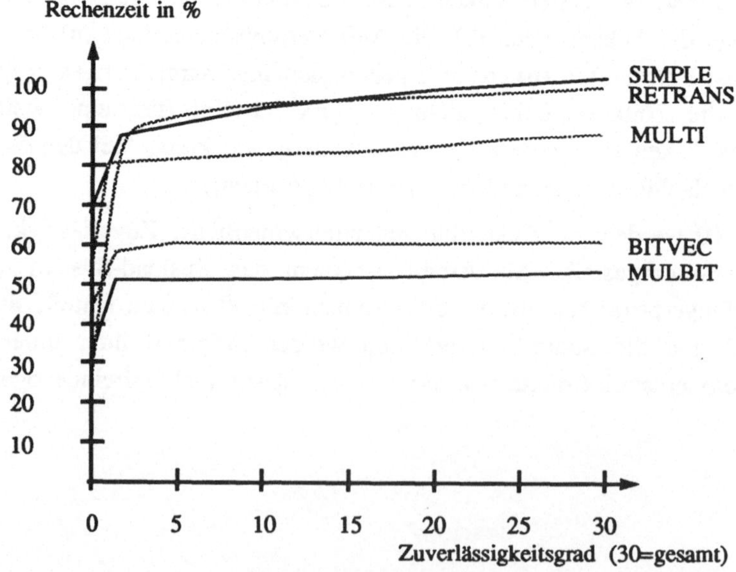

Abb. 7.10: Auswirkungen des Zuverlässigkeitsgrades auf die Ausführungszeiten

Da bei allen Protokollen Quittungen nur im Fall eines mindestens 1-zuverlässigen Multicast verschickt werden, ist bei diesen Verfahren ein starker Anstieg der Rechenzeiten beim Übergang von 0- zu 1-zuverlässigen Multicasts zu beobachten. Da bei einem Zuverlässigkeitsgrad k mit k > 0 immer die gleiche Anzahl von Quittungen verschickt wird, wirken sich in diesem Bereich unterschiedliche Zuverlässigkeitsgrade nicht mehr stark aus. Zwar werden die Sender potentiell wieder freigesetzt und könnten neue Nachrichten verschicken, die Quittungen treffen jedoch so schnell hintereinander ein, daß der Sender fast immer bis zum Erhalt der letzten Quittung warten muß.

Im betrachteten Experiment wurde die Verlustrate von Nachrichten durch Vergabe ausreichender Pufferkapazitäten absichtlich klein gehalten, damit sich nicht mehrere Effekte überdecken. RETRANS und SIMPLE verhalten sich daher gleich (kleinere Unterschiede entstehen durch verschiedene interne Abläufe in der Protokollschicht); beim MULTI-Protokoll kommt zum Tragen, daß aufgrund der angenommenen Multicast-Fähigkeit der Hardware nicht von einem Multicast betroffene Rechner die entsprechende Nachricht auch nicht erhalten und verarbeiten, d.h. vernichten, müssen. Zur Erklärung der wesentlich geringeren Rechenzeiten von BITVEC und MULBIT trägt Abb. 7.11 bei. Dort werden für die gleiche Versuchsreihe die Anzahlen der Nachrichten, die von den jeweiligen Protokollen zu verarbeiten waren, aufgeführt.

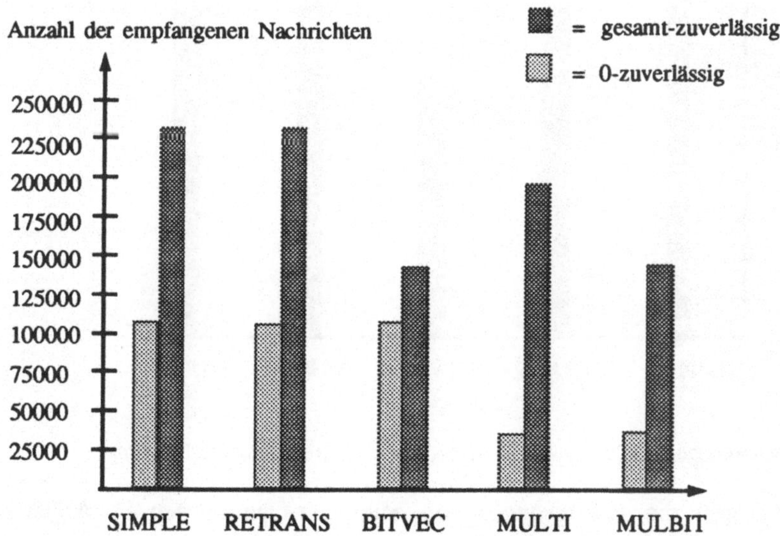

Abb. 7.11: Auswirkungen des Zuverlässigkeitsgrades auf die Belastung der Kommunikationsschicht

Die für den 0-zuverlässigen Fall angegebenen Balken entsprechen der Anzahl der Multicast-Nachrichten, die anderen Balken fassen Multicasts und Quittungsnachrichten zusammen. In BITVEC werden für jeden Rechner alle Quittungen zusammengefaßt und in einem Paket verschickt; bei der Verteilung der Prozesse im Versuch wurden damit rund ein Drittel der Nachrichten eingespart. Beim MULTI-Verfahren entsteht die gleiche Anzahl von Quittungen, es treffen aber - wie oben bereits erläutert - weniger Multicast-Aufträge ein. MULBIT vereinigt die Vorteile beider Ansätze.

Ebenfalls für die gleiche Versuchsreihe wird in Abb. 7.12 die Auslastung des Mediums illustriert. Bei 0-zuverlässiger Semantik ist die Auslastung nahezu gleich, die geringen Schwankungen sind wieder mit leicht unterschiedlichen internen Abläufen der Protokolle und Kollisionen zu erklären. Die Belastung ergibt sich im gesamt-zuverlässigen Fall aufgrund der unterschiedlichen Anzahl von Quittungen. Die MULBIT-Variante erreicht eine höhere Auslastung als BITVEC, da das Beobachtungsintervall kürzer war: die geringere Anzahl von Nachrichten führte zu mehr Rechenzeit für die Arbeitslast.

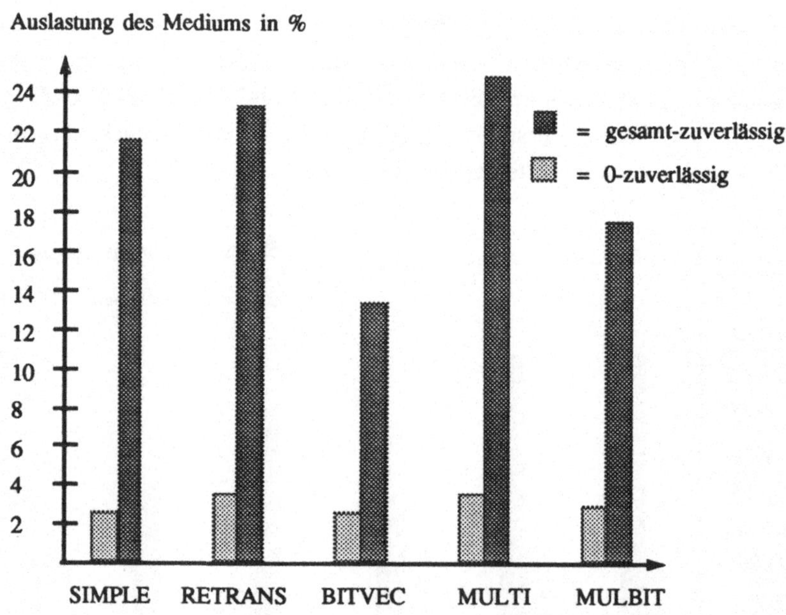

Abb. 7.12: Auswirkungen des Zuverlässigkeitsgrades auf die Belastung des Mediums

Abb. 7.13 gibt die Erfolgsquote von Multicast-Operationen in Abhängigkeit der Nachrichtenpuffer auf der Anwenderebene wieder. Die Interpretation dieser Kurven gestaltete sich als schwierig, es mußten viele der vom Simulator erstellbaren Statistiken aktiviert und untersucht werden. Dieser Versuch reagierte sehr sensibel auf geringfügige Veränderungen der Parameter. Dennoch lassen sich hier einige Verhaltensweisen von Protokollen demonstrieren, die - wenn auch z.T. bei ganz anderen Umgebungsparametern - immer wieder auftraten.

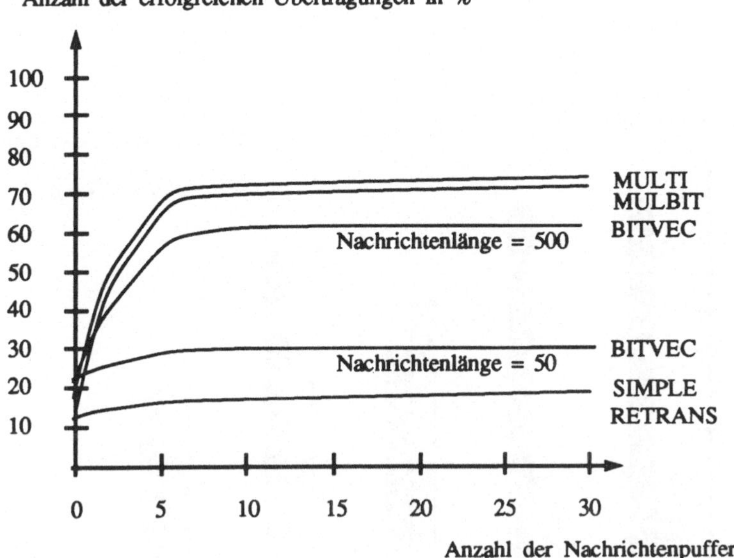

Abb. 7.13:   Anzahl der Nachrichtenpuffer und erfolgreiche Übertragungen (Zuverlässigkeitsgrad 0)

SIMPLE und RETRANS sind in diesem Fall identisch, da aufgrund der fehlenden Quittungen keine Wiederholungen durchgeführt werden. Die hohe Sendefrequenz und die nicht vorhandenen Quittungen führen zu einer extrem hohen Verlustrate, die an die Messungen im realen System erinnert, als eine schnelle Paketfolge den gleichen Effekt hervorrief. BITVEC schnitt bei einer durchschnittlichen Nachrichtenlänge von 50 Bytes unwesentlich besser ab, was sich durch ein etwas aufwendigeres Protokoll und eine dadurch verlangsamte Nachrichtenfolge erklären läßt. Die Vergrößerung der Nachrichtenlänge um den Faktor 10 verdoppelte die Erfolgsquote und bestätigt damit die Verringerung der Sendefrequenz als Ursache für weniger häufige Nachrichtenverluste. Bei MULTI und MULBIT bleibt den Protokollschichten mehr Zeit für die Verarbeitung von Aufträgen, da weniger Multicasts eintreffen.

Falls mindestens eine Quittung erwartet wurde, erreichten bei 6 Puffern alle Nachrichten ihr Ziel. Wie sich aus den vorangegangenen Versuchen vermuten läßt, ergaben sich bei höheren Zuverlässigkeitsgraden keine wesentlichen Änderungen, die 100-prozentige Erfolgsquote wurde in einigen Fällen bereits bei lediglich 5 Puffern erreicht.

Die Auswirkungen auf die Rechenzeit zeigt Abb. 7.14 (für BITVEC wurden 500-Byte-Nachrichten zugrundegelegt). Die Rechenzeiten des gesamt-zuverlässigen Falls sind mit den Werten aus Abb. 7.9 vergleichbar. Die höhere Erfolgsquote im 0-zuverlässigen Fall führt zu längeren Rechenzeiten, da mehr Aufträge zur Bearbeitung eintreffen. In diesem Versuch spielen dabei die simulierten Rechenzeiten auf der Anwenderebene keine Rolle, sie wurden auf 0 gesetzt, so daß die Effekte ausschließlich auf Aktionen der Protokollebene zurückzuführen sind.

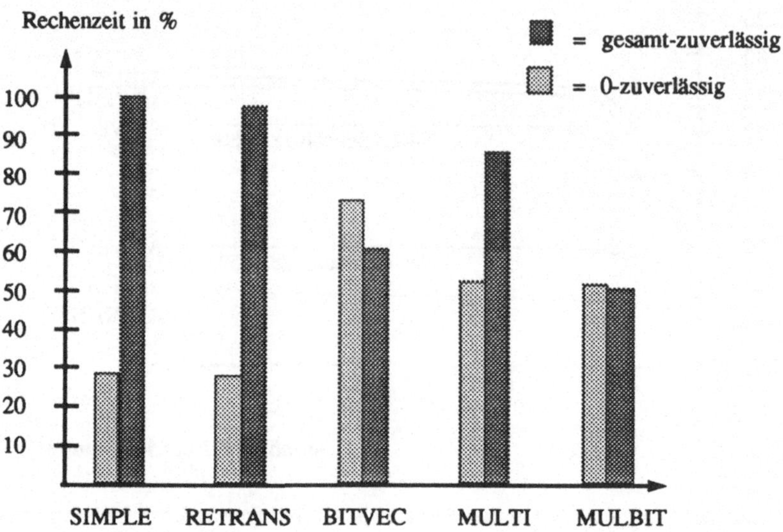

Abb. 7.14: Einfluß des Zuverlässigkeitsgrades auf die Ausführungszeit

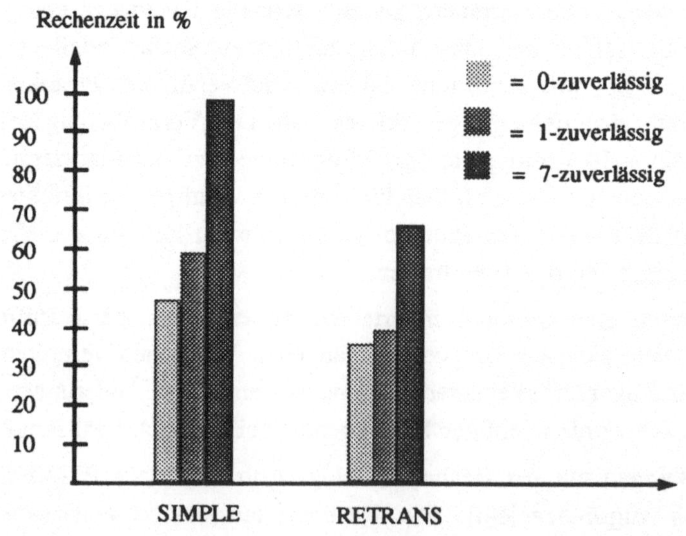

Abb. 7.15: Auswirkungen der Zuverlässigkeitsgrade auf die Ausführungszeiten
im Client/Server-Lastsystem

Die Beeinflussung der Rechenzeiten durch die Zuverlässigkeitsgrade wurde noch einmal am Beispiel des Client-/Server-Lastsystems untersucht (Abb. 7.15). Die Protokolle BITVEC, MULTI und MULBIT brachten hier keine Vorteile, da 10 Klienten und 10 Server auf insgesamt 10 Knoten gleichmäßig verteilt waren. Um die Ergebnisse zu verdeutlichen, wurde eine Verlustrate von 20% angenommen (diese Rate schließt den Verlust von Nachrichten wegen mangelnder Pufferkapazitäten ein). Das Lastsystem verschickte Multicasts und Unicasts etwa im Verhältnis 1:10 (siehe Beschreibung weiter oben). Die Auswirkungen der Gesamtzuverlässigkeit auf die Rechenzeit konnten nur insofern beobachtet werden, als daß in diesen Fällen das Lastsystem im Bereich innerhalb vertretbarer CPU-Zeiten für die Simulation nicht mehr terminierte. Das hohe Nachrichtenaufkommen verhinderte mit großer Wahrscheinlichkeit, daß alle Multicasts vollständig ihre Gruppenmitglieder erreichten. Die Puffer wurden fast ohne Unterbrechung von den Unicasts belegt, wo solange versucht wird, die Nachricht abzuliefern, bis ein Timeout des Controllers abläuft. Wie bereits in den anderen Situationen, schneidet RETRANS wieder am besten ab.

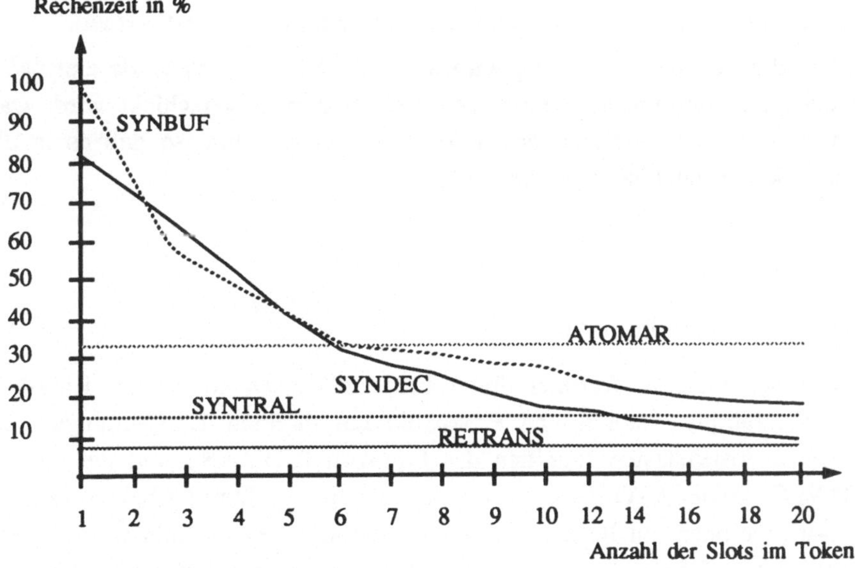

Abb. 7.16: Einfluß der Slots im Token auf die Ausführungszeit

Ein interessantes und überraschendes Ergebnis zeigt Abb. 7.16. Es wurde wieder das Busload-Lastsystem benutzt und untersucht, wie sich die Anzahl der Behälter (Slots) im Token auf die Rechenzeit und damit auf das Nachrichtenaufkommen auswirkt. Bei der erzeugten Arbeitslast konnten theoretisch 30 Multicast-Aufträge auf einmal bearbeitet werden, wenn 30 Slots im Token vorgesehen waren. Wie man an den Kurven sieht, erreichen SYNDEC und SYNBUF bereits bei 7 Slots bessere Werte als ATOMAR, und bei 20 Slots wird eine mit RETRANS vergleichbare Leistung erzielt, wobei zu berücksichtigen ist, daß RETRANS lediglich gesamt-zuverlässig und nicht total ordnungserhaltend ist. SYNBUF verhält sich in ähnlicher Weise, die etwas längeren Rechenzeiten sind durch die Reservierungen und eine geringere Parallelität (s. unten) zu erklären.

Dieses Ergebnis wird durch eine einfache Rechnung erläutert: Angenommen, es finden gleichzeitig 10 Multicasts statt, dann benötigt ATOMAR hierfür $10*(2+2n)$, d.h. $20n+20$, Nachrichten. Falls SYNDEC alle Aufträge gleichzeitig bearbeiten kann, dann braucht SYNDEC dazu dieselbe Zeit wie für eine Nachricht, nämlich $3n+1$. Diese Einsparungen wirken sich bei 20 Multicast-Aufträgen noch mehr aus.

In Bezug auf die Flußkontrolle läßt sich bei SYNDEC beobachten, daß zu Beginn der Berechnung alle Sender nahezu simultan einen Multicast-Auftrag absetzen, und es dabei zu vielen Kollisionen und Nachrichtenverlusten kommt. In den ersten Tokenrunden werden die fehlenden Nachrichten nachgefordert, während danach die Sender immer dann freigesetzt werden, wenn das Token gerade den betreffenden Rechner passiert hat. Dadurch werden Multicasts, die z.B. von mehreren Rechnern schnell hintereinander abgesandt werden, sequentialisiert. Dies funktioniert nicht, wenn mehrere Multicasts unabhängig voneinander zum gleichen Zeitpunkt initiiert werden.

Eine vollständige Sequentialisierung wird durch SYNBUF erreicht, da erst nach einer erfolgreichen Reservierungsrunde die Multicast-Nachricht verschickt wird, was in jedem Fall erst nach dem Passieren des Tokens stattfinden kann, so daß es in dieser Protokollvariante keine "unabhängigen Sender" gibt.

7.3.3 Zusammenfassende Bewertung

In den Simulationen wurden Vertreter dreier Protokollklassen untersucht: Ring-basierte Verfahren, Saturationsverfahren und Protokolle mit direkten 1:1-Quittungen. Unter den verschiedenen Arbeitslasten schnitten das Protokoll RETRANS und die optimierte Variante BITVEC sowie ATOMAR in Bezug auf die Ausführungszeiten unter verschiedenen Lastsituationen am besten ab. Die Wiederholungen in Abhängigkeit fehlender Quittungen, die wählbare Wiederholungsfrequenz sowie der Verzicht auf das Wiederholen von Bestätigungen, wenn deren Verlust als sehr unwahrscheinlich gilt, erlauben eine gute Anpassung des Protokolls an bestimmte Lastsituationen. Für die Anwendungsebene ist die geringe Zeitkomplexität und die Wahl des Zuverlässigkeitsgrades von großer Bedeutung. Letztere hat aber, wie die Simulationen zeigten, keine Auswirkungen auf die Belastung des Rechnersystems, da immer alle Quittungen verschickt werden, unabhängig davon, wieviele erwartet werden. Mit Hilfe von BITVEC lassen sich einfach gesamt-zuverlässige Protokolle realisieren, die keine Kenntnis der Gruppengröße beim Sender voraussetzen und bezgl. der Übertragungsleistung mit RETRANS vergleichbar oder, falls sich mehrere Empfänger auf einem Rechnerknoten befinden, sogar besser sind. Der durch häufige Gruppenmodifikationen auftretende Mehraufwand wurde nicht untersucht.

Atomar-zuverlässige Protokolle benötigen doppelt soviele Nachrichten wie RE-TRANS und zeigen bei nicht zu hohen Sendefrequenzen ein mit RETRANS vergleichbares Verhalten. Der Gefahr der Überlastung des Systems wirkt die ebenfalls größere Zeitkomplexität entgegen, was allerdings keine Bedeutung im Fall vieler Sender hat. Beim Einsatz des Busload-Lastsystems war es oft unmöglich, alle Empfänger innerhalb realistischer Timeout-Intervalle (bis zu 2 Minuten) zu erreichen. Die Skalierbarkeit zuverlässiger Verfahren ist daher als sehr kritisch anzusehen. Andererseits stellt sich die Frage, in welchen Anwendungen Multicast-Nachrichten von vielen Sendern an sehr große Gruppen in schneller Folge verschickt werden müssen. In den in Kapitel 2 vorgestellten Anwendungsbeispielen waren entweder die Gruppen relativ klein (Fehlertoleranz) oder die Änderungen waren nicht so häufig (Routing).

Ein überraschendes und während der Protokollentwicklung nicht erwartetes Ergebnis lieferten die kurzen und gegenüber ATOMAR sogar wesentlich verbesserten Berechnungszeiten der Ringverfahren gegenüber den zuvor genannten Verfahren mit direkten Quittungen bei einem hohen Nachrichtenaufkommen. Zwar werden die Ausführungszeiten nicht gesenkt, die geringere Nachrichtenanzahl führt jedoch dazu, das die Rechner nicht so stark belastet werden und mehr Zeit für die Bearbeitung der Lastprogramme zur Verfügung haben.

Soweit es sich nicht um bereits bekannte Anwendungen handelt, können auf der Transportebene keine Annahmen über das Nachrichtenaufkommen gemacht werden. Die ring-basierten Verfahren werden daher keine Bedeutung als Transportprotokolle erlangen, da die Ausführungszeiten für den Anwender nicht kalkulierbar sind. Es ist jedoch vorstellbar, daß solche Ringverfahren in speziellen Anwendungen eingesetzt werden, wo die längeren Ausführungszeiten zugunsten eines sehr geminderten Nachrichtenaufkommens akzeptiert werden.

Saturationsverfahren sind ebenfalls ungeeignet für die Transportebene. Zum einen realisieren sie prinzipiell eine 0-zuverlässige Semantik, zum anderen belasten sie das Medium außerordentlich hoch, so daß die Wahrscheinlichkeiten für Kollisionen ansteigen und andere Kommunikationen behindert werden. Der beobachtete Effekt, daß die Erfolgsquote bei Zunahme der Gruppengröße abnimmt, steht damit in direktem Zusammenhang.

Die Wichtigkeit einer guten Hardware-Unterstützung wurde mit den Protokollen MULTI und MULBIT demonstriert. Der physische Multicast entlastet die Prozessoren und macht so mehr Rechenzeit für die Anwendung verfügbar. Der durch einen im Rahmen des INCAS-Projektes entwickelten Kommunikationsprozessor erzielbare Leistungsgewinn wurde ebenfalls untersucht. Die Ergebnisse sind mit denen der Multicast-Unterstützung vergleichbar, bis auf die Verlangsamung der Berechnungen im Fall einer sehr kleinen Last, wenn die Aufträge an den Prozessor übergeben und abgeholt werden müssen, ohne daß in der Zwischenzeit andere Aufgaben bearbeitet werden können.

Pufferbereiche sowohl auf der Hardware wie auch auf der Protokoll- und Anwenderebene sind notwendig, da ohne sie die Verlustrate extrem hoch ist. Allerdings sind kleine Pufferkapazitäten zum Abfangen von Burst-Situationen ausreichend. In allen Simulationsläufen lag die Grenze etwa bei 5-8 Puffern, so daß das im vorigen Abschnitt besprochene Beispiel als repräsentativ für viele Versuchsreihen betrachtet werden kann.

Die Vergleiche mit SINGLE zeigten, daß die durch Multicasts erreichbare Effizienzsteigerung von der Nachrichtenlänge und -anzahl bestimmt wird. Bei kleinen Botschaften und wenigen Gruppenmitgliedern ist der Gewinn fast vernachlässigbar, während bei langen Nachrichten und großen Gruppen die Ausführungszeiten der Multicast-Operationen nicht wesentlich über denen weniger 1:1-Nachrichten liegen. Die SINGLE-Protokolle waren daher auch im Vergleich mit atomar-zuverlässigen Multicasts um ein Vielfaches langsamer.

Alle Ergebnisse wurden auf der Basis eines Tokenringes als Kommunikationsmedium ermittelt. Wie in den vorangegangenen Kapiteln bereits mehrfach angesprochen, sind im Fall anderer Zugangsverfahren z.T. andere Resultate zu erwarten. Insbesondere die Kollisionen können nicht nur beim Empfänger, sondern auch beim Sender zu Problemen führen. Man kann vermuten, daß die Protokolle mit direkten Quittungen in CSMA-gesteuerten Medien schlechter skalierbar sind als in Ringen und sich die Ausführungszeiten von Multicasts überproportional verlängern, während die Ring-Protokolle davon nicht betroffen sind.

8. Schlußbemerkungen

In den vorangegangenen Kapiteln wurden Formen der Multicast-Kommunikation vorgestellt und diskutiert, die sich in Eigenschaften wie Zuverlässigkeitsgrad, Implementierungsaufwand, Gruppenverwaltungsstrategien und Adressierung von Kommunikationspartnern unterschieden. Die Ergebnisse dieser Arbeit lassen sich in den folgenden Punkten zusammenfassen:

- Der Begriff "Zuverlässigkeit von Multicast-Operationen" wurde durch die formale Definition verschiedener Zuverlässigkeitsgrade präzisiert, so daß eine Basis für die Klassifikation von Multicast-Protokollen geschaffen wurde. Die in Kapitel 4 eingeführten Protokoll-Klassen reichen von 0-zuverlässigen über atomar-zuverlässige bis hin zu total ordnungserhaltenden Multicasts. Eine orthogonale Klassifikation sieht die Einteilung der verschiedenen Protokollvarianten in Best-Effort- und Guarantee-To-Deliver-Protokolle vor.

- In die Sprache LADY wurde eine Multicast-Kommunikationsmöglichkeit integriert. Dies wurde erstmalig in einem verbindungsorientierten Kommunikationsmodell vorgenommen, indem logische Busse als Abstraktion physischer Busse eingeführt wurden. Die Multicast-Semantik erlaubt verschiedene, wählbare Zuverlässigkeitsgrade und damit die Anpassung der Kommunikationskosten an unterschiedliche Anforderungen der Anwendung. Die Multicast-Kommunikation und die damit verbundenen Operationen zur Gruppenverwaltung führten zu einer Neuentwicklung und -implementierung des LADY-Laufzeitsystems für ein experimentelles Mehrrechnersystem.

- Als Alternative zu Multicasts mit direkten Quittungen wurden ringbasierte Verfahren entwickelt, die bei hohem Nachrichtenaufkommen eine deutlich verminderte Nachrichtenkomplexität besitzen und so geringere Kosten verursachen. Obwohl sie wegen ihrer großen

Zeitkomplexität i.a. schlecht für die Transportebene geeignet sind, bieten sie eine interessante Ergänzung für total ordnungserhaltende Multicasts auf der Anwenderebene, wo das Verarbeiten von Nachrichten viel aufwendiger ist als auf der Systemebene. Zur Vermeidung hoher Paketverlustraten wurde für die direkten Multicast-Protokolle mit Quittungen ein Verfahren entwickelt, daß die Sequentialisierung mehrerer, von unabhängigen Sendern gleichzeitig initiierter Multicasts erreicht.

- Sowohl auf dem Experimentalsystem als auch mit Hilfe eines Simulators wurden Leistungsuntersuchungen vorgenommen. In umfangreichen Versuchsreihen wurden mehrere Protokollvarianten unter verschiedenen Arbeitslasten simuliert und verglichen. Aufgrund der Resultate entstanden Verbesserungen der LADY-Kommunikation in Form eines gesamt-zuverlässigen Protokolls, ohne die Anzahl der Empfänger kennen zu müssen, und eine atomar-zuverlässige Erweiterung, die bei der Erzeugung eines logischen Busses über ein Attribut gewählt werden kann.

- Die zur Zeit vorhandene Hardware-Unterstützung für Multicasts kann verbessert werden und ist entscheidend - wie die Simulationsergebnisse am Beispiel der Multicast-Addressierung gezeigt haben - für die Belastung des Systems durch Multicast-Operationen. Praktikable Verbesserungen stellen Quittungen für physische Multicasts und atomare physische Multicasts in broadcast-fähigen Medien dar.

Die Kosten für Multicast-Operationen hängen wesentlich vom gewählten Zuverlässigkeitsgrad ab: Beim Übergang von 0-zuverlässigen auf k-zuverlässige Protokolle muß der Sender darüber informiert werden, wieviele Empfänger die Nachricht erhalten haben, das heißt, bereits hier müssen neben der Multicast-Nachricht zusätzliche Nachrichten verschickt werden. Im Fall einer gesamt-zuverlässigen Semantik muß zur Terminierung der Sendeoperation bekannt sein, aus wievielen Prozessen die Multicast-Gruppe besteht. Atomar-zuverlässige Protokolle benötigen mehrere Phasen, um zunächst zu überprüfen, ob alle Empfänger erreicht wurden, um danach eine Commit- oder Abort-Nachricht zu verschicken. Wie am Beispiel des ISIS-Systems gezeigt wurde, lassen sich ordnungserhaltende Multicasts mit der gleichen Nachrichtenkomplexität wie atomar-zuverlässige realisieren, jedoch entstehen auf den beteiligten Rechnerknoten längere Bearbeitungszeiten von Multicast-Aufträgen, da Vergleiche von Prioritäten durchzuführen und Nachrichtenlisten zu durchlaufen sind.

Bei diesem Spektrum verschiedener Protokollvarianten empfiehlt es sich, den Benutzer wählen zu lassen, welchen Zuverlässigkeitsgrad er für eine spezielle Anwendung wünscht und welche Kosten er bereit ist zu akzeptieren. Wie in [SRC81] vorgeschlagen wurde, ist es zweckmäßig, in den unteren Ebenen eines Systems (bis einschließlich der Transportebene) die Implementierungskosten gering zu halten, da es fraglich ist, ob ein dort angebotener größerer Leistungsumfang (und damit verbundene Mehrkosten) auf den höheren Ebenen in der entsprechenden Form überhaupt gewünscht werden. Unter Bezugnahme auf das in Abschnitt 3.1 eingeführte Modell sollten daher die Multicast-Operationen unterstützenden Dienste folgendermaßen auf die Ebenen verteilt werden:

Anwendung	höhere Zuverlässigkeitsanforderungen (ordnungserhaltende Eigenschaften, Guarantee-To-Deliver-Klasse)
Transport (Multicast-Protokolle)	Multicast-Nachrichten und Gruppenverwaltung (Paketisierung, Flußkontrolle, Sendewiederholungen, Betreten/Verlassen/Rekonfiguration der Gruppe)
Übertragungs-/ Leitungsprotokolle	Adressierung, Routing (evtl. Umsetzung in Unicasts, spannende Bäume)

Dieser Zuordnung folgend wurde in die verteilte System-Implementierungssprache LADY eine Best-Effort-Multicast-Kommunikationsmöglichkeit mit k-zuverlässiger Semantik integriert. Das verbindungsorientierte Kommunikationsmodell in LADY läßt alle Implementierungsmöglichkeiten in den darunterliegenden Schichten offen, macht jedoch Modifikationen der Kommunikationsstruktur sichtbar und eröffnet damit eine Reihe von Optimierungsmöglichkeiten auf der Protokollebene.

Ein gesamt-zuverlässiger Multicast kann in LADY erreicht werden, wenn die Anzahl der zur Multicast-Gruppe gehörenden Empfänger bekannt ist. Diese Information wird in der aktuellen Sprachversion nicht durch das Laufzeitsystem geliefert, sondern muß auf der Sprachebene in Erfahrung gebracht und den Senderprozessen zugänglich gemacht werden. Wie am Beispiel des BITVEC-Protokolls demonstriert wurde, kann dies ebenfalls von der Kommunikationsschicht übernommen werden.

In der ersten Implementierung wurde in der LADY-Kommunikationsschicht ein einfaches Protokoll zur Verbreitung von Multicast-Nachrichten verfolgt. Messungen im realen System wie auch die Simulationen lieferten als Ergebnis, daß die Nachrichtenverlustrate unter extremen Bedingungen außerordentlich hoch werden kann, obwohl sich das Protokoll in durchschnittlichen Lastbereichen gutmütig verhält. Als besondere Schwierigkeit war dabei die Überlastung der Empfänger durch mehrere Multicast-Sender oder schnelle Paketfolgen zu überwinden. Eine Lösung hierfür stellt das in Abschnitt 4.2 entwickelte Verfahren zur Kontrolle des Nachrichtenflusses dar, das empfängergesteuert auf mehrere Sender wirkt und in extremen Lastsituationen zu einer Sequentialisierung der Multicast-Nachrichten führt.

Im Gegensatz zu LADY bieten auftragsorientierte Kommunikationsmodelle den Vorteil, alle Antworten, die auf Multicast-Aufträge nach Beendigung der Auftragsbeziehung eintreffen, als ungültig zu erkennen und sie implizit, ohne Weiterleitung auf die Sprachebene, zu vernichten. Sprachen wie etwa CSSA, die Auftragsbeziehungen unterstützen, enthalten diese Möglichkeiten auf natürliche Weise, während in mitteilungsorientierten Ansätzen zur Lösung dieser Schwierigkeiten höchstens spezielle Filterroutinen zur Nachrichtenselektion angegeben werden können [CRP88]. Derartige Filter werden in der Empfangsanweisung spezifiziert und von der Protokollebene mittels einer *Upcall*-Technik [CLA85] aufgerufen. Je nach Ergebnis dieses Aufrufs (*true* oder *false*) wird die Nachricht dem Empfangsprozeß übergeben oder vernichtet. Da die Multicast-Nachricht nicht auf die Sprachebene weitergereicht wird, werden somit Prozeßwechsel vermieden und eine Effizienzsteigerung erreicht.

Während anfänglich fast ausnahmslos 1:1-Kommunikationsbeziehungen in verteilten und parallelen Systemen untersucht wurden, dokumentiert die in den letzten Jahren zunehmende Anzahl von Veröffentlichungen zur Multicast-Thematik, daß das Interesse an 1:n-Kommunikationen stetig wächst. Dies läßt sich auf die Beobachtung und Erfahrung zurückzuführen, daß 1:n-Kommunikationen neben Unicasts eine wichtige und häufig benutzte Form des Informationsaustausches in der menschlichen Gesellschaft darstellen. Sieht man einmal von technischen Hilfsmitteln ab, benutzen Menschen beim Sprechen immer ein broadcast-fähiges Medium - die Luft. Die Multicast-Eigenschaft, d.h. das Erreichen einer Teilmenge aller möglichen Empfänger, wird dabei durch die Dämpfung der Schallwellen geschaffen, die die Ausbreitung der Nachricht auf einen engen Bereich beschränkt, der in einem gewissen Rahmen über die Lautstärke und Sprechrichtung bestimmt werden kann.

In seiner Dissertation schreibt D. R. Boggs: "*My experience with the Ethernet and the pup-internet is that broadcasting is a powerful tool. I hope that, after reading this thesis, nobody will ever again design a network or an internet that does not provide broadcast logical connectivity ... what we need now is a widely accepted network which offers a useful multicast capability ... Very large scale integrated circuits will soon permit low cost implementation of multicast mechanisms in hardware and people should be thinking of applications*" [BOG83].

Diese Entwicklung hat bereits begonnen: Auf dem Hardware-Sektor wurden in den vergangenen Jahren durch den breiten Einsatz lokal verteilter Systeme sowie die ersten kommerziellen Mehrrechnersysteme die Voraussetzungen für 1:n-Kommunikationen verbessert, was z.B. zur Bereitstellung erster Bausteine zur Unterstützung physischer Multicasts führte, wie etwa Intels LAN-Koprozessor; im Software-Bereich werden Multicast-Verfahren in Kommunikationsprotokollen und Betriebssystemkernen [CHE84, CHE86a/b, HUG88, BIJ87b, CPR88] sowie zunehmend in Programmiersprachen [LIL81, LEC85, GEL85] unterstützt.

Multicast-Kommunikationen eröffnen in verteilten Systemen neue Möglichkeiten der Programmierung und Betriebsorganisation. Die Prinzipien der *Veröffentlichung* von Informationen sowie des *Suchens* nach Informationen mittels *Anfragen* stellen die beiden primären Einsatzgebiete von Multicasts dar. Der Entwicklungsstand der Multicast-Kommunikationen läßt sich mit dem der Unicasts zu Beginn der 80'er Jahre vergleichen, als eine Vielzahl von Vorschlägen zu 1:1-Kommunikationen gemacht worden war, aber noch keine gesicherten Ergebnisse und Erfahrungen über die Eignung der Konzepte für verschiedene Anwendungsbereiche vorlagen. Nachdem die Voraussetzungen für den Einsatz von Multicasts geschaffen worden sind, gilt es jetzt, die neuen Möglichkeiten zu nutzen, um in praktischen Anwendungen umfassende Bewertungsgrundlagen zu erhalten.

Literatur

AAB87   M. Ahamad, M. Ammar, J. Bernabeu, M. Y. Khalidi: *A Multicast Scheme for Locating Objects in a Distributed Operating System.* Technical Report GIT-ICS-87/01, Jan. 1987

ABE89   M. Abel: *Konzeption und Realisierung der DTM-Phase 4 zum Beobachten und Messen von verteilten Systemen.* Diplomarbeit, Fachbereich Informatik, Universität Kaiserslautern, 1989

AGU84   L. Aguilar: *Datagram Routing for Internet Multicasting.* Computer Communications Review (SIGCOM '84), Vol. 14, No. 2, June 1984, pp. 58-63

AHB85   M. Ahamad, A. J. Bernstein: *An Application of Name Based Addressing to Low Level Distributed Algorithms.* IEEE Transactions on Software Engineering, Vol. SE-11, No. 1, Jan. 1985, pp. 59-67

AND83   G. R. Andrews, F. B. Schneider: *Concepts and Notations for Concurrent Programming.* Computing Surveys, Vol. 15, No. 1, March 1983, pp. 3-44

ANL81   T. Anderson, P. A. Lee: *Fault Tolerance - Principles & Practice*: Prentice Hall, London, 1981

ANP82   Ch. An-Ping: *Message Broadcasting in Computer Networks.* Ph.D. Dissertation, University of Iowa, 1982

AWE86   B. Awerbuch, S. Even: *Reliable Broadcast Protocols in Unreliable Networks.* Networks, Vol. 16, 1986, pp. 381-396

BAD85   Ö. Babaoglu, R. Drummond: *Streets of Byzantium: Network Architectures for Fast Reliable Broadcasts.* IEEE Transactions on Software Eng., Vol. SE-11, No. 6, June 1985, pp. 546-554

BAL71   R. M. Balzer: *Ports: A Method for Dynamic Interprogram Communication and Job Control.* AFIPS, 1971, pp. 485-489

BAS85   A. Barak, A. Shiloh: *A Distributed Load Balancing Policy for a Multicomputer*, Software Practice & Experience, Vol. 15, No. 9, Sept. 1985, pp. 901-913

BBL86   J.-P. Banâtre, M. Banâtre, G. Lapalme, F. Ployette: *The Design and Building of Enchère, a Distributed Electronic Marketing System*. Communications of the ACM, Vol. 29, No. 1, Jan. 1986, pp. 19-29

BBN88   BBN Advanced Computers Inc.: Butterfly GP1000 Switch Tutorial, 1988

BDS86   Ö. Babaoglu, R. Drummond, P. Stephenson: *Reliable Broadcast Protocols and Network Architectures: Tradeoffs and Lower Bounds*. TR 86-754, Dept. of Comp. Science, Cornell University, May 1986

BEM85   C. Beilken, F. Mattern: *A Short Description of the Distributed Programming Language CSSA*. Technical Report SFB-124, Dept. of Comp. Science, University of Kaiserslautern, Oct. 1985

BFR77   H. P. Böhm, H. L. Fischer, P. Raulefs: *CSSA - Language Concepts and Programming Methodology*. SIGPLAN Notices, Vol. 12, No. 8, 1977, pp. 100-108

BIJ84   K. P. Birman, T. A. Joseph: *Low Cost Management of Replicated Data in Fault-Tolerant Distributed Systems*. Technical Report TR84-644, Dept. of Comp. Science, Cornell University, 1984

BIJ86   K. P. Birman, T. A. Joseph: *Communication Support for Reliable Distributed Computing*. Technical Report TR86-753, Dept. of Comp. Science, Cornell University, May 1986

BIJ87a   K. P. Birman, T. A. Joseph; *Reliable Communication in the Presence of Failures*. ACM Transactions on Computer Systems, Vol. 5, No. 1, Feb. 1987, pp. 47-76

BIJ87b   K. P. Birman, T. A. Joseph: *Exploiting Virtual Synchrony in Distributed Systems*. Proc. 11th ACM Symp. on Operating Systems Principles, Austin, Texas, Nov. 1987, pp. 123-139

BIN84   A. D. Birrel, B. J. Nelson: *Implementing Remote Procedure Calls*. ACM Trans. on Comp. Syst. 2(1), Feb. 1984, pp. 39-59

BJR85   K. P. Birman, T. A. Joseph, T. Raeuchle, A. El Abbadi: *Implementing Fault-Tolerant Distributed Objects*. IEEE Transactions on Software Engineering, Vol. SE-11, No. 6, June 1985, pp. 502-508

BMS82   C. Beilken, F. Mattern, M. Spenke: *Entwurf und Implementierung von CSSA*. Interner Bericht 67/83, Fachbereich Informatik, Universität Kaiserslautern, Feb. 1983

BOG83   D. R. Boggs: *Internet Broadcasting*. Technical Report CSL-83-3, XEROX Corp. Palo Alto Research Center, California, Oct. 1983

BSE83   K. P. Birman, D. Skeen, A. El Abbadi, W. C. Dietrich, T. Räuchle: *Isis: An Environment for Constructing Fault-Tolerant Distributed Systems*. Technical Report TR83-552, Dept. of Comp. Science, Cornell University, May 1983

BST88   H. E. Bal, J. M. Steiner, A. S. Tanenbaum: *Programming Languages for Distributed Systems*. Int. Rep. IR-147, Dept. of Computer Science, Vrije Universitat Amsterdam, 1988

BUF80   K. Bullis, W. Franta: *Implementation of Eventcounts in a Broadcast Network*. Computer Networks 4, 1980, pp. 57-69

BUH86   P. Buhler: *Konzeption und Teilimplementierung der Kommunikationsschicht des Basisbetriebssystems für LADY*. Diplomarbeit, Fachbereich Informatik, Universität Kaiserslautern, Dez. 1986

BUW89   P. Buhler, D. Wybranietz: *Tools for Distributed Programming in the INCAS-Project*. Proc. 15th EUROMICRO'89 'Design Tools for the 90's', Cologne, Sept. 1989, in: Microprocessing & Microprogramming, Vol. 27, No. 1-5, Aug. 87, pp. 199-206

CAS84   F. Cristian, H. Aghili, R. Strong: *Atomic Broadcast: From Simple Message Diffusion to Byzantine Agreement*. Technical Report RJ 4540, IBM Research Laboratory San Jose, Dec. 1984

CEK74   V. G. Cerf, R. E. Kahn: *A Protocol for Packet Network Intercommunication*. IEEE Transactions on Communications, Vol. COM-22, No. 5, May 1974

CHA82   E. J. H. Chang: *Echo Algorithms: Depth Parallel Operations on General Graphs*. in: IEEE Transactions on Software Engineering, Vol. SE-8, No. 4, July 1982, pp. 391-401

CHC85   B. Chor, B. A. Coan: *A Simple and Efficient Randomized Byzantine Agreement Algorithm*. IEEE Transactions on Software Engineering, Vol. SE-11, No. 6, June 1985, pp. 531-539

CHD85   D. R. Cheriton, S. E. Deering: *Host Groups: A Multicast Extension for Datagram Internetworks*. Computer Systems Laboratory, Stanford University, 1985, pp. 172-179

CHE84   D. R. Cheriton: *The V Kernel: A Software Base for Distributed Systems*. IEEE Software 1(3), April 1984, pp. 19-42

CHE86a   D. R. Cheriton: *Request-Response and Multicast Interprocess Communication in the V Kernel*. IBM Europe Inst., Networking in Open Systems, Conference Handouts, Aug. 1986

CHE86b   D. R. Cheriton: *VMTP: A Transport Protocol for the Next Generation of Communication Systems*. ACM Comp. Comm. Review, Vol. 16, Aug. 1986, pp. 406-415

CHM84   J. M. Chang, N. F. Maxemchuk: *Reliable Broadcast Protocols*. ACM Transactions on Computer Systems, Vol. 2, No. 3, Aug. 1984, pp. 251-273

CHR79   E. Chang, R. Roberts: *An Improved Algorithm for Dezentralized Extrema-Finding in Circular Configurations of Processes*. Comm. of the ACM, Vol. 22, No. 5, 1979, pp. 281-283

CHZ85   D. Cheriton, W. Zwaenepoel: *Distributed Process Groups in the V Kernel*. ACM Trans. on Computer Systems, Vol. 3, No. 2, May 1985, pp. 77-107

CLA85   D. D. Clark: *The Structuring of Systems Using Upcalls*. Proc. 10th ACM Symp. on Oper. Syst. Principles, 1985, pp. 171-180

CPR78   D. D. Clark, K. T. Pogran, D. P. Reed: *An Introduction to Local Area Networks*. Proc. of the IEEE, Vol. 66, No. 11, Nov. 1978, pp. 1497-1515

CRP88   J. Crowcroft, K. Paliwoda: *A Multicast Transport Protocol*. ACM Comp. Comm. Review, Vol. 18, No. 4, Aug. 1988, pp. 247-256

DAL77   Y. K. Dalal: *Broadcast Protocols in Packet Switched Computer Networks*. Technical Report TR-128 (Ph.D. Thesis), Digital Systems Laboratory, Stanford University, April 1977

DAM87   A. Damm: *Kernel Aspects of the Distributed Real-Time Operating System of Mars*. Research Report Nr. 6187, Inst. für Technische Informatik, Technische Universität Wien, Feb. 1987

DAW88   J. S. J. Daka, A. G. Waters; *A High Performance Broadcast File Transfer Protocol*. ACM Comp. Comm. Review, Vol. 18, No. 4, Aug. 1988, pp. 249-256

DEE88   S. E. Deering: *Multicast Routing in Internetworks and Extended LANs*. ACM Comp. Comm. Review, Vol. 18, No. 4, Aug. 1988, pp. 55-64

DEU83   *DEUNA User's Guide*. EK-DEUNA-UG-001, Digital Equipment Corporation, 1983

DRU86   R. Drummond: *Impact of Communication Networks On Fault-Tolerant Distributed Computing*. Ph.D. Thesis, also: Technical Report TR86-748, Dept. of Comp. Science, Cornell University, April 1986

ECH86   K. Echtle: *Fehlermaskierung durch verteilte Systeme*. Informatik Fachber. Bd. 121, Springer-Verlag, 1986

EGM83   K. Echtle, N. Görke, M. Marhöfer: *Zur Begriffsbildung bei der Beschreibung von Fehlertoleranz-Verfahren.* Int. Bericht 6/83, Fakultät für Informatik, Universität Karlsruhe, 1983

ENS78   P. N. Enslow, Jr.: *What is a Distributed Data Processing System.* Computer, Jan. 1978, pp. 13-21

FAD83   G. Färber, F. Demmelmeier: *Taskspecific Assignment of Redundancy in the Fault-Tolerant Multicomputer System FUTURE.* in: D. R. Wilson, C. J. von Spronsen (Eds.), Microcomputers: Developments in Industry, Business and Education, North-Holland, 1983, pp. 245-255

FAL72   D. J. Farber, K. C. Larson: *The System Architecture of the Distributed Computing System - the Communications System.* Proc. Symp. on Computer Networks & Teletraffic, New York, 1972

FIR79   H. L. Fischer, P. Raulefs: *Design Rationale for the Interactive Programming Language CSSA for Asynchronous Multiprocessor Systems.* Memo Seki-BN-79-09, Institut für Informatik III, Universität Bonn, 1979

FSZ83   D. Ferrari, G. Serazzi, A. Zeigner: *Measurement and Tuning of Computer Systems.* Prentice-Hall, 1983

FWB85   A. J. Frank, L. D. Wittie, A. J. Bernstein: *Multicast Communication on Network Computers.* IEEE Software, Vol. 2, May 1985, pp. 49-61

GAK86   R. D. Gaglianello, H. P. Katseff: *Communications in Meglos.* Software - Practice and Experience, Vol. 16(10), Oct. 1986, pp. 954-963

GEH84   N. H. Gehani: *Broadcasting Sequential Processes (BSP).* IEEE Trans. on Software Engineering, Vol. SE-10, No. 4, July 1984, pp. 343-351

GEL85   D. Gelernter: *Generative Communication in Linda.* ACM TOPLAS, Vol. 7(1), 1985, pp. 80-112

GKZ85   R. Gueth, J. Kriz, S. Zueger: *Broadcast Protocols in Distributed Computer Control Systems.* Proc. IFAC Distributed Computer Control Systems, California, 1985, pp. 47-53

GRA78   J. Gray: *Notes on Data Base Operating Systems.* in: Operating Systems - An Advanced Course, Vol. 60, Springer-Verlag, 1978

HAB87   D. Haban: *DTM - A Method for Testing Distributed Systems.* Proc. 6th IEEE Symp. on Reliability in Distributed Software and Database Systems, Williamsburg, Virgina, USA, March 1987, pp. 66-73

HAB88   D. Haban: *The Distributed Test Methodology DTM.* Dissertation, Fachbereich Informatik, Universität Kaiserslautern, 1988

HAU85   M. Hauß: *Konzeption und Realisierung einer Betriebssystemschnittstelle für CSSA-Agenten in Form eines LADY-Teams*. Diplomarbeit, Fachbereich Informatik, Universität Kaiserslautern, 1985

HAW86   D. Haban, D. Wybranietz: *Hardware-Supported Monitoring in Distributed Computer Systems*. Technical Report SFB 124-23/86, Department of Computer Science, University of Kaiserslautern, 1986

HAW88   D. Haban, D.Wybranietz: *A Tool for Measuring and Monitoring Distributed Systems During Operation*. In: U. Kastens, F. J. Ramming (Hg.): 10. GI/ITG-Fachtagung "Architektur und Betrieb von Rechensystemen", Informatik-Fachberichte Bd. 168, Springer-Verlag, Paderborn, März 1988, pp. 307-323

HAW89   D. Haban, D. Wybranietz: *Monitoring and Measuring Parallel Systems*. Proc. 3rd IEEE Annual Parallel Processing Symposium Vol. 2, Fullerton, CA, March 1989, pp. 499-513

HEW77   C. Hewitt: *Viewing Control Structures as Patterns of Passing Messages*. Artif. Intel., Vol. 8, 1977, pp. 323-364

HUG87   L. Hughes: *A Multicast Transmission Taxonomy*. Proc. IFIP Conf. on Distributed Processing, Amsterdam, Oct. 1987, pp. 1-18

HUG88   L. Hughes: *A Multicast Interface for UNIX 4.3*. Software - Practice and Experience, Vol. 18(1), Jan. 1988, pp. 15-27

HWB88   D. Haban, D. Wybranietz, A. Barak; *Monitoring and Management-Support of Distributed Systems*; Proc. International Workshop "Progress in Distributed Operating Systems and Distributed Systems Management - A European Update"; Berlin, April 1989; To be published in LNCS, Springer-Verlag; also: Technical Report TR-88-007; International Computer Science Institute (ICSI), Berkeley, CA, Nov. 1988

IEE85   IEEE Standards for Lokal Area Networks: *Token Ring Access Method and Physical Layer Specifications*. 1985

JAL86   P. Jalote: *Using Broadcasting for Multiprocess Recovery*. Proc. 6th Int. Conf. on Distr. Comp. Systems, Cambridge Mass., May 1986, pp. 582-589

JAM83   P. A. Janson, E. Mumprecht: *Addressing and Routing in a Hierarchy of Token Rings*. in: I. N. Dallas, E. B. Spratt (eds.), Ring Technology and Local Area Networks, IFIP, North-Holland, Sep. 1983, pp. 97-110

KLM82   H. Kopetz, F. Lohnert, W. Merker, G. Pauthner: *High-Level Programming of Distributed Process Control Systems*. Proc. of the 2nd European Symp. on Real-Time Data Handling and Process Control, Versailles, France, Nov.1982, pp. 49-56

KLS85   H. Kirrmann, T. Lalive D'Epinay, H. P. Stoeckler: *Architectures for Process Control*. in: R. Gueth (Ed.): Computer Systems for Process Control, Proc. BBC Symp. on Comp. Systems for Process Control, Sept. 1985, pp. 109-114

KMZ85   E. Korach, S. Moran, S. Zaks: *The Optimality of Distributive Constructions of Minimum Weight and Degree Restricted Spanning Trees in a Complete Network of Processors*. Comp. Science Dept., Inst. of Technology, Haifa, Israel, 1985, pp. 277-286

KÖH87   H. Köhler: *Werkzeuge zur Generierung von Lastprogrammen für das INCAS-Simulationssystem*. Diplomarbeit, Fachbereich Informatik, Universität Kaiserslautern, 1987

LAM78   L. Lamport: *Time, Clocks and the Ordering of Events in a Distributed System*. Commun. ACM, Vol 21, No. 7, pp. 558-565

LEB82   T. J. LeBlanc: *The Design and Performance of High-Level Language Primitives for Distributed Programming*. Ph.D. Thesis, University of Madison-Wisconsin, 1982

LEC85   T. J. LeBlanc, R. P. Cook: *High-Level Broadcast Communication for Local Area Networks*. IEEE Software, May 1985, pp. 40-48

LEL78   G. LeLann: *Algorithms for Distributed Data Sharing Systems Which Use Tickets*. Proc. 3rd Berkeley Workshop on Distributed Data Management and Computer Networks, 1978, pp. 259-272

LIC88   J. Lichtermann: *Entwurf und Aufbau einer Test- und Meßprozessorplatine*. Diplomarbeit, Fachbereich Informatik, Universität Kaiserslautern, 1988

LIL81   C. M. Li, M. T. Liu: *Dislang: A Distributed Programming Language/System*. IEEE 2nd Int. Conf. on Distr. Systems, Paris, April 1981, pp. 162-172

LIS79   B. Liskov: *Primitives for Distributed Computing*. Proc. 7th SOSP, 1979, pp. 33-42

LMS80   A. Lister, J. Magee, M. Sloman, J. Kramer: *Distributed Process Control Systems: Programming and Configuration*. Research Report No. 80/12, Department of Computing and Control, Imperial College, London SW7 2B, May 1980

LSP82   L. Lamport, R. Shostak, M. Pease: *The Byzantine Generals Problem*. ACM Transactions on Programming Languages and Systems, Vol. 4, No. 3, July 1982, pp. 382-401

MAR81   R. Massar, W. F. Racke: *LADY - Eine Implementierungssprache für verteilte Betriebssysteme*. in: J. Nehmer (Hrsg.), Implementierungssprachen für nichtsequentielle Programmsysteme, Tagung 1/1981 des German Chapter of the ACM in Kaiserslautern, Teubner, Stuttgart, Feb. 1982

MAS84   R. Massar: *LADY - Entwurf und Implementierung einer Sprache für verteilte DV-Systeme*. Dissertation, Fachbereich Informatik, Universität Kaiserslautern, 1984

MAT87   F. Mattern: *Algorithms for Distributed Termination Detection*. Distributed Computing, Vol. 2, No. 3, 1985, pp. 161-175

MAT88   F. Mattern (Hg.): *CSSA - Sprache und Systembenutzung*. Bericht SFB124-24/88, Fachbereich Informatik, Universität Kaiserslautern, 1988

MEB76   R. M. Metcalfe, D. R. Boggs: *Ethernet - Distributed Packet Switching for Local Computer Networks*. CACM, Vol. 19, July 1976, pp. 395-404

MLB78   R. Pardo, M. T. Liu, G. A. Babic: *An N-Process Communication Protocol for Distributed Processing*. Proc. Symp. on Computer Network Protocols, Liege, Belgium, Feb. 1978, pp. D7.1 - D7.10

MOC83   P. V. Mockapetris: *Analysis of Reliable Multicast Algorithms for Local Networks*. Proc. 8th Data Communications Symposium, in: ACM SIGCOMM Comp. Comm. Rev., Vol. 13, No. 4, Oct. 1983

MSF83   C. Mohan, H. R. Strong, S. Finkelstein; *Method for Distributed Transaction Commit and Recovery Using Byzantine Agreement within Clusters of Processors*. Technical Report, IBM Research Laboratory, San Jose, CA, 1983

NAS81   D. Nassimi, S. Sahni; *Data Broadcasting in SIMD Computers*. IEEE Transactions on Computers, Vol. C-30, No. 2, Feb. 1981, pp. 282-288

NEH81   J. Nehmer: *Strukturierungskonzepte der Sprache LADY zur Beschreibung verteilter Betriebssysteme*. in: K. W. Glässer (Hrsg.), Verteilte Systeme - GMD-Workshop 4.11.81, GMD-Bericht Nr. 136, 1981, pp. 99-120

NEH82   R. M. Needham, A. J. Herbert: *The Cambridge Distributed Computing System*. Reading, MA, Addison-Wesley, 1982

NMR82   J. Nehmer, R. Massar, W. Racke, D. Rombach, R. Schrapel: *DISTOS - Eine Konstruktionsmethodik für verteilte Betriebssysteme*. Fachbereich Informatik, Universität Kaiserslautern, Zwischenbericht April 1982

NRS86   J. Nehmer, D. Rombach, R. Schrapel, R. Wagner: *DISTOS - eine Konstruktionsmethodik für verteilte Betriebssysteme*. Interner Bericht, Fachbereich Informatik, Universität Kaiserslautern, 1986

PAL79   R. Pardo, M. T. Liu; *Multi-Destination Protocols for Distributed Systems.* Proc. Comp. Networking Symp., Nat. Bureau of Standards, Dec. 1979, pp. 176-185

PAL88   K. Paliwoda: *Transactions Involving Multicast.* Computer Communications, Vol 11, No. 6, Dec. 1988, pp. 313-318

PER85   K. J. Perry; *Randomized Byzantine Agreement.* IEEE Transactions of Software Eng., Vol SE-11, No. 6, June 1986, pp. 539-546

PER87   K. J. Perry; *A Framework for Agreement.* 2nd Int. Workshop on Distributed Alg., Amsterdam, July 1987, in: J. van Leeuwen (Ed.), Lecture Notes on Computer Science, Bd. 312, Springer-Verlag, pp. 57-75

POP83   M. L. Powell, D. L. Presotto: *Publishing: A Reliable Broadcast Communication Mechanism.* Report No. UCB/CSD83/133, Computer Science Division, University of California, Berkeley, Aug. 1983

PSL80   M. Pease, R. Shostak, L. Lamport: *Reaching Agreement in the Presence of Faults.* JACM, Vol. 27, No. 2, 1980, pp. 228-234

RAJ87   S. Ramakrishnan, B. N. Jain; *Protocols for Reliable Multicast Over Local Area Networks.* Proc. 20th Ann. Hawaii Int. Conf., 1987, p. 500

REI87   R. Reischuk; *Konsistenz und Fehlertoleranz in Verteilten Systemen - Das Problem der Byzantinischen Generäle.* in: M. Paul (Hg.), Proc. GI - 17. Jahrestagung "Computerintegrierter Arbeitsplatz im Büro", München, Okt. 1987, pp. 65-81

REK79   D. P. Reed, R. K. Kanodia; *Synchronization with Eventcounts and Sequencers.* Communications of the ACM, Vol. 22, No. 2, Feb. 1979, pp. 115-123

REM78   A. Remes; *Simulation Techniques in Network Design.* in: S. Schoemaker (Ed.), Computer Networks and Simulation, North-Holland, 1978, pp. 85-100

ROG87   G. P. Rossi, C. Garavaglia: *Link Layer for Cooperating Processes on a LAN with Enhanced Communication Services.* Computer Communications, Vol. 10, No. 3, June 1987, pp. 121-127

ROH88   K. Rohleff: *Softwarekonzeption und Implementierung eines Test- und Meßsystems für verteilte Systeme.* Diplomarbeit, Fachbereich Informatik, Universität Kaiserslautern, 1988

ROM87   H. D. Rombach: *A Controlled Experiment on the Impact of Software Structure on Maintainability.* IEEE Trans. Software Eng., Vol. SE-13, No.3, 1987, pp. 344-354

ROW84   K. Rothermel, B. Walter; *A Kernel for Transaction-Oriented Communications in Distributed Database Systems.* Proc. 4th Int. Conf. on DCS, 1984, pp. 557-565

SBM89   P. Sturm, P. Buhler, F. Mattern, D. Wybranietz; *An Integrated Environment for Programming, Evaluating, and Visualizing Distributed Systems.* Workshop on Parallel Computing in Practice, Jerusalem, Israel, May 1989, to be published in LNCS

SCH78   S. Schoemaker; *On Simulation.* in: S. Schoemaker (Ed.), Computer Networks and Simulation, North-Holland, 1978, pp. 69-84

SCH84a   R. Schrapel: *Kommunikation in verteilten Betriebssystemen.* Interner Bericht 99/84, Fachbereich Informatik, Universität Kaiserslautern, Jan. 1984

SCH84b   J. D. Schoeffler: *Distributed Computer Systems for Industrial Process Control.* IEEE Computer, Feb. 1984, pp. 11-18

SCO85   M. L. Scott; *Design and Implementation of a Distributed Systems Language.* Technical Report #596 (Ph.D. Thesis), Comp. Science Dept., University of Wisconsin-Madison, 1985

SEA83   A. Segall, B. Awerbuch; *A Reliable Broadcast Protocol.* IEEE Transactions on Communications, Vol. COM-31, No. 7, July 1983, pp. 896-901

SEI85   C. L. Seitz; *The Cosmic Cube.* CACM, Vol. 28, Nr. 1, 1985, pp. 22-33

SGS84   F. B. Schneider, D. Gries, R. D. Schlichting; *Fault-Tolerant Broadcasts.* Science of Computer Programming 4, North-Holland, 1984, pp. 1-15

SHO79   J. F. Shoch; *Design and Performance of Local Computer Networks.* Ph.D. Dissertation, Stanford University, Aug. 1979

SMC84   Standard Microsystems Corporation: *COM 9026 - Local Area Network Controller.* Datapoint, 1984

SMU85   M. Schmude: *Verteiltes Lösen von Zahlenrätseln durch ein CSSA-Zwischencodeprogramm.* Projektarbeit, Fachbereich Informatik, Universität Kaiserslautern, 1985

SRC81   J. H. Saltzer, D. P. Reed, D. D. Clark: *End-To-End Arguments in System Design.* 2nd International Conference on Distributed Computing Systems, Paris, April 1981, pp. 509-512

STU87   P. Sturm: *Konzeption und Teilimplementierung eines Interface-Agenten für CSSA.* Diplomarbeit, Fachbereich Informatik, Universität Kaiserslautern, 1987

SWM89   P. Sturm, D. Wybranietz, F. Mattern: *The INCAS Distributed Systems Project - Experiences and Current Topics*. Proc. of the International Workshop on Distribution and Objects, Karlsruhe, April 1989, pp. 97-114

TAK87   M. Takizawa: *Cluster Control Protocol for Highly Reliable Broadcast Communication*. Proc. IFIP Conf. on Distributed Processing, Amsterdam, Oct. 1987, pp. 1-20

THK87   K. S. Thomsen, J. L. Knudsen: *A Taxonomy for Programming Languages with Multisequential Processes*. The Journal of Systems and Software 7, 1987, pp. 127-140

TOT77   M. Tokoro, K. Tamaru: *Acknowledging Ethernet*. Proc. CompCon Fall, 1977

USD81   United States Dept. of Defense: *Reference Manual for the Ada Programming Language*. 1981

WAC87   G. Waters, C. W. T. Chan: *A Three-Party Talk Facility on a Computer Network*. Computer Communications, Vol. 10, No. 3, June 1987, pp. 115-120

WAL80   D. W. Wall: *Mechanisms for Broadcast and Selective Broadcast*. TR 190 (Ph.D. Thesis), Digital Systems Laboratory, Stanford University, June 1980

WAL87   H. J. Walter: *INCSIM - Ein System zur Simulation des INCAS-Multicomputers*. Diplomarbeit, Fachbereich Informatik, Universität Kaiserslautern, 1987

WEI85   A. Weikert: *Anpassung der Kommunikationsschicht M2/M3 an die neuen Kommunikationskonzepte von LADY-D*. Projektarbeit, Fachbereich Informatik, Universität Kaiserslautern, 1985

WEI88   W. Weigel: *Konzeption und Realisierung der DTM-Phasen 1-3 zum Debuggen von verteilten Systemen*. Diplomarbeit, Fachbereich Informatik, Universität Kaiserslautern, 1988

WHB86   D. Wybranietz, D. Haban, P. Buhler: *Some Extensions of the LADY Language*. Technical Report SFB 124-28, Fachbereich Informatik, Universität Kaiserslautern, Oct. 1986

WIR85   K. Wirth: *Definition der Semantik der Broadcast-Kommunikation in LADY und Entwicklung von Protokollen für deren Implementierung*. Diplomarbeit, Fachbereich Informatik, Universität Kaiserslautern, 1985

WKM85   M. Weiser, S. Kogge, M. McElvany, R. Pierson, R. Post, A. Thareja: *Status and Performance of the ZMOB Parallel Processing System*. IEEE CompCon Conf., San Francisco, CA, 1985

WOG83   J. W. Wong, G. Gopal: *Analysis of Reliable Broadcast in Local Area Networks*. Proc. 8th Data Communications Symp., in: ACM SIGCOMM Comp. Comm. Rev., Vol. 13, No. 4, Oct. 1983

WYB82   D. Wybranietz: *Ein verteiltes Betriebssystem für CSSA*. NTG/GI-Fachtagung "Struktur und Betrieb von Rechensystemen", in: NTG-Fachberichte, Band 80, VDE-Verlag Ulm, März 1982, pp. 238-252

WYB84   D. Wybranietz: *Die Entwicklung einer neuen Version der Sprache LADY mit dynamischen Eigenschaften*. Technischer Bericht Nr. SFB124-10/84, Fachbereich Informatik, Universität Kaiserslautern, Juli 1984

WYB87a D. Wybranietz: *Simulation of Multicast Computer Communications*. ASU Workshop "Simulation 20 Years After", TU Berlin, April 1987, in: SIMULA Newsletter, Vol. 15, No. 3, Aug. 1987, pp. 3-6

WYB87b D. Wybranietz: *A Simulation System for Multicast Communications with Interactive Facilities*. Proc. of the 15th Simula Users Conference, St. Helier, Jersey, Channel Islands, Sept. 1987, pp. 35-45

WYB89   D. Wybranietz, P. Buhler: *The LADY Programming Environment for Distributed Systems*. Proc. of the PARLE'89 Conference, Eindhoven, June 1989, Springer-Verlag, LCNS, pp. 100-117

WYH88   D. Wybranietz, D. Haban: *Measuring and Monitoring Distributed Systems during Operation*. Proc. ACM-Sigmetrics Conf., Santa Fe, USA, May 1988, pp. 197-206

WYH89   D. Wybranietz, D. Haban: *Visualization of Performance Data*. 2nd Workshop on Parallel Computer Systems, Santa Fe, New Mexico, May 1989, to appear in: Addison-Wesley, ACM Computer Series

WYM85   D. Wybranietz, R. Massar: *An Overview of LADY - A Language for the Implementation of Distributed Operating Systems*. Technical Report SFB 124-12/85, Dept. of Computer Science, University of Kaiserslautern, 1985

YKY84   I. Yoshida, H. Kishida, H. Yamazak: *Banet - a Local Area Network for Distributed Data Processing*. Computer Communications, Vol. 7, No. 1, Feb. 1984, pp. 3-11

YWH86   K. Yukimatsu, N. Watanabe, T. Honda: *Multicast Communication Facilities in a High Speed Packet Switching Network*. Proc. 8th Int. Conf. on Comp. Comm., Munich, Sept. 1986, pp. 276-281

ZIM80   H. Zimmermann: *OSI Reference Model - The ISO Model of Architecture for Open Systems Interconnection*. IEEE Transactions on Communications, COM-28(4), April 1980, pp. 425-432